Harry Mucksch

Datenschutz und Datensicherung in Klein- und Mittelbetrieben

DUV **Deutscher Universitäts Verlag**
GABLER · VIEWEG · WESTDEUTSCHER VERLAG

CIP-Titelaufnahme der Deutschen Bibliothek

Mucksch, Harry:
Datenschutz und Datensicherung in Klein- und Mittelbetrieben / Harry Mucksch. –
Wiesbaden : Dt. Univ.-Verl., 1988
Zugl.: Göttingen, Univ., Diss., 1988

ISBN 978-3-8244-0005-8   ISBN 978-3-322-93828-2 (eBook)
DOI 10.1007/978-3-322-93828-2

Der Deutsche Universitäts-Verlag ist ein Unternehmen der Verlagsgruppe Bertelsmann.

© Deutscher Universitäts-Verlag GmbH, Wiesbaden 1988

Das Werk einschließlich aller seiner Teile ist urheberrechtlich geschützt. Jede Verwertung außerhalb der engen Grenzen des Urheberrechtsgesetzes ist ohne Zustimmung des Verlags unzulässig und strafbar. Das gilt insbesondere für Vervielfältigungen, Übersetzungen, Mikroverfilmungen und die Einspeicherung und Verarbeitung in elektronischen Systemen.

DATENSCHUTZ- UND -SICHERUNGSKONZEPTE
IN KLEINEN UND MITTLEREN BETRIEBEN

Dissertation
zur Erlangung des wirtschaftswissenschaftlichen Doktorgrades
des Fachbereichs Wirtschaftswissenschaften der Universität
Göttingen

vorgelegt von
Harry Mucksch
aus Lohfelden

Göttingen 1988

Erstgutachter : Prof. Dr. Jörg Biethahn

Zweitgutachter: Prof. Dr. Jürgen Bloech

Tag der mündlichen Prüfung: 8. Februar 1988

Geleitwort

Datenschutz und Datensicherung sind nicht erst seit der Diskussion des Datenschutzgesetzes ein vorrangiges Ziel der Datenverarbeitung. Der Traum eines absoluten Datenschutzes über eine entsprechende Datensicherheit hat zur Entwicklung einer Vielzahl von Maßnahmen zur Sicherung der Daten geführt. Diese Maßnahmen wurden aber primär vor dem Hintergrund großer DV-Systeme in Großbetrieben entwickelt.

Mit der Bereitstellung von kostengünstigen Anlagen für kleine und mittlere Betriebe (98-99% aller Betriebe gehören dieser Kategorie an) und der zunehmenden Bereitschaft dieser Betriebe, DV-Anlagen als notwendige Rationalisierungsmaßnahme, als Instrument zur Gewinnung von Innovationsinformationen oder zusammenfassend als Allheilmittel zu akzeptieren, werden neue Anforderungen an einen effektiven Datenschutz und der dazu notwendigen Datensicherung gestellt.

Herr Mucksch, der sein eigentliches Arbeitsgebiet im Bereich der Datenbanken sieht, hat mit diesem Werk eine systematische Sichtung aller für kleine und mittlere Unternehmen möglichen Maßnahmen vorgelegt. Er beschränkt sich nicht auf eine Analyse des Datenschutzgesetzes und der daraus abzuleitenden Maßnahmen, vielmehr geht er direkt auf die kleinen und mittleren Unternehmen ein. Dabei werden nach einer anschaulichen Darstellung der durch mangelnde Datensicherungsmaßnahmen entstehenden Gefahren (z.B. durch Computerviren) zunächst organisatorische und technische Maßnahmen zur Aufrechterhaltung eines effektiven Datenschutzes beschrieben. Auch personelle und hard- sowie softwareorientierte Maßnahmen fehlen nicht. Einen besonderen Schwerpunkt bilden die daten- und programmbezogenen Maßnahmen unter Einsatz der Kryptographie.

Daß bei der Datenverarbeitung in kleinen und mittleren Betrieben der PC nicht vergessen werden darf, ist offensichtlich. Diesem Bereich, der praktisch von der Datensicherung bisher kaum erreicht wurde (weil der _Personal_-Computer häufig Einzelpersonen zugegeordnet ist), widmet Herr Mucksch ein ganzes Kapitel, indem er hierzu angebotene Softwarepakete auf ihre Tauglichkeit prüft.

Die Diskussion zukünftiger Tendenzen und Gefahren, wie z.B. bei der Nutzung öffentlicher oder beschränkt zugänglicher Netze, runden die Arbeit ab.

Insgesamt schaffte Herr Mucksch mit diesem Werk eine hervorragende Arbeit, die gerade für den praktischen Einsatz der DV in kleineren und mittleren Betrieben eine zunehmende Bedeutung haben wird.

Jörg Biethahn

Vorwort des Verfassers

Die Idee zu dieser Arbeit entstand durch vielfältige Kontakte zu kleinen und mittleren Unternehmen, die aufgrund des Einsatzes der elektronischen Datenverarbeitung auch mit der Problematik des Datenschutzes und der Datensicherung konfrontiert wurden.
Ziel dieses Buches ist es, gerade diesem Anwenderkreis eine systematische Hilfe in Fragen "Datenschutz und Datensicherheit" zu geben. Es richtet sich aber auch an die Studenten der Wirtschaftsinformatik, die ihr berufliches Wirkungsgebiet zukünftig immer häufiger in der Datenverarbeitung der kleinen und mittleren Betriebe finden werden.

Die Arbeit wurde zu Anfang des Jahres 1988 abgeschlossen. Herrn Professor Dr. Jörg Biethahn und Herrn Professor Dr. Jürgen Bloech, den Gutachtern dieser Dissertation, möchte ich für die erhaltene Unterstützung besonderes danken.

Frau Dipl.Kfm. Anke Schoppe und Herr Dipl.Kfm. Wolfgang Rosenthal halfen mir durch Anregung und Kritik bei dieser Arbeit.

Herzlicher Dank gebührt auch Frau Christiane Groeger, Herrn Daniel L. Mooney und Herrn Michael Dreiling, die mir bei der Fertigstellung des Buches sehr zur Seite standen.

Harry Mucksch

INHALT

1	Einleitung	1
2	Kleine und mittlere Betriebe - Begriffsbestimmung und Abgrenzung	5
2.1	Begriffsklärung - Betrieb und Unternehmung -	5
2.2	Begriffliche Abgrenzung der kleinen und mittleren Betriebe	6
2.3	Problematik der Größenbestimmung kleiner und mittlerer Betriebe	7
3	Informationsverarbeitung in kleinen und mittleren Betrieben	10
3.1	Datenverarbeitungssysteme in kleinen und mittleren Betrieben	11
3.1.1	Mittlere EDV-Anlagen	13
3.1.2	Mikrocomputer, Personal Computer	14
3.2	DV-Anwendungen in kleinen und mittleren Betrieben	16
3.2.1	Betriebssysteme als Grundlage der DV-Anwendungen in kleinen und mittleren Betrieben	17
3.2.1.1	UNIX als Betriebssystem für mittlere EDV-Anlagen	18
3.2.1.2	MS-DOS als Betriebssystem für Mikrocomputer	19
3.2.2	Anwendungsbereiche und Software-Einsatzschwerpunkte in kleinen und mittleren Betrieben	20
3.2.2.1	Abrechnungssysteme	21
3.2.2.2	Datenverwaltungssysteme	25
3.2.2.3	Integrierte Systeme	27

3.3.	Organisationsformen der Datenverarbeitung in kleinen und mittleren Betrieben	28
3.3.1	Die DV-Abteilung in kleinen und mittleren Betrieben	29
3.3.2	Abteilungsorientierte Datenverarbeitung	32
3.3.3	Individuelle Datenverarbeitung - Computer am Arbeitsplatz	35
3.3.4	Integrierte individuelle Datenverarbeitung	36
3.3.5	Nutzung einer fremden EDV	38
3.4	Konzepte der Datenkommunikation in kleinen und mittleren Betrieben	39
3.4.1	PC-Mainframe-Verbindungen bei IDV und IIDV	40
3.4.2	Rechnernetze in der DV kleiner und mittlerer Betriebe	41
3.4.2.1	Lokale Netze	44
3.4.2.2	Netzwerke für mittlere Betriebe mit abteilungsorientierter Datenverarbeitung	47
3.4.3	Kommunikationsmöglichkeiten kleiner und mittlerer Betriebe über öffentliche Netze	49
3.4.3.1	Bildschirmtext	50
3.4.3.2	Integration der Kommunikationsdienste	52
3.4.4	Büroinformations- und -kommunikationssysteme	52
3.5	Probleme der Datenverarbeitung in kleinen und mittleren Betrieben	56
3.5.1	Auswirkungen der Führungsstruktur auf die Datenverarbeitung	57
3.5.2	Auswirkungen der Personalstruktur auf die Datenverarbeitung	59
4	Gefahren für die Datenverarbeitung in kleinen und mittleren Betrieben	61
4.1	Gefahren für die DV durch unbewußtes und zufälliges menschliches Handeln	62
4.2	Gefahren durch bewußtes, zielgerichtetes menschliches Handeln	65
4.2.1	Manipulationen	68

4.2.2	Diebstahl und Unterschlagung	71
4.2.3	Spionage	73
4.2.3.1	Informationsweitergabe, Einbruch, Diebstahl, Unterschlagung	75
4.2.3.2	Infiltration	76
4.2.3.3	Eindringen in DV-Systeme über öffentliche Netze	78
4.2.3.4	Kompromittierende Abstrahlung	80
4.2.4	Computersabotage	82
4.2.4.1	Gewaltsame Sabotageakte gegen die Hardware und Datenträger	84
4.2.4.2	Gewaltlose Sabotageakte durch Programme, Programm und Datenveränderungen	85
4.2.4.3	Computer-Viren	86
4.2.5	Unberechtigte Benutzung von DV-Anlagen - Zeitdiebstahl	88
4.3	Gefahren für die DV durch technische Einflüsse	89
4.3.1	Fehlfunktionen der Software, Hardware und der Datenträger	89
4.3.2	Fehlfunktionen durch technische Einflüsse der DV-Umgebung	91
4.4.	Gefahren für die DV durch sonstige äußere Einflüsse	93
5	**Die gesetzliche Verpflichtung kleiner und mittlerer Betriebe zu Datenschutz und Datensicherung**	94
5.1	Erweiterung der Definitionen Datenschutz, Datensicherung und Datensicherheit	95
5.2	Die Bedeutung des Bundesdatenschutzgesetzes für den Datenschutz in kleinen und mittleren Betrieben	97
5.2.1	Begriffsbestimmungen für die Datenverarbeitung anhand des BDSG	99
5.2.2	Abgeleitete Rechte und Pflichten der Datenverarbeiter nach BDSG	100
5.2.3	Der betriebliche Datenschutzbeauftragte	103

5.2.4	Das Kontrollsystem für kleine und mittlere Betriebe auf der Basis des BDSG	107
5.3	Rechtsvorschriften zum Persönlichkeitsschutz im Zusammenwirken mit dem BDSG	108
5.4.	Kontrollbereiche und Maßnahmen der Datensicherung	110
5.4.1	Mindestanforderungen nach der Anlage zu §6, Abs 1, Satz 1 BDSG	111
5.4.2	Einteilung und Gliederung der Datensicherungsmaßnahmen	114
5.4.3	Zuordnung der Datensicherungsmaßnahmen zu den Anforderungen nach dem BDSG	115
6	**Übertragbarkeit existierender DuD-Konzepte und -Maßnahmen großer Betriebe auf die kleinen und mittleren Betriebe**	116
6.1	Voraussetzungen für die Einrichtung eines Datensicherungssystems in kleinen und mittleren Betrieben	117
6.1.1	Ermittlung der Schutzwürdigkeit der Daten	117
6.1.2	Gefährdungen der Daten	119
6.1.3	Vorgegebene Einflußgrößen für ein Datensicherungssystem	120
6.1.3.1	Die Technik der Datenverarbeitung	121
6.1.3.2	Die Organisation der Datenverarbeitung und der Datenbestände	122
6.1.3.3	Die räumlichen Gegebenheiten der Datenverarbeitung	123
6.2	Betriebsumfassende DuD-Maßnahmen	124
6.2.1	Einsatz eines betrieblichen Datenschutzbeauftragten in kleinen und mittleren Betrieben	125
6.2.2	Betriebsumfassende personenbezogene Maßnahmen	126
6.2.2.1	Allgemeine personelle Maßnahmen	126
6.2.2.2	Klassifizierung des Personals und Vergabe von Berechtigungen	128

6.2.2.3	Identifizierungsmaßnahmen	130
6.2.3	Organisation des Belegwesens	132
6.2.4	Maßnahmen gegen Intrusion	133
6.2.4.1	Perimeterüberwachung	134
6.2.4.2	Außenhautsicherung	135
6.2.4.3	Innenraumsicherung und Zugangskontrolle	136
6.3	Hardwarebezogene Schutz- und Sicherungskonzepte	137
6.3.1	Geräteaufstellung, Raumausstattung und -gestaltung	138
6.3.2	Zusatzeinrichtungen gegen externe Störquellen	140
6.3.3	Schutzmaßnahmen gegen kompromittierende Abstrahlung	142
6.4	Software-technische Schutz- und Sicherungsmaßnahmen	143
6.4.1	Standardsicherungseinrichtungen in Betriebssystemen	144
6.4.2	Paßworte und Kennwortalgorithmen	147
6.4.3	Sicherungsfunktionen in UNIX	150
6.5	Daten- und programmbezogene Schutz- und Sicherungsmaßnahmen	154
6.5.1	Schutz- und Sicherungsmaßnahmen bei der Datenhandhabung	154
6.5.2	Kryptographie als Methode des Datenschutzes in kleinen und mittleren Betrieben	158
6.5.2.1	Darstellung und Sicherheitsaspekte kryptographischer Verfahren	159
6.5.2.1.1	Symmetrische kryptographische Verfahren	162
6.5.2.1.2	Asymmetrische kryptographische Verfahren	165
6.5.2.2	Kryptoanalytische Sicherheit der vorgestellten Verfahren	170
6.5.2.3	Einsatzmöglichkeiten der Kryptographie bei der Datenverschlüsselung	176
6.6	Datenträgerbezogene Schutz- und Sicherungsmaßnahmen	182

6.6.1	Maßnahmen bei der Aufbewahrung von Datenträgern	182
6.6.2	Datenschutz- und -sicherungsmaßnahmen beim Transport von Datenträgern	184
6.6.3	Löschung und Vernichtung von Datenträgern	185
6.7	DuD-Maßnahmen bei Datenverarbeitung außer Haus	186
6.8	EDV-Versicherungen	187
7	DuD-Maßnahmen bei Einsatz von Personal Computern	191
7.1	Allgemeine PC-Sicherungsmaßnahmen	193
7.2	Anforderungen an PC-Sicherheitssysteme	197
7.3	Zugangs- und Zugriffsschutz durch Sicherheitsprodukte	201
7.3.1	Beschreibung der vorgenommenen Untersuchungen	201
7.3.2	SAFE-GUARD und SAFE-GUARD plus mit Noboot-Karte	202
7.3.3	Verhaltensweise weiterer Sicherheitsprodukte	206
7.3.3.1	pc+softlock und pc+master	206
7.3.3.2	Arbeitsweise der ELKEY 2E-Karte	209
7.3.3.3	WATCHDOG	210
7.3.3.4	CRYPTO	212
7.4	Sicherheitsprodukte zur Datenverschlüsselung	213
7.4.1	Testergebnisse mit mPROTECT	213
7.4.2	Sonstige Produkte zur Datenverschlüsselung	215
7.5	BACK UP-Möglichkeiten für Personal Computer	216
7.5.1	Datensicherung durch SAFE-GUARD mit Option BACKUP	217
7.5.2	Sonstige BACK UP-Methoden für Personal Computer	219

7.6	Sonstige Sicherheitsprodukte für Personal Computer	222
7.6.1	Datenrettung mit SECOND CHANCE	222
7.6.2	Hardwaremäßiger Kopierschutz	225
7.7	Bewertung der Untersuchung von Sicherheitsprodukten	226
8	Konzepte zur Datensicherheit in der Datenkommunikation	228
8.1	Schwachstellen der Informationssicherheit in Rechnernetzen	229
8.2	Maßnahmen zum Schutz der physischen Netzwerkkomponenten	231
8.3	Einsatzformen kryptographischer Verfahren in Rechnernetzen	233
8.3.1	Verschlüsselung von Übertragungsdaten	234
8.3.2	Vergleich der Verschlüsselung bei Datenübertragung und Datenspeicherung	236
8.3.3	Logische Einordnung der Kryptographie in das ISO-Schichtenmodell	237
8.3.4	Authentikation in DV-Systemen	239
8.3.4.1	Instanz-Authentikation	239
8.3.4.2	Nachrichten-Authentikation	242
8.4	DuD-Maßnahmen für Büroinformations- und Kommunikationssysteme	245
9	Zusammenfassung	247
LITERATUR		250

ABBILDUNGEN

Abb. 1: Größenklassifizierungen nach der Zahl der Beschäftigten, gegliedert nach Wirtschaftsbereichen 9
Abb. 2: Überwiegend in Klein- und Mittelbetrieben eingesetzte EDV-Anlagen 12
Abb. 3: Arbeitsgebiete des IBM-LuG-Abrechnungssystems 24
Abb. 4: Struktur einer kleinen EDV-Stelle 30
Abb. 5: Zentralisierungsindikator 36
Abb. 6: SNA-Struktur 48
Abb. 7: Kommunikationsdienste und -netze 53
Abb. 8: Gefahrenbereiche für die Datenverarbeitung 62
Abb. 9: Gefahren durch unbewußtes und zufälliges menschliches Handeln 63
Abb. 10: Gefahren durch bewußtes, zielgerichtetes menschliches Handeln 67
Abb. 11: Datenveränderungen durch Manipulationen 69
Abb. 12: Entwendungsmöglichkeiten bei Diebstahl und Unterschlagung 71
Abb. 13: Methoden der Computerspionage 75
Abb. 14: Angriffsziele der Computersabotage 83
Abb. 15: Gefahren durch technische Einflüsse 89
Abb. 16: Gliederung des BDSG 98
Abb. 17: Berichtigung, Sperrung, Löschung 102
Abb. 18: Möglichkeiten der Realisierung von Datensicherungsmaßnahmen in verschiedenen Kontrollbereichen 115
Abb. 19: Klassifizierung der Daten nach Vertraulichkeit und Sicherheit 118
Abb. 20: Kategorien von Dateien 119
Abb. 21: Möglichkeiten der Identifizierung einer Person 131
Abb. 22: Systematik der kryptographischen Verfahren 161
Abb. 23: Prinzipieller Aufbau des DES 165
Abb. 24: EDV-Versicherungen als Ergänzung zu Schutz- und Sicherungskonzepten 188

ABKÜRZUNGEN

a.a.O.	am anderen Ort
Abb.	Abbildung
Abs.	Absatz
ag-ks	Arbeitsgemeinschaft für Kommerzielle Software
AI	Angewandte Informatik
ALGA	Arbeitsgemeinschaft Lohn- und Gehaltsabrechnung
Aufl.	Auflage
AVFE	Allgemeine Versicherungsbedingungen für Fernmelde- und sonstige elektrotechnische Anlagen
AWV	Arbeitsgemeinschaft für wirtschaftliche Verwaltung e.V.
Az.	Aktenzeichen
Bd.	Band
bDSB	betrieblicher Datenschutzbeauftragter
BDSG	Bundesdatenschutzgesetz
BetrVG	Betriebsverfassungsgesetz
BfD	Bundesbeauftragter für den Datenschutz
BGH	Bundesgerichtshof
BKA	Bundeskriminalamt
BMFT	Bundesministerium für Forschung und Technologie
bpi	bit per inch
bspw.	beispielsweise
Btx, BTX	Bildschirmtext
bzw.	beziehungsweise
ca.	cirka
CACM	Communications of the ACM
CAD	Computer Aided Design
CAE	Computer Aided Engineering
CAM	Computer Aided Manufacturing
CBC	Cipher Block Chaining Mode
CESG	Certificate of Tempest Test
CFB	Cipher Feedback Mode
CMV	Computer-Mißbrauch-Versicherung
CPU	Central Processing Unit
CSMA	Carrier Sense Multiple Access

CSMA/CD	Carrier Sense Multiple Access/Collision Detection
CPN	Computer Product News
DBS	Datenbanksystem
DBMS	Datenbankmanagementsystem
DC	Dedicated Computers
DCA	Document Contents Architecture
DEC	Digital Equipment Corporation
DES	Data Encryption Standard
d.h.	das heißt
DIA	Document Interchange Architecture
DIN	Deutsche Industrie Norm
DLCN	Distributed Loop Computer Network
DOS	Disk Operating System
DSB	Datenschutzbeauftragter
DuD	Datenschutz und Datensicherung
DV	Datenverarbeitung
DV-	Datenverarbeitungs-
DVA	Datenverarbeitungsanlage
ECB	Electronic Code Book Mode
ECC	Error Correction Code
EDV	elektronische Datenverarbeitung
EDVA	EDV-Anlage
etc.	et cetera
FAT	File Allocation Table
FIPS	Federal Information Processing Standard
GAL	Generic Array Logic
GDD	Gesellschaft für Datenschutz und Datensicherung e.V.
GG	Grundgesetz
ggf.	gegebenenfalls
GGT	größter gemeinsamer Teiler
GI	Gesellschaft für Informatik
GmbH	Gesellschaft mit beschränkter Haftung
GoS	Grundsätze ordnungsmäßiger Speicherbuchführung
HdB	Handwörterbuch der Betriebswirtschaft
HdOrg	Handwörterbuch der Organisation
HdWW	Handwörterbuch der Wirtschaftswissenschaften
HF-	Hochfrequenz-
Hrsg.	Herausgeber

i.a.	im allgemeinen
IBM	International Business Machines
IDC	International Data Corporation
IDN	Integriertes Text- und Datennetz
i.d.R.	in der Regel
ISDN	Integrated Services Digital Network
IDV	Individuelle Datenverarbeitung
IIDV	Integrierte Individuelle Datenverarbeitung
ISO	International Standardization Organization
iur	Informatik und Recht
Jg.	Jahrgang
Kap.	Kapitel
KB	Kilobyte
KBit/s	Kilobit pro Sekunde
KES	Zeitschrift für Kommunikations- und EDV-Sicherheit
Kfz	Kraftfahrzeug
LAN	Local Area Network
LuG	Lohn und Gehalt
MB	Megabyte
MDT	Mittlere Datentechnik
MHz	Megahertz
Mio.	Million
MS-DOS	MICROSOFT - Disk Operating System
NBS	National Bureau of Standards
NSA	U.S. National Security Agency
o.g.	oben genannte
OSI	Open Systems Interconnection
o.V.	ohne Verfasser
PAL	Programmable Array Logic
PC	Personal Computer
Pkw	Personenkraftwagen
PPS-Systeme	Produktionsplanungs-und -steuerungs Systeme
QIC-	Quarter Inch Compatibility -
RAM	Random Access Memory
RDV	Recht der Datenverarbeitung
RJE	Remote Job Entry
ROM	Read Only Memory
RSA	Kryptoverfahren benannt nach Rivest, Shamir und Adleman

RZ	Rechenzentrum
S.	Seite
SC	Small Computers
SNA	Systems Network Architecture
Sp.	Spalte
StGB	Strafgesetzbuch
TAP	Terminal Access Point
u.a.	unter anderem
UrhG	Urhebergesetz
USV	Unterbrechungsfreie Stromversorgung
usw.	und so weiter
u.U.	unter Umständen
UWG	Gesetz gegen den unlauteren Wettbewerb
VDS	Video Data System
VHS	Volkshochschule
V-Modul	Verschlüsselungsmodul
Vol.	Volume
VSC-P	Very Small Computers, PC
2. WiKG	2. Gesetz zur Bekämpfung der Wirtschaftskriminalität
z.B.	zum Beispiel
ZfCH	Zentralstelle für das Chiffrierwesen
z.Zt.	zur Zeit

1 Einleitung

Die Innovationen im Bereich der Datenverarbeitungstechnologie und die Verbesserung des Preis-/Leistungsverhältnisses der Hardware durch die Massenproduktion der Bauelemente haben zu einem Vordringen dieser Technik in alle Wirtschaftsbereiche geführt und eine Vielzahl neuer Einsatzgebiete und Anwendungsmöglichkeiten der Datenverarbeitung geschaffen.[1] Zudem eröffnen sich durch das Zusammenwachsen der in der Vergangenheit voneinander unabhängigen technischen Einsatzmittel der Datenverarbeitungs-, der Büro- und der Kommunikationstechnik heute weitaus mehr Möglichkeiten, die zunehmende Informationsflut in allen Bereichen der Wirtschaft und der öffentlichen Verwaltung zu bewältigen.

Auch für die kleinen und mittleren Betriebe[2] ist die elektronische Datenverarbeitung aufgrund der o.g. Aspekte mittlerweile wirtschaftlich durchführbar.[3] Der Mikrocomputer ist für Selbständige und Freiberufler zu einem unverzichtbaren Arbeitsmittel geworden.[4] Durch die Verfügbarkeit endbenutzerfreundlicherer, dialogfähiger Standard-Anwendungssoftware hat sich der Nutzerkreis der elektronischen Datenverarbeitung sehr stark ausgeweitet.

Die geschilderte Ausbreitung der EDV und ihrer Anwendungen hat neben wirtschaftlichen und gesellschaftspolitischen Fol-

---

[1] Vgl. DWORATSCHEK, S., BÜLLESBACH; A., KOCH, H.D.: Personalcomputer und Datenschutz, Köln 1985, S. 9/10.
[2] In der Bundesrepublik Deutschland prägen diese Betriebe mit einem Anteil von über 99% an der Gesamtheit aller Unternehmen das Bild der Wirtschaft. Sie produzieren etwa die Hälfte des privaten Bruttoinlandproduktes und beschäftigen ca. 2/3 aller Arbeitnehmer.
Vgl. GRAF LAMBSDORFF, O.: Aufgaben für die Betriebswirtschaftslehre kleiner und mittlerer Betriebe, in: ALBACH, H., HELD, T., (Hrsg.): Betriebswirtschaftslehre mittelständischer Unternehmen, Stuttgart 1984, S. 5-16, hier S. 6.
[3] Vgl. BIETHAHN, J.: Lösungsansätze für die Anforderungen von kleinen und mittleren Unternehmen an die technologische Entwicklung (im Bereich der Datenverarbeitung), Vortrag, gehalten in Göttingen 1985, S. 7ff.
[4] Vgl. ALEANAKIAN, G., KÜHNAU, W.: Datensicherung bei Personalcomputern, Würzburg 1986, S. 7.

gen auch Konsequenzen für den Datenschutz und die Datensicherung. So sind die grundsätzlichen Überlegungen und Vorschriften zum Datenschutz über 10 Jahre alt, und die Erfahrungen bezüglich zu ergreifender Schutz- und Sicherungsmaßnahmen stammen überwiegend aus den Zeiten der herkömmlichen klassischen Datenverarbeitung mit einem zentralen Rechner.[5] Mit der technischen Entwicklung wie dem Mikrocomputereinsatz, den dezentralen Systemen, der Vernetzung verschiedenster EDV-Anlagen und den Bürosystemen nehmen zudem gleichermaßen die Gefährdungsfaktoren und Risiken für die Datenverarbeitung und ihre Nutzung zu.[6] Neben der erst in letzter Zeit erkannten technisch bedingten Schwachstelle wie der kompromittierenden Abstrahlung der Hardware oder der 1984 veröffentlichten Möglichkeit, Software durch Virus-Programmbausteine unbrauchbar zu machen, ist auch der Risikofaktor Mensch zu einer immer größer werdenden Gefahr für die neuen Organisationsformen der Datenverarbeitung geworden. Dies bedeutet, daß die existierenden Schutz- und Sicherungsmaßnahmen hinsichtlich ihrer Wirksamkeit gegen die Gefährdungen in den hinzugekommenen DV-Einsatzbereichen überprüft werden müssen und neue Überlegungen anzustellen sind, inwieweit bzw. auf welche Weise den dadurch entstehenden Risiken zu begegnen ist.

Der DV-Einsatz führt besonders in kleinen und mittleren Betrieben - in ihnen wird gegen kein Gesetz so häufig verstoßen wie gegen das Bundesdatenschutzgesetz - aufgrund ihrer organisatorischen und personellen Gegebenheiten zu möglichen spezifischen datenschutz- und datensicherungstechnischen Problemen.[7] Diese aufzuzeigen und adäquate Konzepte zu ihrer Lösung zu entwickeln, ist Gegenstand der vorliegenden Arbeit.

---

[5] Vgl. BECKER, E. E.: Die Einflüsse der neueren technologischen Entwicklungen auf das Datenschutzrecht, in: DuD: 5/1987, S. 214-217, hier S. 214.
[6] Vgl. ABEL, H.: Datensicherung bei der Verarbeitung von Personaldaten, in: DuD: 4/1987, S. 185-188, hier S. 185.
[7] Darüber hinaus ist in Fachzeitschriften immer wieder zu verfolgen, daß gerade in diesen Betrieben nur eine geringe Bereitschaft herrscht, sich über sicherungstechnische Fragen gezielt zu informieren. Vgl. bspw. KULLING, F.: DV-Chefs spielen zu oft "russisches Roulett", in: COMPUTERWOCHE: 11. Jg., Nr. 32 vom 10.8.1984, S. 19.

Zunächst wird im folgenden Kapitel eine Begriffs- und Größenbestimmung der kleinen und mittleren Betriebe vorgenommen, da es bislang in der Literatur, trotz vielfacher Versuche, zu keiner allgemeingültigen Definition und Normierung dieser Unternehmen gekommen ist.

Im dritten Kapitel dieser Arbeit werden die gegenwärtigen Möglichkeiten der Informationsverarbeitung kleiner und mittlerer Betriebe dargestellt. Dabei wird neben der Schilderung der hard- und softwaretechnischen Ausstattung der Schwerpunkt auf die organisatorische Gestaltung des DV-Bereichs und die diversen in- und externen Datenkommunikationsmöglichkeiten kleiner und mittlerer Betriebe gelegt.

Seit Menschengedenken eröffnete die Einführung und Nutzung neuer Technologien Gefährdungen durch eben diese, andererseits ist aber auch die Technik durch ihre Gegner und kriminelle Personen Gefahren ausgesetzt, die von einer mißbräuchlichen Benutzung bis hin zur Zerstörung reichen. Im vierten Kapitel erfolgt daher die Auseinandersetzung mit den möglichen Gefährdungen der Datenverarbeitung kleiner und mittlerer Betriebe, bevor im darauffolgenden fünften Kapitel speziell auf die Problematik und die gesetzliche Verpflichtung zum Datenschutz eingegangen wird.

Die nachfolgenden drei Kapitel zeigen dann Konzepte und Maßnahmen auf, mit denen die kleinen und mittleren Betriebe ihre Informationsverarbeitung vor den möglichen Gefahren und ihren Auswirkungen schützen oder ihnen zumindest entgegenwirken können.

Bewährte Schutz- und Sicherungsmaßnahmen großer Betriebe werden in Kapitel 6 auf ihre Eignung für den Einsatz bei der Daten- und Informationsverarbeitung der Klein- und Mittelbetriebe untersucht. Aufgrund der Tatsachen, daß erstens technisches Wissen sehr schnell veraltet und zweitens die Vielzahl bekannter einzelner Sicherungsmaßnahmen nicht für jeden Betrieb einsetzbar ist, muß in dieser Arbeit eine Einschränkung auf die Maßnahmen erfolgen, deren Einsatz möglichst bei der Mehrzahl der diversen Betriebe sinnvoll ist. Darüber hinaus werden aber auch Technologien und Verfahren, die bislang nicht oder nur in den seltensten Fällen in der Datenverarbeitung kleiner und mittlerer Betriebe eingesetzt wurden, auf ihre grundsätzliche Eignung hin untersucht. An dieser Stelle sei - als ein Schwerpunkt dieses Kapitels - lediglich auf die Überlegungen bezüglich des Einsatzes kryptographischer Verfahren hingewiesen.

Kapitel 7 befaßt sich speziell mit den auftretenden Problemen sowie den Schutz- und Sicherungsmaßnahmen beim Einsatz von Personal Computern. Über allgemeine, sicherungstechnische Fragen hinaus werden einige auf dem Software-Markt für PC's als Datenschutzprogramme angebotene Produkte beschrieben. Es wird auf der Basis von vorgenommenen Testinstallationen, anhand von Handbüchern und Produktinformationen untersucht, inwieweit sie die an sie zu stellenden Anforderungen erfüllen und in kleinen und mittleren Betrieben eingesetzt werden können.

Im folgenden achten Kapitel wird auf Konzepte und Maßnahmen des Datenschutzes und der Datensicherung in Netzwerken eingegangen. Bezugnehmend auf die im dritten Kapitel vorgestellten Möglichkeiten der Datenkommunikation in Klein- und Mittelbetrieben, wird überwiegend die Problematik der Authentifikation der Benutzer und die sichere Datenübermittlung behandelt. Ein kurzer Abschnitt befaßt sich zudem mit der Sicherung und dem Schutz der in diesen Betrieben noch nicht weit verbreiteten Bürokommunikationseinrichtungen.

2 Kleine und mittlere Betriebe - Begriffsbestimmung und Abgrenzung

In diesem Kapitel werden grundlegende Begriffsbestimmungen und Abgrenzungen für diese Arbeit vorgenommen. Es gilt, den Begriff der kleinen und mittleren Betriebe zu erörtern und festzulegen, wie er in dieser Arbeit verwendet wird.

2.1 Begriffsklärung - Betrieb und Unternehmung -

Als Grundlage des Untersuchungsgegenstandes dieser Arbeit wird der Betrieb definiert als eine "planmäßig organisierte Wirtschaftseinheit zur Erstellung von Gütern und Dienstleistungen für den außerhalb auftretenden Bedarf".[1]
In der Literatur findet man darüberhinaus sehr differenzierte Auffassungen und Abgrenzungen der Begriffe "Betrieb" und "Unternehmung". So wird vom Betrieb einerseits als der "technischen Einheit" und von der Unternehmung bzw. dem Unternehmen andererseits als der "wirtschaftlichen Einheit" gesprochen.[2] Rössle teilt diese Auffassung, setzt aber beide Begriffe gleich.[3] Dies sei durch die Definitionen von Seyffert, die zusätzlich die Bedarfsdeckung hervorheben, untermauert. Seyffert bezeichnet Betriebe als "in sich geschlossene, mit wirtschaftlichen Prozessen erfüllte Sozialgebilde im Dienste menschlicher Bedarfsdeckung".[4]
Den Begriff der Unternehmung hingegen definiert er enger: "Unternehmungen sind abgeleitete Betriebswirtschaften, die, durch Unternehmer oder ihnen gleichzusetzende Funktionäre

---
[1] Vgl. BLOECH, J.: Betriebs- und Unternehmensgröße, in: ALBERS, W., et. al., (Hrsg.): Handwörterbuch der Wirtschaftswissenschaften (HdWW), Bd. 1, Stuttgart/New York 1977, Sp. 556.
[2] Zur Bedeutung und Abgrenzung von "Betrieb" und "Unternehmung" vgl. EISFELD, C.: Betrieb, Firma, Unternehmung. Die drei Einheiten. in: FETTEL, J., LINDHARDT, H., (Hrsg.): Der Betrieb in der Unternehmung, Stuttgart 1963, S. 1ff.
[3] Vgl. RÖSSLE, K.: Allgemeine Betriebswirtschaftslehre, 5. Aufl., Stuttgart 1956, S. 16.
[4] SEYFFERT, R.: Über Begriff, Aufgaben und Entwicklung der Betriebswirtschaftslehre, 4. Aufl., Stuttgart 1957, S. 8.

nach kaufmännischen Grundsätzen geleitet, unter freiwilliger Übernahme des Marktrisikos fremden Bedarf zu decken bereit sind".[5]
Pfohl und Kellerwessel übertragen diese Definitionen auf die Klein- und Mittelbetriebe und führen aus, daß für sie die technisch-wirtschaftliche und die finanziell-rechtliche Einheit i.d.R. deckungsgleich sind.[6]
In dieser Arbeit wird der Argumentation von Pfohl und Kellerwessel gefolgt, und beide Begriffe werden daher im folgenden synonym verwendet.

2.2 Begriffliche Abgrenzung der kleinen und mittleren Betriebe

Mit den Ausdrücken "kleine und mittlere Betriebe" bzw. "kleine und mittlere Unternehmen" hat man einen Sammelbegriff für eine Vielzahl, zum Teil sehr verschiedener Unternehmenstypen aus praktisch allen Wirtschaftsbereichen geprägt.[7] In unserem Sprachgebrauch verwendet man zudem eine Reihe weiterer Begriffe gleichbedeutend: Klein- und Mittelbetrieb, Gewerbebetrieb, gewerblicher Betrieb, gewerbliches Unternehmen und wirtschaftlicher Geschäftsbetrieb.[8]
Zu einer einheitlichen Abgrenzung all dieser Begriffe ist es jedoch in der Literatur bis heute nicht gekommen. Bereits im Jahre 1906 drückte Gothein dies in einem Vortrag zutreffend

---
[5] SEYFFERT, R.: a.a.O., S. 12.
[6] Vgl. PFOHL, H.-C., KELLERWESSEL, P.: Abgrenzung der Klein- und Mittelbetriebe von Großbetrieben, in: PFOHL, H.-C., (Hrsg.): Betriebswirtschaftslehre der Mittel- und Kleinbetriebe, Berlin 1982, S. 9-34, hier S. 10.
[7] Da sich die Ausführungen in den folgenden Kapiteln nicht nur auf Betriebe einer Branche oder eines Wirtschaftsbereiches beziehen, wird auf eine detailliertere Abgrenzung verzichtet. Zu den unterschiedlichen Ansätzen zur Gliederung der Wirtschaftsbereiche vgl. HEINEN, E., (Hrsg.): Industriebetriebslehre, 8. Aufl., Wiesbaden 1985, S. 17; GRUHLER, W.: Wirtschaftsfaktor Mittelstand, Köln 1984, S. 20.
[8] Eine ausführliche Erläuterung dieser Begriffe findet man bei PLEITNER, H. J.: Die Arbeitsunzufriedenheit von Unternehmern und Mitarbeitern in gewerblichen Betrieben, Berlin/München/St.Gallen 1981, S. 17ff.

mit seiner Feststellung aus: "Was man nicht definieren kann, das spricht als Mittelstand man an".[9]
Damit wird fälschlicherweise ein weiterer Begriff als Synonym gebraucht. Häufig verwendet man auch heute noch im Zusammenhang mit Betrieben den Ausdruck "mittelständischer Betrieb" bzw. "mittelständisches Unternehmen", so daß diese Begriffe ebenfalls einzuordnen sind. Gantzel hält dem synonymen Gebrauch von Klein- und Mittelbetrieb und mittelständischer Betrieb entgegen, daß, obwohl vielfach eine Übereinstimmung hinsichtlich einzelner Kriterien bestehen kann, eine pauschale Gleichsetzung keinesfalls für alle Branchen Gültigkeit hat. Desweiteren spielt seiner Ansicht nach auch der Zeitabschnitt, in dem eine Untersuchung stattfindet, eine Rolle.[10]

2.3 Problematik der Größenbestimmung kleiner und mittlerer Betriebe

Zur Einordnung von Betrieben ist grundsätzlich eine Unterscheidung in qualitative und quantitative Abgrenzungsmerkmale vorzunehmen.[11] Eine qualitative Abgrenzung kann nur mit Hilfe allgemeiner Charakteristika erfolgen.[12] Eine Einordnung von Betrieben, die allein auf qualitativen Merkmalen beruht, ist für diese Arbeit ungeeignet, da sich diese Kriterien schlecht operationalisieren lassen. Bei einer Zuordnung einzelner Betriebe zu verschiedenen Größenklassen mit-

---

[9] GOTHEIN, G.: Mittelstand und Fleischnot, Vortrag, gehalten in Berlin 1906, S. 7, zitiert nach GANTZEL, K.-J.: Wesen und Begriff der mittelständischen Unternehmung, Köln/Opladen 1962, S. 12.
[10] Vgl. GANTZEL, K.-J.: ebenda, S. 289.
[11] Zur Anwendbarkeit qualitativer und quantitativer Abgrenzungsmerkmale vgl. GANTZEL, K.-J.: a.a.O., S. 279ff.; PLEITNER, H. J.: a.a.O., S. 20-23; SCHMIDT, R.: Selbstbestimmung in der mittleren Unternehmung, Frankfurt/Bern/Cirencester 1980, S. 65ff. sowie STEINER, J.: Die personelle Führungsstruktur in mittelständischen Betrieben, Göttingen 1980, S. 6ff.
[12] Eine detailliertere Erläuterung qualitativer Merkmale erfolgt in dieser Arbeit nicht. Vgl. dazu GANTZEL, K.-J.: a.a.O., S. 279ff; KELLERWESSEL, P.: Führungsinformationen in Klein- und Mittelbetrieben, Frankfurt/Bern/New York/Nancy 1984, S. 63ff. sowie PFOHL, H.-C., KELLERWESSEL, P.: a.a.O., S. 29ff.

tels quantitativer Merkmale stößt man zum einen auf das Problem der Wahl eines geeigneten operationalen Abgrenzungskriteriums, zum anderen bereitet die Festlegung von Bereichsgrenzen Schwierigkeiten.[13]
Als ein operationales, quantitatives Kriterium ist die Betriebsgröße eines Unternehmens anzusehen, da sie als Maßstab der effektiven oder potentiellen wirtschaftlichen Tätigkeit die betriebliche Leistungsbereitschaft kennzeichnet.[14]
Geeignete Parameter zur Messung der Betriebsgröße sind bspw.: Wertschöpfung, Umsatz, Kapitaleinsatz, Anlagevermögen und die Anzahl der Beschäftigten. Einzeln betrachtet führen diese Merkmale allerdings nicht immer zum gleichen Abgrenzungsergebnis. Auch die Auswahl einer Gruppe von Kriterien führt nicht zwangsläufig zu einer eindeutigen Klassifizierung.[15]
Da jedes Abgrenzungskriterium per se nur suboptimale Ergebnisse liefert, ist es am sinnvollsten, das Differenzierungsmerkmal am Untersuchungsgegenstand auszurichten. Als operationaler, quantitativer Maßstab unterschiedlicher Betriebsgrößen wird deshalb die Zahl der Beschäftigten gewählt.[16]
Nach der Mittelstandsstatistik ist ein Unternehmen mit höchstens 49 Beschäftigten als kleines und im Bereich zwischen 50 und 499 Beschäftigten als mittleres Unternehmen einzustufen. Unternehmen mit 500 und mehr Beschäftigten gelten als Großunternehmen.[21] Diese pauschale Größenklasseneinteilung, die sämtliche Betriebe innerhalb unserer Volkswirtschaft umfaßt, ist nicht sinnvoll, da dabei die Typenvielfalt der Klein- und Mittelbetriebe aus allen Wirtschaftsbereichen nicht berücksichtigt wird. Die nachstehende Übersicht ver-

---

[13] Vgl. AENGENENDT-PAPESCH, R.: Die Funktionen der Klein- und Mittelbetriebe in der wettbewerblichen Marktwirtschaft, Köln/Opladen 1962, S. 5.
[14] BUSSE VON COLBE, W.: Betriebsgröße und Unternehmungsgröße, in: HdB, Bd. 1, a.a.O., Sp.566-579, hier Sp. 567 sowie LÜCKE, W.: Betriebs- und Unternehmungsgröße, Stuttgart 1967, S. 19.
[15] Vgl. GRUHLER, W.: a.a.O., S. 13ff. sowie STEINER, J.: a.a.O., S. 6.
[16] Eine Übersicht unterschiedlicher Betriebsgrößeneinteilungen in der Literatur findet man bei: PLEITNER, H. J.: a.a.O., S. 24/25.
[21] Vgl. GROCHLA, E., ALBERS, F., RÜSCHENBAUM, F.: Entwicklung eines Datenschutz- und Datensicherungskonzeptes für den Einsatz von Personal Computern und MDT-Anlagen, Forschungsbericht, München 1984, S. 42.

deutlicht die in dieser Arbeit verwendeten Größenklassifizierungen anhand der Beschäftigtenzahl, gegliedert nach Wirtschaftsbereichen.[22]

Wirtschaftsbereich	Größenklassen		
	klein	mittel	groß
Handwerk Industrie	bis 2 bis 49	3 bis 49 50 bis 499	50 u. mehr 500 u. mehr
Einzelhandel	bis 2	3 bis 99	100 u. mehr
Großhandel	bis 9	10 bis 199	200 u. mehr
Verkehr u. Nachrichtenübermittlung	bis 2	3 bis 99	100 u. mehr
Dienstleistungen v. Unternehmen und freien Berufen	bis 2	3 bis 49	50 u. mehr

Abb. 1: Größenklassifizierungen nach der Zahl der Beschäftigten, gegliedert nach Wirtschaftsbereichen

Quelle: verändert nach STEINER, J.: a.a.O., S. 7.

Im folgenden werden in dieser Arbeit die Begriffe "kleine und mittlere Betriebe/Unternehmen" sowie "Klein- und Mittelbetriebe" synonym verwendet.

---

[22] Vgl. THÜRBACH, R.-P., MENZENWERTH, H.-H.: Die Entwicklung der Unternehmensgrößen in der Bundesrepublik Deutschland von 1962 bis 1972, Göttingen 1975, S. 7.

3 Informationsverarbeitung in kleinen und mittleren Betrieben

Den kleinen und mittleren Betrieben steht zur Informationsverarbeitung heute nicht mehr nur das breite Spektrum der auf dem Markt angebotenen DV-Systeme zur Verfügung, sondern es müssen gleichzeitig die diversen Integrationsmöglichkeiten der EDV mit den technischen Einsatzmitteln der allgemeinen Bürotechnik und der Kommunikationstechnik betrachtet werden.[1] So sind im Bereich der Kommunikationstechnik das Telefon, der Fernschreiber und der Fernkopierer zu prozessorgesteuerten Kommunikationsmitteln wie Btx und Teletex weiterentwickelt worden. Das Eindringen der herkömmlichen DV-Technik in den Bereich der Nachrichtentechnik (rechnerunterstützte Telekommunikationssysteme) zeigt immer neuere Wege auf, die bestehende Informations- und Kommunikationsstruktur zu verändern.

Ende der 70er Jahre wurde beispielsweise der Begriff "Office of the Future" geprägt. Darunter faßt man sowohl die modernen elektronischen Einrichtungen der Büroautomation als auch die daraus resultierenden Einsatzmöglichkeiten dieser Technik wie z.B. electronic mail zusammen.[2]

In diesem Kapitel werden daher folgende Fragen behandelt:

- welche Arten von DV-Anlagen werden in kleinen und mittleren Betrieben überwiegend eingesetzt
- welche Anwendungsmöglichkeiten der DV sind gegeben
- welche Organisationsformen der Datenverarbeitung sind dabei möglich
- welche Datenkommunikationsmöglichkeiten sind nutzbar
- welche Problembereiche existieren dabei für die kleinen und mittleren Betriebe.

---

[1] Zu den technischen Einsatzmitteln der allgemeinen Bürotechnik gehören nach Peisl Schreibmaschinen, Diktiergeräte und Kopierer. Telefon, Telex, Telefax und Teletex sind der Kommunikationstechnik zuzuordnen. Vgl. PEISL, A.: Dienstleistung und Verwaltung als Einsatzgebiet von Automationstechnologie, in: BIETHAHN, J., STAUDT, E., (Hrsg.): Automation in Industrie und Verwaltung, Berlin 1981, S. 55-77, hier S. 56.

[2] Vgl. MARTIN, J.: Design and strategy for distributed data processing, Englewood Cliffs, New Jersey 1981, S. 38ff., (im folgenden zitiert als MARTIN, J.: Design).

3.1 Datenverarbeitungssysteme in kleinen und mittleren Betrieben

Da auf dem Markt für DV-Systeme eine Vielzahl unterschiedlicher Rechenanlagen existieren, die zudem noch in diverse Rechnerklassen eingeteilt sind, muß an dieser Stelle eine Einschränkung auf die überwiegend in kleinen und mittleren Betrieben eingesetzten EDVA's vorgenommen werden. Um das für seine Belange adäquate Rechnersystem herauszufinden, steht der Betreiber einer EDV zunächst vor dem Problem, sich in der Vielzahl unterschiedlicher und zum Teil verwirrender Bezeichnungen dieser Anlagen auf dem DV-Markt und auch in der Literatur zurechtzufinden.[3]

Zur Größenklassifizierung von EDV-Anlagen wählt z.B. die Diebold Deutschland GmbH eine Einteilung in Preisklassen:[4]

Großanlagen: ab DM 250.000
Kleincomputer: bis DM 250.000
Mikrocomputer: bis DM 25.000 [5]

Anhand dieser Zahlen ist bereits erkennbar, daß kleine und mittlere Betriebe überwiegend Klein- und Mikrocomputer einsetzen. In dieser Arbeit werden die Kleincomputer im folgenden als "mittlere EDV-Anlagen" bezeichnet. Eine Zuordnung weiterer Rechnerklassenbezeichnungen sowie eine grobe Einteilung der EDV-Anlagen mit fließenden Übergängen bezüglich

---

[3] Der GI-Arbeitskreis "Anwendungen im Bereich Marketinginformationssysteme für den EDV-Vertrieb" verwendet in seinem "Würzburger-Hardware-Katalog" die Klassenbezeichnungen VSC-P (Very Small Computers, PC) und SC (Small Computers). Darüber hinaus werden spezielle Rechnersysteme für Handel, Banken, Fertigung, etc. als Dedicated Computers (DC) bezeichnet.

[4] Eine EDV-Anlage besteht dabei aus der Zentraleinheit und einer "durchschnittlichen" Peripherie-Ausstattung. Der Preis der Zentraleinheit beträgt dabei zwischen 30 und 50 Prozent des Gesamtpreises. Vgl. STAHLKNECHT, P.: Einführung in die Wirtschaftsinformatik, 3. Aufl., Berlin/Heidelberg/New York/Tokyo 1987, S. 32 (im folgenden zitiert als STAHLKNECHT, P.: Einführung).

[5] CAD-fähige Mikrocomputer mit durchschnittlicher Peripherieausstattung sind dabei ausgeklammert. Ihr Preis liegt weit über DM 25.000,-. Vgl. GROOVER, M. P., ZIMMERS, E. W.: CAD/CAM: Computer-Aided Design and Manufacturing, Englewood Cliffs/ New Jersey 1984, S. 35.

ihrer Speicherkapazität, ihres Datenverarbeitungsvolumens pro Zeiteinheit und ihrer Einsatzmöglichkeiten führt zur nachstehenden Abbildung.

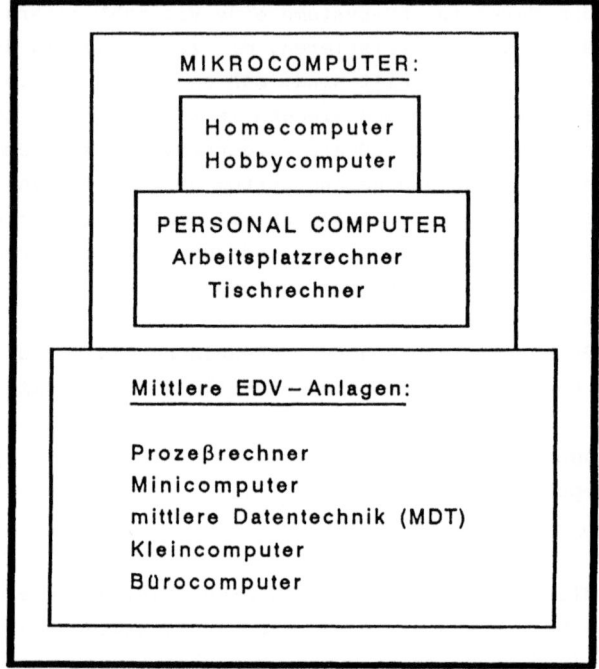

Abb. 2: Überwiegend in Klein- und Mittelbetrieben eingesetzte EDV-Anlagen[6]

Quelle: verändert nach HOFF, H.: Personal Computer für Kleinbetriebe, Köln 1985, S. 10.

Diese Begriffsvielfalt und die durch die fortschreitende Technik bedingten fließenden Übergänge zwischen den Rechnerklassen machen eine detailliertere Betrachtung der EDV-Systeme mit ihren Ausprägungen und Einsatzmöglichkeiten für kleine und mittlere Betriebe notwendig.

---
[6] Bei den Mikrocomputern handelt es sich i.d.R. um Einplatzsysteme; bei mittleren EDVA hingegen sind überwiegend Mehrplatzsysteme im Einsatz.

3.1.1 Mittlere EDV-Anlagen

Ausgangspunkt der Entwicklung dieser Rechnerklasse waren die Prozeßrechner, die der prozeßgekoppelten Verarbeitung von Daten dienen.[7]
Minicomputer waren ursprünglich reine Prozeßrechner. Erst Mitte der 70er Jahre konnten sie aufgrund der Miniaturisierung ihrer elektronischen Bauteile sowie der Entwicklung leistungsfähiger Peripheriegeräte auch Aufgaben übernehmen, die bis dato den Groß-EDV-Anlagen vorbehalten waren. Ihr Name resultiert aus der Tatsache, daß sie kleiner und im Preis unter dem der Universalrechner liegen.[8]
Dieser Rechnerklasse sind auch die EDV-Systeme zuzuordnen, die als mittlere EDV-Anlagen und Kleincomputer bezeichnet werden. Ihre Entstehung basiert aus deutscher Sicht auf den Anlagen der "mittleren Datentechnik" (MDT) und den zur gleichen Zeit in den USA entwickelten small business systems, den sogenannten Bürocomputern[9]. Der in den 60er Jahren geprägte Begriff der Rechner der mittleren Datentechnik (MDT-Anlagen) ist heute überholt, da es sich dabei um spezielle Rechner für Abrechnungszwecke handelte.[10] Eingesetzt werden diese DV-Anlagen als Ein- oder Mehrplatzsysteme für abgegrenzte technische und kommerzielle Anwendungen.[11] Bedingt durch weitere Ausbaumöglichkeiten ihres Hauptspeichers, ihrer CPU-Geschwindigkeit und der Art und Anzahl der an-

---

[7] Sie arbeiten im Realzeitbetrieb. Ihre Hauptspeicherkapazität ist im Vergleich zu der der Groß- bzw. Universalrechner gering, und ihr Einsatz beschränkt sich bspw. auf die Überwachung von Fertigungsprozessen oder auf die Auswertung von Meßdaten. Vgl. HANSEN, H. R.: Wirtschaftsinformatik I, 5. Aufl., Stuttgart 1986, S. 53/54.
[8] Vgl. HANSEN, H. R.: ebenda, S. 56/57.
[9] Vgl. STAHLKNECHT, P.: Einführung, a.a.O., S. 33.
[10] Sie waren eine Weiterentwicklung der ursprünglichen Buchungs- und Fakturiermaschinen mit einer Tastatur zur Direkteingabe der Daten, festverdrahteten Verarbeitungsprogrammen und Magnetkontenkarten als externe Speichermedien.
[11] Die Hauptspeicherkapazität für mittlere DV-Anlagen liegt nach Stahlknecht zwischen 16 und 32 MB. Diese Zahlen haben jedoch nur richtungsweisenden Charakter, da die Übergänge zwischen den Rechnerklassen fließend sind, und eine generelle Tendenz zu immer größerer Hauptspeicherkapazität aufweisen. Vgl. STAHLKNECHT, P.: Einführung, a.a.O., S. 29.

schließbaren Peripheriegeräte, sind heute die Grenzen dieser Rechner zu Großrechnersystemen nur noch schwer zu ziehen.[12]

3.1.2 Mikrocomputer, Personal Computer

Mikrocomputer sind die "kleinsten" auf dem Markt angebotenen, freiprogrammierbaren Rechner.[13] Diese Rechner gelten heute "geradezu als Prototyp der informationstechnischen Entwicklung"[14] im Hinblick auf die Miniaturisierung der DV-Anlagen. Bedingt durch sein sich immer schneller verbesserndes Preis-/Leistungsverhältnis und die Erleichterung seiner Handhabung wird der Mikrocomputer in immer größerem Maße für

---

[12] Nach einer Marktstudie der International Data Corporation (IDC) wurden 1985 in der Bundesrepublik mehr als 30.000 Kleinrechner (durchschnittlicher Preis: 85.000 DM) abgesetzt. Zu den Marktführern dieser Rechnerklasse gehören die Firmen Nixdorf (Modell 8870), IBM (IBM/34) und DEC (Micro-VAX). Vgl. o.V.: Bei Minis herrschen Nixdorf, IBM und DEC, in: COMPUTERWOCHE: 13. Jg, Nr. 27 vom 4.7.1986, S. 1.

[13] Technisch betrachtet ist der Begriff Mikrocomputer von dem auf einem Chip untergebrachten miniaturisierten Prozessor, dem Mikroprozessor, abzuleiten. Man unterscheidet je nach interner Wortlänge, 8, 16 und 32 Bit-Prozessoren. An dieser Reihenfolge spiegelt sich die technische Weiterentwicklung der Mikroprozessoren und damit auch die der Mikrocomputer wieder. Auch der interne Speicher ist miniaturisiert; er besteht aus mehreren Random Access Memory- (RAM-) und Read Only Memory- (ROM-) Chips. Erstere dienen zur Aufnahme des transienten Teils des Betriebssystems, der Anwendungsprogramme und der zugehörigen Daten. Sie übernehmen ergo die Funktion des klassischen Hauptspeichers, während sich auf den ROM's Mikroprogramme befinden, die den Mikroprozessor funktionsmäßig unterstützen. Die weite Verbreitung der PC's machen die nachfolgenden Zahlen deutlich. In der Bundesrepublik stieg der Umsatz im Bereich der professionellen Personal Computer von 122,39 Mio. US$ im Jahr 1984 auf 283,9 Mio. US$ im Jahr 1986. Vgl. COMPUTER PRODUCT NEWS (CPN): Computer and Professionals in Europe, Part 2, Strategies in the European Microcomputer Industry, Brüssel/New York 1986, S. 29.

[14] Vgl. DWORATSCHEK, S., BÜLLESBACH; A., KOCH, H. D.: a.a.O., S. 15.

Klein- und Mittelbetriebe nutzbar.[15] Befinden sich auf dem
ROM eines Mikrocomputers Mikroprogramme, die nach Lutz, dem
Benutzer ein "persönliches Computing" erlauben, so nennt man
diesen Mikrorechner einen Personal Computer (PC).[16]
Zu einem de-facto Industriestandard sind in der Bundesrepublik die PC's der Firma IBM geworden.[17] Für viele andere Hersteller von professionellen Personal Computern hat diese Dominanz von IBM bedeutet, daß sie, um konkurrenzfähig zu
bleiben, sich diesem Standard angepaßt haben und sogenannte
IBM-kompatible Geräte anbieten.
Die Einsatzmöglichkeiten der PC's sind vielfältig und werden
allein durch die gerade ausgeführte Software bestimmt. Neben
dem "Stand-alone-Einsatz" sind sie als "dumme" Datenstationen an andere Rechnersysteme anschließbar. Benutzt man Kommunikations-Software, so kann der PC als gleichberechtigtes
Mitglied in einem Rechnernetz angesehen werden.[18]

---

[15] Vgl. GROCHLA, E.: Betriebliche Konsequenzen der informationstechnologischen Entwicklung, in: AI: 2/1982, S. 62-71 (im folgenden zitiert als GROCHLA, E.: Entwicklung). Diese Aussage belegt auch Gaitanides durch eine Befragung von PC-Herstellern. Danach wurden 79% aller PC's in Betrieben mit weniger als 500 Beschäftigten eingesetzt. Vgl. GAITANIDES, M.: Personal Computer Einsatz - Entwicklungsstand und -perspektiven. Ergebnisse einer empirischen Untersuchung, in: AI: 8/1985, S. 319-327, hier S. 320. Darüber hinaus gibt es zwei weitere Zielgruppen für den PC-Einsatz, die in diesem Zusammenhang nicht betrachtet werden:
- Fachabteilungen in Großbetrieben
- Sachbearbeiter und Führungskräfte, die mittels vernetzter Kleincomputer Zugang zu Großrechenanlagen haben.

[16] Vgl. LUTZ, T.: Der Personal Computer - heute und morgen, in: WEBER, H., OPPERMANN, H.H., (Hrsg.): PC - betriebliche Anwendung und Praxis, Braunschweig/Wiesbaden 1985, S. 16-34, hier S. 22/23. Ein persönliches Computing erlauben zwar auch die Hobby- und Heimcomputer, jedoch werden sie, wenn sie in kleinen und mittleren Betrieben zum Einsatz kommen, in dieser Arbeit den PC's zugeordnet. Nach der IDC-Studie von 1982 hatten die Hobby- und Heimcomputer einen Anteil von 69 % am Mikrocomputerabsatz.

[17] Nach Untersuchungen von CPN liegt der Marktanteil von IBM im PC-Bereich derzeit bei 44,6%. Vgl. CPN: a.a.O., S. 47. Der Marktanteil bezieht sich auf die Mikrocomputer der Typen "PC", "PC-XT" und "PC-AT". Es bleibt abzuwarten, inwieweit die neuen Modelle unter der Bezeichnung "Personal System/2" zum Industriestandard werden können.

[18] Vgl. dazu die Ausführungen in Kapitel 3.4 sowie STAHLKNECHT, P.: Einführung, a.a.O., S. 38.

3.2 DV-Anwendungen in kleinen und mittleren Betrieben

Grundsätzliches Ziel jeglichen DV-Einsatzes im Unternehmen ist die Steigerung der Effizienz der Informationsverarbeitung. Futh unterscheidet dabei drei Stufen der Entwicklung der DV-Aufgaben:

(1) Einsatz für begrenzte Aufgaben im Bereich Rechnungswesen
(2) Erledigung von Massen- und Routineaufgaben im gesamten Unternehmen
(3) Einsatz zur Gewinnung von Informationen für Führungsentscheidungen im gesamten Unternehmen[19]

Die kleinen und mittleren Betriebe entscheiden sich bei erstmaligem DV-Einsatz zwar überwiegend für den Bereich Rechnungswesen, jedoch sind gerade durch den universellen Einsatz der PC's und die für diese Rechner zur Verfügung stehende Vielfalt an Anwendungssoftware[20] die drei von Futh genannten Entwicklungsstufen heute nicht mehr so scharf trennbar.
Aus diesem Grund werden in diesem Abschnitt die möglichen DV-Anwendungsbereiche kurz umrissen und Software-Einsatz-Schwerpunkte kleiner und mittlerer Betriebe exemplarisch beschrieben (Kap.3.2.2). Zuvor müssen jedoch die zur Realisation der Einsatzmöglichkeiten benötigten Betriebssysteme[21],

---

[19] Vgl. FUTH, H.: Rationalisierung der Datenverarbeitung, Bd. 2, Planung und Einrichtung von EDV-Abteilungen, München/Wien 1976, S. 188f.
[20] Die Anwendungssoftware liefert die Ergebnisse der in den betrieblichen Bereichen mittels DV zu lösenden Aufgaben. Der Begriff Anwendungssoftware steht für die verschiedensten Formen von Programmen bzw. Programmsystemen, unterschieden in die Gruppen der Standard- und Individualsoftware.
[21] Klassifiziert werden die Betriebssysteme zum einen durch die Anzahl der Benutzer (Single-/Multi-User-Systems), zum anderen durch die Anzahl der gleichzeitig durchgeführten Aufgaben (Single-/Multi-Tasking-Systems). Single-User-Systems können sowohl mit Single- als auch mit Multi-Tasking betrieben werden. Das gleiche gilt für die Multi-User-Systems. Die Betriebssysteme koordinieren und kontrollieren sämtliche Einheiten der DVA und sind für die Steuerung des Ablaufs aller Prozesse in dem Rechner verantwortlich. Vgl. CZAP, H.: Einführung in die EDV, Würzburg/Wien 1976, S. 65.

die die verschiedenen Betriebsarten der EDV-Anlagen erst ermöglichen und die unterschiedlichsten Nutzungsformen durch die Anwender unterstützen bzw. gewährleisten, in die Betrachtung einbezogen werden[22]. Dabei wird in Kapitel 3.2.1 der Schwerpunkt auf diejenigen Betriebssysteme gelegt, die eine marktbeherrschende Position in ihrem Bereich einnehmen.

3.2.1 Betriebssysteme als Grundlage der DV-Anwendungen in kleinen und mittleren Betrieben

Bei mittleren EDV-Anlagen sind die Betriebssysteme wie im Bereich der Großrechner überwiegend an ein bestimmtes Rechnermodell bzw. an eine Rechnerfamilie gebunden. Mit dem 1969 von AT&T zunächst für den Eigenbedarf entwickelten UNIX wurde erstmals ein Betriebssystem für Mehrplatzsysteme geschaffen, das sich zunehmend auch auf dem kommerziellen Markt durchsetzt und in den kommenden Jahren zum Standard-Betriebssystem für mittlere EDV-Anlagen werden könnte.[23] Nach der Freigabe der UNIX-Lizenz durch AT&T sind eine Reihe von UNIX-Varianten[24] auch für Mikrocomputer entstanden, die dadurch mehrplatzfähig wurden.[25]
Im Gegensatz dazu hat sich bei den Betriebssystemen für professionell eingesetzte Mikrocomputer mit 16-Bit-Architektur MS-DOS von MICROSOFT durchgesetzt. Dies lag vor allem an der Entscheidung von IBM, dieses Betriebssystem für seine PC's zu verwenden. In diesem Abschnitt erfolgt wegen der weiten

---

[22] Vgl. **HANSEN, H. R.:** a.a.O., S. 336.
[23] Aus der Diebold-Studie "Der Markt für UNIX-Systeme" geht hervor, daß 69% aller UNIX-Installationen in kommerziellen Anwendungen eingesetzt sind. 1990 sollen nach dieser Studie bereits 25% aller Minicomputer und Mehrplatz-Mikros mit UNIX ausgerüstet sein. Vgl. **STEDING, P.:** Kommerzielle Anwendungen dominieren die Szene, in: **COMPUTERWOCHE:** 13.Jg., Nr. 45 vom 7.11.1986, S. 35/36.
[24] Die Version 7 bildet bspw. die Basis der auf dem heutigen Markt angebotenen UNIX-Weiterentwicklungen der University of California in Berkeley (UNIX 4.2 bsd). Für den kommerziellen Markt werden der Weiterentwicklung des UNIX-System III zur UNIX-Variante SYSTEM V die größten Chancen zugeschrieben, zum Standard-UNIX-Betriebssystem zu werden.
[25] Auf der Basis von SYSTEM III sind Portierungen wie XENIX und SINIX auf Mikrocomputer vorgenommen worden.

Verbreitung der IBM- und IBM-kompatiblen PC's unter MS-DOS und der erwarteten zukünftigen Standardisierung der mittleren EDV-Anlagen unter UNIX daher die Einschränkung der Betrachtung von Betriebssystemen auf die beiden genannten.

3.2.1.1 UNIX als Betriebssystem für mittlere EDV-Anlagen

Durch seinen generellen Aufbau in Form einer Schichtenstruktur ist das in der höheren Programmiersprache C[26] geschriebene UNIX weitgehend hardwareunabhängig. Den eigentlichen Betriebssystemkern mit seinen Hauptkomponenten Prozeßverwaltung, Speicherverwaltung, Ein-/Ausgabesystem und Dateiverwaltung bildet der sogenannte Nukleus oder Kernel, zu dem der Benutzer eines UNIX-Systems keinen Zugriff hat. Die Verbindung aller UNIX-Tools[27] sowie der Benutzerprogramme mit dem Systemkern stellt ein UNIX-Kommando-Interpreter, die Shell, her. Über diese Kommandoschnittstelle kommuniziert der Benutzer mit dem Systemkern in Form von Systemaufrufen. Im Gegensatz zu anderen dialogorientierten Kommandosprachen in Betriebssystemen läßt sich die Shell wie eine Programmiersprache verwenden. Sie erlaubt nicht nur das Erstellen neuer Kommandos, sondern auch eine Verknüpfung mehrerer Kommandos miteinander[28].

Die Shell stellt also die Benutzeroberfläche des Betriebssystems UNIX dar, die allerdings im Original für den Gelegen-

---

[26] Die Programmiersprache C wurde Anfang der siebziger Jahre von Kernighan und Ritchie als Basissprache für die Entwicklung von UNIX geschaffen. Vgl. **KERNIGHAN, B. W., RITCHIE, D. M.:** Programmieren in C, München 1983.
[27] Diese Programme sind kennzeichnend für die Mächtigkeit von UNIX. Die meisten Dienstprogramme können als "Filter" arbeiten. Ein Filter liest seine Daten vom Standardeingabemedium und schreibt sie dann auf das Standardausgabemedium. Ein weiterer Vorteil liegt darin, daß mit Filtern auch sogenannte "Pipes" aufgebaut werden können. In einer Pipe wird die Ausgabe eines Filters als Eingabe des nächsten verarbeitet. Vgl. **SIEMENS AG:** Betriebssystem SINIX, Buch 1 V1.0C, München 1986, S. 3 - 8ff.
[28] Vgl. **SIEMENS AG:** Betriebssystem SINIX, Buch 1 V1.0C, ebenda, S. 3 - 1.

heitsbenutzer nicht geeignet ist.[29] Über diese Original-Benutzeroberfläche müssen anwendungsorientierte Oberflächen gelegt werden, die speziell auf den konkreten Anwendungsfall zugeschnitten sind.[30] Aufgrund der Tatsache, daß nur der Kernel an die jeweilige Hardware-Konfiguration angepaßt werden muß, ist UNIX als portables Betriebssystem anzusehen[31]. Die Portabilität, Flexibilität und Leistungsfähigkeit von UNIX wird von immer mehr Herstellerfirmen erkannt, so daß UNIX im Bereich der mittleren EDV-Anlagen neben VM von IBM und BS2000 von Siemens als das Betriebssystem der Zukunft betrachtet wird.

3.2.1.2 MS-DOS als Betriebssystem für Mikrocomputer

Neben dem mehrplatzfähigen XENIX bietet MICROSOFT auch das bislang einplatzfähige MS-DOS als Mikrocomputerbetriebssystem an. Erst der Eintritt von IBM auf den Markt für 16-Bit-Mikrocomputer ermöglichte es MICROSOFT, gegen den großen Konkurrenten DIGITAL RESEARCH mit seinem Betriebssystem CP/M-86, der Weiterentwicklung von CP/M-80 für 8-Bit-Rechner, anzutreten.
MS-DOS befindet sich ständig in der Entwicklung; bei Version 2.0 änderte sich nicht nur das File-Management dahingehend, daß die hierarchische File-Struktur von XENIX übernommen wurde, sondern auch das UNIX Pipeline-Konzept, mit dem der Output eines Systemprozesses als Input für den nächsten verwendet werden kann, ist in MS-DOS 2.0 enthalten.[32] Die Ver-

---

[29] Die Kommandonamen und -parameter sind wenig aussagekräftig, und es erfolgen nur im Fehlerfall kurze, teilweise unverständliche Rückmeldungen des Systems. Bei "gefährlichen Kommandos", bspw. beim Löschen, gibt es keine Rückfragen. Vgl. **MARTIN, G.**: Benutzerinterface überfordert ungeübte User, in **COMPUTERWOCHE**: 13.Jg., Nr. 45 vom 7.11.1986, S. 40.
[30] Als Beispiel hierfür ist das Menü-System von SINIX anzuführen. Der Anwender einer kommerziellen Applikation ruft diese aus seinem Menü heraus auf; ihm wird nicht bewußt, daß er unter SINIX arbeitet.
[31] Vgl. **HANSEN, H. R.**: a.a.O., S. 394ff.
[32] Vgl. **IBM**: Betriebssystem DOS-Handbuch, Version 2.1, Glasgow 1984, S. 1 - 9ff. und **DER SPIEGEL**: Märkte im Wandel,

sion 3.1 enthält zudem eine Komponente für den Netzwerkbetrieb.
Ziel von MICROSOFT ist es, MS-DOS zu einer kompatiblen Untermenge von XENIX zu machen.[33]
MS-DOS ist von seiner Grundkonzeption allerdings ein Betriebssystem, welches dem Benutzer alle Möglichkeiten des Umgangs mit dem Personal Computer gestattet. Dies kann u.U. in kleinen und mittleren Betrieben dazu führen, daß ungeübte Benutzer mit der Mächtigkeit der Systembefehle nicht zurecht kommen oder daß, falls mehrere Benutzer denselben Personal Computer für ihre Anwendungen benutzen, sie aufgrund der Offenheit des Betriebssystems in andere Anwendungsbereiche Einblick erhalten können.[34]

3.2.2 Anwendungsbereiche und Software-Einsatzschwerpunkte in kleinen und mittleren Betrieben

Der Anwendungsbereich der Datenverarbeitung in kleinen und mittleren Betrieben geht heute weit über den Bereich des Rechnungswesens hinaus. Bereits eine Untersuchung von Griese und Kurpicz aus dem Jahre 1984 belegt, daß alle befragten Unternehmen ihre Finanzbuchhaltung EDV-mäßig betreiben.[35] Weitere Bereiche wie die Produktion und die Konstruktion hatten 1984 noch keine große Bedeutung.[36] Bereits ein ganz anderes Bild liefert die Untersuchung von Gaitanides über

---

Bd. 12, Mikrocomputer für kommerzielle Anwendungen, Hamburg 1984, S. 53-57.
[33] Vgl. **HANSEN, H. R.**: a.a.O., S. 398.
[34] Weitere Problembereiche und Risiken des Umgangs mit PC's unter MS-DOS werden in den Kapiteln 4 und 7 beschrieben.
[35] 73,9 % der Betriebe führen zudem ihre Lohn- und Gehaltsabrechnung mittels EDV durch, 71% ihre Auftragsabwicklung und 42% ihre Lagerhaltung. Vgl. **GRIESE, J., KURPICZ, R.**: Ausgewählte Ergebnisse einer empirischen Untersuchung zum DV-Einsatz in kleinen und mittleren Unternehmen, Arbeitsbericht Nr. 1 des Instituts für Wirtschaftsinformatik, Universität Bern, Oktober 1984, S. 33.
[36] Für den gleichen Zeitpunkt weist die PC-Studie '84 der IDC als häufigste Anwendung beim Mikrocomputereinsatz die Textverarbeitung und erst an zweiter Stelle die Anwendungen im Bereich Rechnungswesen aus. Vgl. o.V.: Der Softwaremarkt für Mikrocomputer, Auszüge aus der PC-Studie 1984, in: **COMPUTERWOCHE**: 11.Jg., Nr. 48 vom 30.11.1984, S. 34.

die Häufigkeiten der professionellen Anwendungen mit Mikrocomputern. Mit 52% rangieren die allgemeine Datenverwaltung vor der Textverarbeitung (51%) und vor den Anwendungen des Rechnungswesens mit nur 36%.[37] Zunehmende Verbreitung erfahren zwar auch die CAD/CAE-Systeme im Konstruktionsbereich[38] und die PPS-Systeme in der Produktion[39], jedoch wird auf eine detailliertere Betrachtung dieser Anwendungen verzichtet. Es werden drei Schwerpunkte gebildet, die die in kleinen und mittleren Betrieben überwiegenden Softwareanwendungen abdecken. Den ersten Schwerpunkt bilden die Abrechnungssysteme wie Finanzbuchhaltungs- Lohn- und Gehaltsabrechnungsprogramme (Kap. 3.2.2.1). In Kapitel 3.2.2.2 erfolgt eine Übersicht der einsetzbaren Daten-(bank)verwaltungssysteme, und in Kapitel 3.2.3.3 werden die sogenannten Integrierten Systeme behandelt.[40]

3.2.2.1 Abrechnungssysteme

Traditionsgemäß ist der Bereich Rechnungswesen die erste Stufe des DV-Einsatzes im Unternehmen. Bevorzugt beginnen auch kleine und mittlere Betriebe mit der Umstellung der Arbeitsgebiete Finanzbuchhaltung, Fakturierung und/oder Lohn- und Gehaltsabrechnung auf DV.[41]

---

[37] Da kaum davon auszugehen ist, daß Betriebe ihre bereits bis dato mit EDV durchgeführten Anwendungen wieder manuell durchführen, zeigen diese Zahlen, daß sich die Schwerpunkte des EDV-Einsatzes in den Betrieben durch die Mikrocomputer verändert haben. Vgl. **GAITANIDES, M.:** a.a.O., S. 319-327, hier S. 321.
[38] Vgl. **GROOVER, M. P., ZIMMERS, E. W.:** a.a.O., S. 474ff.
[39] Die Produktionsplanungs- und -steuerungssysteme integrieren die Planungsfunktionen Stammdatenverwaltung, Produktionsprogrammplanung, Mengenplanung und Termin- und Kapazitätsplanung sowie die Steuerungsfunktionen Auftragsveranlassung und Auftragsüberwachung. Vgl. **KITTEL, T.:** Produktionsplanung und -steuerung im Klein- und Mittelbetrieb, Grafenau 1982, S. 2-5.
[40] Eine Beschreibung spezieller Branchenpakete, technischer bzw. wissenschaftlicher Programme sowie technisch-organisatorischer Software würde den Rahmen dieser Arbeit sprengen. Weitere Begründungen, warum gerade diese drei Schwerpunkte gebildet werden, finden sich in den entsprechenden Abschnitten.
[41] Vgl. **STAHLKNECHT, P.:** Einführung, a.a.O., S. 300.

Bei der Betrachtung EDV-gestützter Buchführungen, die nicht
außer Haus geführt werden, sind drei Erscheinungsformen zu
unterscheiden:[42]
Bei "konventioneller EDV-Buchführung mit vollständigem Ausdruck" werden sämtliche Eingabedaten doppelt verarbeitet.
Sie werden im Grundbuch in zeitlicher und im Hauptbuch in
Kontenform in sachlicher Folge gedruckt. Nach Prüfung der
Druckausgabe werden die Datenträger gelöscht.
Ein laufender Ausdruck findet bei "konventioneller EDV-Buchführung mit verdichtetem Ausdruck" nicht statt. Für die
Zeitdauer der Aufbewahrung wird der Datenbestand, der in
zeitlicher und sachlicher Ordnung nach Grundbüchern und Konten auf Datenträgern gespeichert wird, in Ausdruckbereitschaft gehalten.
Die dritte Erscheinungsform ist die "Speicherbuchführung",
bei der nach den Grundsätzen ordnungsmäßiger Speicherbuchführung (GoS)[43] alle Buchungen auf maschinell lesbaren Datenträgern verarbeitungsfähig gespeichert werden. Die Daten
müssen bei Bedarf für den jeweiligen Zweck einzeln oder kumulativ sichtbar gemacht werden können. Obwohl die Speicherung in beliebiger Ordnung erfolgen kann, müssen alle Voraussetzungen für eine sach- und personenkontenmäßige Verbuchung vorliegen. Ein Geschäftsvorfall gilt als gebucht,
wenn er zeitgerecht erfaßt und sowohl mit Identifizierungs-
als auch Zuordnungsmerkmalen versehen ist, d.h., die Konten-
und Belegfunktionen müssen erfüllt sein.
Ein EDV-gestütztes Buchführungssystem sollte dabei alle betriebswirtschaftlichen Funktionen der Debitoren-, Kreditoren- und Sach(haupt)buchhaltung abdecken.[44] Darüber hinaus
sind, um einen hohen Integrationsgrad der verwendeten Software und eine möglichst redundanzfreie Speicherung sowie
eine Vermeidung der Mehrfacherfassung von Daten im Betrieb
zu erreichen, Schnittstellen zwischen den EDV-Buchführungen
und den angrenzenden Arbeitsgebieten wie der Auftragsbear-

---

[42] Vgl. ESCHEN, H.-J.: Möglichkeiten der Prüfung von EDV-Buchführungssystemen im Rahmen der Abschlußprüfung, Schwarzenbeck 1983, S. 7f.
[43] Vgl. BUNDESMINISTER DER FINANZEN: BMF-Schreiben vom 5.7.1978, - IV A7 - S 0316 - 7/78 (GoS): Grundsätze ordnungsmäßiger Speicherbuchführung, in: Bundessteuerblatt 1978, Teil I, S. 250-254.
[44] Vgl. STAHLKNECHT, P.: Einführung, a.a.O., S. 306.

beitung und Fakturierung, der Kostenrechnung, der Betriebsergebnisrechnung sowie der Lohn- und Gehaltsabrechnung nötig.[45] Die Verarbeitung der Stamm- und Bewegungsdaten einer Buchführung muß durch ein wirtschaftliches Nebeneinander der Betriebsarten Dialog- und Stapelbetrieb realisiert werden.[46] DV-seitige Anforderungen wie Benutzerfreundlichkeit, Flexibilität und Portabilität sind bei den auf dem Markt existierenden Finanzbuchhaltungssystemen in unterschiedlichster Weise realisiert.[47]

Die betriebswirtschaftliche Einordnung der Lohn- und Gehaltsabrechnung als "klassische Nebenbuchführung" mit ihrem eigentlichen Abrechnungsvorgang, der Entgeltrechnung, gegliedert in die Brutto-, die Nettolohnrechnung und die Zahlungsrechnung, ist in dem Sinne nicht mehr korrekt, daß die Buchführungsfunktion nur noch als eine Teilfunktion des gesamten Systems anzusehen ist. Vielmehr hat sich der Schwerpunkt einer LuG-Abrechnung mehr in Richtung Durchführung und Überwachung des finanzwirtschaftlichen Teils des Gegenleistungsprinzips entwickelt. Dieser basiert auf den Arbeitsverträgen und dem abrechnungsbezogenen Anteil der Arbeitgeberfürsorge- und -sorgfaltspflichten. Darüber hinaus sind gesetzlich auferlegte Pflichten aus Arbeits-, Steuer-, Beitrags-, Leistungs-, Zivil-, Melde-, Auskunfts- und Statistikrecht zu erfüllen.[48] Ein weiteres Arbeitsgebiet ist die für diese Zwecke erforderliche Pflege des umfangreichen Datenmaterials, welches im wesentlichen aus personenbezogenen Daten besteht. Aus genannten Gründen und den ständigen An-

---

[45] Vgl. HORVATH, P., PETSCH, M., WEIHE, M.: Standardanwendungs-Software für das Rechnungswesen, 2. Aufl., München 1986, S. 44/45.
[46] Vgl. STAHLKNECHT, P.: Merkmale des Einsatzes von Online-Systemen im Finanz- und Rechnungswesen, in: STAHLKNECHT, P. (Hrsg.): Online-Systeme im Finanz- und Rechnungswesen, Berlin/Heidelberg/New York 1980, S. 32-42, hier S. 42. (im folgenden zitiert als STAHLKNECHT, P.: Merkmale).
[47] Eine umfassende Untersuchung existierender Finanzbuchhaltungssysteme für alle Rechnerklassen wurde von Horvath, Petsch und Weihe durchgeführt. Vgl. HORVATH, P., PETSCH, M., WEIHE, M.: a.a.O., Kapitel 6, S. 133-220 sowie S. 293-308.
[48] Vgl. HENTSCHEL, B., KOLZTER, H.-J.: Lohn- und Gehaltsabrechnung - heute, in: HENTSCHEL, B., (Hrsg.): 1. Jahrbuch Lohn- und Gehaltsabrechnung, Köln 1984, S. 9-14, hier S. 9/10.

passungserfordernissen, Neuregelungen und Terminzwängen ist eine DV-gestützte, zeitnahe Lohn- und Gehaltsabrechnung unumgänglich. Die meisten Betriebe setzen dafür Standardsoftware ein, die mittlerweile für Rechner jeder Größenklasse verfügbar ist. Exemplarisch verdeutlicht die folgende Abbildung die übergeordneten Arbeitsgebiete (mit entsprechenden Teilfunktionen) des IBM-LuG-Abrechnungssystems für IBM-PC und XT.

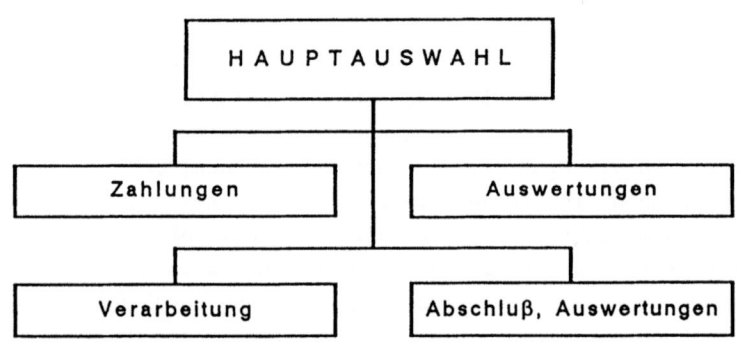

Abb. 3: Arbeitsgebiete des IBM-LuG-Abrechnungssystems[49]

Quelle: HEIL, B.: Anforderungen an ein integriertes LuG-Programmpaket - eine kritische Analyse eines bestehenden Programmsystems, Diplomarbeit, Göttingen 1986, S. 8.

---

[49] Detaillierte Anforderungen und Kriterien an LuG-Standardsoftwaresysteme findet man in: HENTSCHEL, B., (Hrsg.): a.a.O., S. 325ff. bzw. lassen sich aus dem Fragenkatalog zur Markterhebung 1985 der **Arbeitsgemeinschaft Lohn- und Gehaltsabrechnung (ALGA)** herleiten.

3.2.2.2 Datenverwaltungssysteme

Ohne eine gut organisierte wirtschaftliche Datenverwaltung als Basis wäre in den Betrieben eine Informationsverarbeitung nicht möglich. Mit der Entwicklung von Datenverwaltungs- und Datenbanksystemen sind dafür zentrale Erfassungs-, Verarbeitungs- und Verteilungseinheiten geschaffen worden.[50] Dieser Abschnitt gibt eine Übersicht derartiger Softwaresysteme auf Mikrocomputern, da damit erstmals auch die Kleinbetriebe die Automatisierungs- und Rationalisierungsvorteile computergestützter Datenverwaltungssysteme nutzen können. In Betrieben mittlerer Größe können durch den Einsatz dieser Systeme DV-Kapazitäten in die Fachabteilungen verlagert werden.[51]
Die einfachsten Datenverwaltungssysteme sind die überwiegend in der Programmiersprache BASIC geschriebenen Programme mit Zugriff auf sequentielle Dateien.[52] Eingesetzt werden sie überwiegend zur persönlichen Adressenverwaltung oder Dateihaltung. Sie sind zwar benutzerfreundlich, jedoch in betrieblichen Bereichen von untergeordneter Bedeutung, da sie kaum Reorganisationsmöglichkeiten der Daten bieten. Leistungsfähiger sind die Dateiverwaltungssysteme (file management systems). Sie gewährleisten ebenfalls nur sequentiellen Zugriff und sind in BASIC oder PASCAL geschrieben. Benutzern ohne DV-Kenntnisse ermöglichen sie aber eine einfache Handhabung durch Menütechniken, bieten begrenzte Reorganisationsmöglichkeiten der Datenbestände und sind für kleine Datenverwaltungsaufgaben sinnvoller einzusetzen als

---

[50] Vgl. **WEDEKIND, H.**: Datenbanksysteme I, 2. Aufl., Mannheim/ Wien/Zürich 1981, S. 26ff.
[51] Neben dem überwiegenden Einsatz als stand-alone-Konfigurationen sind mikrocomputergestützte Datenverwaltungssysteme besser in lokalen Netzwerkkonfigurationen als in Form von Mehrplatzsystemen dezentral einzusetzen. Vgl. **RENNER, G.**: Entwicklungsstand und Einsatzmöglichkeiten mikrocomputergestützter Datenverwaltungssysteme, in: **WEBER, H., OPPERMANN, H.H.**, (Hrsg.): PC betriebliche Anwendung und Praxis, Braunschweig/Wiesbaden 1985, S. 123-157, hier S. 150/151.
[52] Renner bezeichnet sie als simple-data-management-systems. Vgl. **RENNER, G.**: ebenda, S. 129.

Datenbanksysteme, die eine Programmierung der Anwendungen der Benutzer voraussetzen.[53]
Speziell für Arbeitsplatzrechner werden eine Vielzahl Programmpakete zur Datenverwaltung mit der Bezeichnung "Datenbanksystem" angeboten, die jedoch den traditionellen Forderungen an ein DBS[54] nicht oder nur unzureichend entsprechen. Bedingt durch den schwerpunktmäßigen Einsatz der Mikrocomputer in Klein- und Mittelbetrieben als stand-alone Version ist ein auf diesen Rechnern implementiertes DBS eine Insellösung. Sind die in der Datenbank gespeicherten Datenbestände nur für diesen Arbeitsplatz von Interesse, so kann die Haltung eines autarken Datenbestandes durchaus sinnvoll sein.[55] Derartige Systeme werden vollständig vom Endbenutzer bedient; dies schließt auch den Aufbau der "persönlichen" Datenbank ein.[56] Renner untergliedert derartige Systeme nach ihrer datentechnischen Leistungsfähigkeit in kleine, mittlere und große Datenbanken.[57] Die kleinen DBS (small data bases) verwalten ihre Datenbestände indexsequentiell (ISAM). Sie besitzen daher nur geringe Einsatz- und Reorganisationsflexibilität. Bei mittleren Systemen (medium data bases) herrschen überwiegend Einplatzsysteme vor. Vom Datenmodell her entsprechen sie schon eher den auch bei Großdatenbanken existierenden hierarchischen Netzwerk- oder Relationenmodel-

---

[53] Ein Datenbanksystem (DBS) besteht aus einer Datenbank - ein Pool, in dem die Gesamtheit der für die Anwendungen interessierenden Daten zentral gespeichert ist - und der Datenbanksoftware (DBMS), die dem jeweiligen Anwendungsprogramm die Daten so zur Verfügung stellt, wie sie benötigt werden. Vgl. SCHLAGETER, G., STUCKY, W.: Datenbanksysteme: Konzepte und Modelle, 2. Aufl., Stuttgart 1983, S. 22/23.
[54] Zu fordern sind: Redundanzarmut der Daten, Datenunabhängigkeit, Strukturflexibilität, Datenbankintegrität, Möglichkeit des Vielfachzugriffs auf die Daten, Berücksichtigung verschiedener Benutzergruppen, ein akzeptables Antwortzeitverhalten und Datensicherheit. Vgl. dazu auch NIEDEREICHHOLZ, J.: Datenbanksysteme - Aufbau und Einsatz, 2. Aufl., Würzburg/ Wien 1981, S. 11-15.
[55] Vgl. GILLNER, R.: Datenbanken auf Arbeitsplatzrechnern, München/Wien 1984, S. 14/15.
[56] Vgl. SCHÄFER, G.: Speicherung und Retrieval persönlicher Datenbestände mit Personalcomputern, in: WEBER, H., OPPERMANN, H.H., (Hrsg.): PC betriebliche Anwendung und Praxis, Braunschweig/Wiesbaden 1985, S. 158-175, hier S. 168.
[57] Der Begriff "datentechnische Leistungsfähigkeit" wird von Renner nicht näher erläutert. Vgl. dazu und zu den weiteren Ausführungen: RENNER, G.: a.a.O., S. 128-140.

len. Zur Gruppe der medium data bases gehören Systeme wie dBase, RDDS und SEQUITUR, die für beliebige Aufgabenstellungen einsetzbar sind. Überdurchschnittlich stark sind bei großen Datenbanken (large data bases) für Mikrocomputer Systeme, die auf dem Relationenmodell basieren, vertreten. Diese Systeme sind i.d.R. mehrplatzfähig und entsprechen weitestgehend den traditionellen Anforderungen an ein Datenbanksystem. Für den Benutzer am Arbeitsplatz sind sie aufgrund ihrer komplizierten Installation und Anpassung an die jeweiligen Aufgabenstellungen ohne Hilfe von "Datenbankspezialisten" kaum einsetzbar. Der Sachbearbeiter wird diese Datenbanksysteme wie z.B. ORACLE, MDBS III, UNIFY etc. lediglich abfrageorientiert nutzen.

3.2.2.3 Integrierte Systeme

Die überwiegend auf dem Softwaremarkt für Mikrocomputer abgesetzten Standardprogramme sind den Anwendungsbereichen Datenbankverarbeitung, Tabellenkalkulation, Textverarbeitung und Geschäftsgrafik zuzuordnen.[58] Inzwischen haben sich auf dem bundesdeutschen Markt Softwarepakete etabliert, in denen diese vier Funktionen integriert wurden. Obwohl es bisher noch keine eindeutige Formulierung, was darunter zu verstehen ist, gibt, hat sich der Begriff "Integrierte Systeme" stark manifestiert. Die Arbeitsgemeinschaft für kommerzielle Software (ag-ks), die für die fünf bekanntesten Systeme einen Vergleich vornimmt, gibt folgende Minimaldefinition:

"Ein integriertes System ist ein Programmkomplex, welcher die wichtigsten Funktionen von kommerziellen Anwendungen in einem Softwarepaket zusammenfaßt."[59]

Die Gewichtung der Basisfunktionen, die Schnittstellen und

---
[58] Vgl. HANSEN, H. R.: a.a.O., S. 390.
[59] Untersucht werden die Softwareprodukte open access, Lotus 1 2 3, Symphony, Knowledgeman und Framework.
Vgl. ARBEITSGEMEINSCHAFT FÜR KOMMERZIELLE SOFTWARE (ag-ks): Softwarereport 2, Integrierte Systeme im Vergleich, München 1985, S. 8.

die Realisierung der einzelnen Features ist bei den genannten Softwaresystemen unterschiedlich, jedoch ist bei allen Systemen der Datenaustausch zwischen allen Blöcken möglich, um die gewonnenen Daten auch in anderen Funktionsbereichen weiterverarbeiten zu können.[60]

3.3 Organisationsformen der Datenverarbeitung in kleinen und mittleren Betrieben

Der Schwerpunkt dieses Abschnitts liegt weniger auf einer Betrachtung der Einordnung der Datenverarbeitung in die Unternehmensorganisation[61], sondern es werden vielmehr Aspekte der internen Organisation der Datenverarbeitung in kleinen

---

[60] So ist das Produkt open access eine Weiterentwicklung einzelner Produkte, die über eine interne Schnittstelle zusammengefügt wurden. Der Wechsel von einer Basisfunktion zur anderen erfolgt über das Hauptmenü, die Daten werden in einer implizit aufgebauten Datei mitgenommen und in der Folgekomponente weiterverarbeitet. Bei allen anderen Systemen hat man von der jeweiligen Komponente Zugriff auf alle anderen Module und kann sich so die zur Verarbeitung notwendigen Daten besorgen. Vgl. **ag-ks:** a.a.O, S. 19/20. Eine detaillierte Gegenüberstellung der einzelnen Systeme findet man im Softwarereport 2, Kap. 8, S. 143-156.

[61] Der Begriff "Organisation" ist hier im instrumentalen Sinne zu verstehen. Zum einen ist damit der Prozeß des organisatorischen Gestaltens (handlungsbezogeer Organisationsbegriff) und zum anderen das Ergebnis dieser Organisationsmaßnahmen (die Gebildestruktur) gemeint. Analytisch wird der instrumentale Organisationbegriff in die Aufbau- und in die Ablauforganisation getrennt. Vgl. **GROCHLA, E.:** Organisation und Organisationsstruktur, in: HdB, a.a.O., Bd. 2, Sp. 2946-2868, hier Sp. 2848ff. (im folgenden zitiert als **GROCHLA, E.:** Organisation); **LEHMANN, H.:** Aufbauorganisation, in: HdB, a.a.O., Bd. 1, Sp. 290ff.; **GROCHLA, E.:** Grundlagen der organisatorischen Gestaltung, Stuttgart 1982, S. 1 (im folgenden zitiert als **GROCHLA, E.:** Grundlagen). Eine Beschreibung der Aufbaustrukturprinzipien einer Organisationseinheit, die auch für die Einordnung und Gliederung einer DV-Abteilung gelten, findet man in: **REFA:** Methodenlehre der Organisation, Bd. 3, Aufbauorganisation, Kapitel 1.5, S. 55-73. Zum Thema Ablauforganisation der Datenverarbeitung vgl. **OBELODE, G.:** Datenverarbeitungsorganisation II, in: GROCHLA, E., (Hrsg.): (HdOrg), 2. Aufl., Stuttgart 1980, Sp. 526-535.

und mittleren Betrieben beschrieben. Die folgenden Ausführungen werden dabei auf die kleinen und mittleren Unternehmen beschränkt, die neben einer ggf. vorhandenen zentralen DV-Abteilung überwiegend dezentrale Datenverarbeitung[62] betreiben. In der Literatur zur Datenverarbeitung wird als Betrachtungsobjekt in Bezug auf die Organisation des DV-Bereichs überwiegend der Großbetrieb oder der Konzern gewählt.[63] Analogien zu Großbetrieben sind bei den in dieser Arbeit betrachteten Betrieben, bei großen Mittelbetrieben und den zu den Dienstleistungsbetrieben zählenden Datenverarbeitungsbetrieben wie Rechenzentren festzustellen.[64]

3.3.1 Die DV-Abteilung in kleinen und mittleren Betrieben

Die Größe einer DV-Abteilung in Bezug auf die personellen Gegebenheiten ist u.a. abhängig von der Zusammenfassung (Zentralisierung) oder der Trennung (Dezentralisierung) der verschiedenen Funktionen der DV und den der Abteilung zugewiesenen Aufgaben.[65] In kleinen und mittleren Betrieben sind

---

[62] Vgl. dazu GROCHLA, E.: Dezentralisierungstendenzen im Betrieb durch Einsatz moderner Datenverarbeitung, in: AI: 12/1976, S. 512ff. (im folgenden zitiert als GROCHLA, E.: Dezentralisation); MERTENS, P.: Aufbauorganisation der Datenverarbeitung, Wiesbaden 1985, S. 18/19 (im folgenden zitiert als MERTENS, P.: Aufbauorganisation) sowie KRETZSCHMAR, M., MERTENS, P.: Verfahren zur Vorbereitung der Zentralisierungs-/Dezentralisierungsentscheidung in der betrieblichen Datenverarbeitung, in: INFORMATIK SPEKTRUM: 5/1982, S. 237.

[63] Historisch gewachsen ist bei diesen Unternehmen i.d.R. eine zentral organisierte DV in Form eines Rechenzentrums oder einer DV-Abteilung mit einer mittleren bis großen DVA. Vgl. GRAEF, M., GREILLER, R.: Organisation und Betrieb eines Rechenzentrums, 2. Aufl., Stuttgart 1982, S. 60ff.; PUTH, H.: a.a.O., S. 188f.

[64] Da die Organisationsstruktur dieser Betriebe ähnlich der eines Großbetriebes bzw. Großrechenzentrums ist, werden diese Betriebe folglich nicht weiter betrachtet.

[65] Weitere Einflußfaktoren zur Größenbestimmung einer DV-Stelle findet man bei MELLER, F.: Die Gliederung der Datenverarbeitungsstelle und ihre Einordnung in die Organisation der Unternehmung, Wiesbaden 1967, S. 90ff.

- falls überhaupt - kleine DV-Abteilungen vorzufinden.[66] Die folgende Abbildung zeigt die Aufbaustruktur einer solchen DV-Stelle.

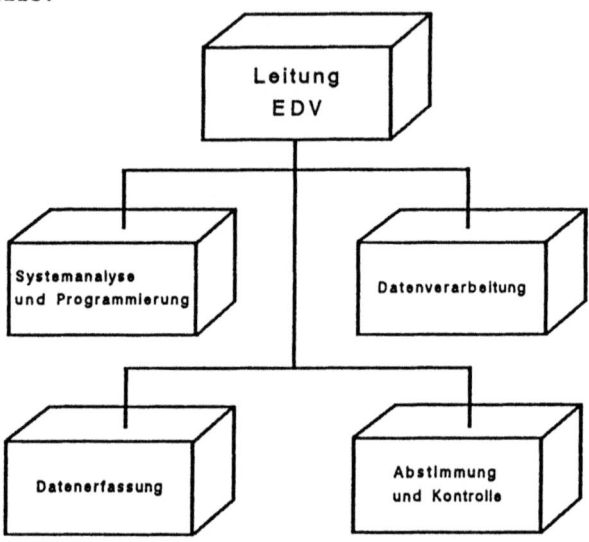

Abb. 4: Struktur einer kleinen DV-Stelle

Quelle: verändert nach GRAEF, M., GREILLER, R.: a.a.O., S. 62.

Bezeichnend für eine solche Abteilung ist die räumliche Zentralisierung; u.U. ist jedoch auch eine organisatorische Dezentralisierung der Funktion "Datenerfassung" sinnvoll. Diese erfolgt dann, abhängig von der Hardwareausstattung, off- oder on-line in den Fachabteilungen. Auch die Funktion "Abstimmung und Kontrolle" kann in die zuständigen Abteilungen delegiert werden. Da kleinere DV-Stellen nur sehr knapp mit Personal ausgestattet sind, kommt es häufig zu einer Personalunion Systemanalytiker/Programmierer und/oder Programmierer/Operator. Dies hat zur Folge, daß in der betrieblichen Praxis Planungsaufgaben, die ein Systemanalytiker wahr-

---

[66] Nach Graef/Greiller liegt die personelle Obergrenze einer kleinen DV-Abteilung bei maximal 14 Mitarbeitern. GRAEF, M., GREILLER, R.: a.a.O., S. 61; Vgl. dazu auch SEIBT, D.: Datenverarbeitungsorganisation I, in: HdOrg., a.a.O., Sp. 520. Futh dagegen spricht bei fünf bis zehn Mitarbeitern von einer kleinen DV-Stelle. FUTH, H.: a.a.O., S. 194.

zunehmen hat, häufig zugunsten von Routinetätigkeiten zurückgestellt bzw. nicht ausgeführt werden, was zu einer Stagnation in diesem DV-Bereich führen kann. Abhilfe kann in diesem Fall nur eine Funktionstrennung und das Einrichten einer Funktion "Arbeitsvorbereitung" schaffen.[67]
In Stufe (1) der Entwicklung der betrieblichen DV-Aufgaben war und ist die DV-Abteilung der Fachabteilung Rechnungswesen untergeordnet und damit dessen Leiter unterstellt. Bei Ausweitung der DV-Aufgaben auf das gesamte Unternehmen (Stufen (2) und (3)) ist diese Anordnung nicht sinnvoll, da jeder Fachbereichsleiter die Lösung seiner Abteilungsaufgaben über die anderer Abteilungen stellen und die DV dazu nutzen wird. Aus diesem Grund ist die Einordnung der DV-Abteilung in die Nähe der Unternehmensleitung als Stabsstelle mit dienender Funktion oder als selbständiger, gleichberechtigter Fachbereich im Instanzenaufbau vorzuziehen.[68] Für eine derart zentralisierte DV spricht u.a., daß

- die Verantwortung für die Datenverarbeitung in einer Hand liegt
- damit für das Unternehmen leichter eine integrierte DV-Lösung auf der Grundlage abgestimmter Daten erreicht wird
- Inkompatibilitäten bei Hard- und Software sowie Probleme der Wartung vermieden werden
- die Budgetierung und Finanzkontrolle einfacher ist
- die Nebenkosten, z.B. für klimatisierte Räume, niedrig gehalten werden
- bestimmte Hard- und Softwarekomponenten nur zentral ausgelastet werden können
- Schwankungen in der Nachfrage nach DV-Leistungen besser ausgeglichen werden können[69]

Der Anwendungsstau sowie die Güte der Aufgabenerfüllung im Laufe der Zeit sind für viele Unternehmensleitungen ein wesentlicher Punkt für eine Zentralisierungs/Dezentralisierungsdiskussion. Traten in der Vergangenheit häufig Pannen ein oder wurden Termine bei der Aufgabenerfüllung nicht ein-

---
[67] Vgl. dazu GRAEF, M., GREILLER, R.: a.a.O., S. 61/62.
[68] Vgl. dazu FUTH, H.: a.a.O., S. 188f. und SEIBT, D.: a.a.O., Sp. 514-519.
[69] Vgl. MERTENS, P.: Aufbauorganisation, a.a.O., S. 16-18.

gehalten, so neigen die Verantwortlichen eher zu einer Dezentralisierung der Datenverarbeitung als umgekehrt.

3.3.2 Abteilungsorientierte Datenverarbeitung

Eine Möglichkeit der Dezentralisierung der Datenverarbeitung im Unternehmen bietet das Konzept der abteilungsorientierten DV. Dabei ist zu unterscheiden, ob über einer DV-Abteilung mit einer mittleren bis größeren Rechenanlage hinaus noch kleinere Abteilungsrechner eingesetzt werden, die ggf. in Verbindung mit dem Hostrechner stehen[70] (technische Dezentralisierung) oder ob im Extremfall eine reine abteilungsorientierte Datenverarbeitung im Unternehmen betrieben wird.[71] Die erste Konzeption kann eine mehr integrierte Lösung sein.[72] Der Hostrechner in der DV-Abteilung wird dann überwiegend zur Datenverwaltung und zur Verarbeitung speicher- oder rechenzeitintensiver Programme im Batchbetrieb herangezogen, während in den Abteilungen fachspezifische Anwendungen verarbeitet werden. In die Unternehmenshierarchie ist die DV-Abteilung wie in Kapitel 3.3.1 beschrieben einzuordnen. Die Verantwortung für die EDV in den anderen Fachbereichen oder -abteilungen trägt der jeweilige Bereichs- oder Abteilungsleiter. Die letzte Aussage gilt grundsätzlich auch bei einer rein abteilungsorientierten, also einer rein dezentralisierten Datenverarbeitung. In den Abteilungen werden

---
[70] Diese Konzeption der Verteilung der Datenverarbeitung auf mehrere Stufen wird "verteilte Datenverarbeitung" bzw. "distributed data processing" genannt.
[71] Vgl. zum Stichwort "Technische Zentralisierungs- und Dezentralisierungsalternativen": **MERTENS, P.**: Aufbauorganisation, a.a.O., S. 22. Der Abteilungsrechner kann sowohl ein mehrplatzfähiges DV-System als auch ein Einplatzsystem sein. Auf die Behandlung einer Ausgliederung einzelner DV-Funktionen (z.B. dezentrale Datenerfassung bei den o.g. Konzepten) wird an dieser Stelle verzichtet. Vgl. dazu **MELLER, F.**: a.a.O., Kapitel 3.3.1.
[72] Dies bedingt ein gut durchdachtes Gesamtkonzept der Datenorganisation. Dadurch ist es möglich, die gespeicherten Daten des Unternehmens weitestgehend redundanzfrei zu halten. **WEDEKIND, H.**: a.a.O., S. 26; **MARTIN, J.**: Einführung in die Datenbanktechnik, München/Wien 1981, S. 39-44; **NIEDEREICHHOLZ, J.**: a.a.O., S. 11/12 und **SCHLAGETER, G., STUCKY, W.**: a.a.O., S.17-25.

DV-Systeme der verschiedensten Größenordnungen für die jeweiligen Aufgaben eingesetzt. Die Größe und Ausstattung des Abteilungsrechners ist dabei von der Art der Anwendung und dem dazu benötigten Datenvolumen abhängig.[73] Albers zieht für den Einsatz von Personal Computern als Abteilungsrechner eine Reihe technisch-organisatorischer Strukturen zur Realisierung eines solchen Konzeptes heran, die jedoch ohne weiteres auf DV-Systeme anderer Größenordnungen übertragbar sind:

- Anzahl der Arbeitsplätze an einer DV-Anlage (Einplatz-/Mehrplatzsystem)
- De-/Zentralisierungsgrad des Rechner-Einsatzes (lokales/verteiltes System)
- Kooperationsformen des Rechner-Einsatzes (autonomes System/Verbundsystem)

Daraus lassen sich acht plausible Organisationsformen des DV-Einsatzes in den Abteilungen ableiten:

1. Autonomes zentrales Einplatzsystem
2. Autonomes zentrales Mehrplatzsystem
3. Zentrales Einplatzsystem mit Rechenzentrumsanschluß
4. Zentrales Mehrplatzsystem mit Rechenzentrumsanschluß
5. Autonomes dezentrales Einplatzsystem
6. Autonomes dezentrales Mehrplatzsystem
7. Dezentrales Einplatzsystem mit Rechenzentrumsanschluß
8. Dezentrales Mehrplatzsystem mit Rechenzentrumsanschluß.[74]

---

[73] Als kleinere Abteilungsrechner sind die überwiegend eingesetzten Personal Computer zu verstehen.
[74] Die genannten acht Einsatzmöglichkeiten von DV-Anlagen bezogen, auf abteilungsorientierte Datenverarbeitung, zeigen die gesamte Gestaltungsspanne zwischen straffer Zentralisierung und starker Dezentralisierung. Vgl. ALBERS, F.: Risiken beim Einsatz von Personalcomputern (PC), in: DuD: 4/1985, S. 201-207, hier S. 202 (im folgenden zitiert als ALBERS, F.: Risiken) und ALBERS, F.: Datensicherheit beim Einsatz von Personalcomputern, in: WEBER, H., OPPERMANN, H. H., (Hrsg.): PC - betriebliche Anwendung und Praxis, Braunschweig/ Wiesbaden 1985, S. 273-304, hier S. 288/289 (im folgenden zitiert als ALBERS, F.: Datensicherheit).

Im Extremfall der rein abteilungsorientierten DV ist jede DV-Anwendung als Insellösung mit all ihren Nachteilen zu betrachten. Als Nachteile sind neben den in Kapitel 3.3.1 genannten Zentralisierungsargumenten die Mehrfachspeicherung der Daten und die damit verbundenen möglichen Inkonsistenzen zu nennen. Dies wirkt sich bei Heranziehung von DV-Auswertungen mehrerer Abteilungen zur Entscheidungsfindung auf Unternehmensebene besonders deutlich aus, wenn eine unterschiedliche Datenbasis für die einzelnen Auswertungen verwendet wurde. Zu den offensichtlichen Vorteilen einer dezentralen Datenverarbeitung zählt Mertens u.a. die folgenden:

- die Verselbständigung der Fachabteilungen in Sachen DV wird durch den Anwendungsstau erzwungen
- die Fachabteilungen sind bei neuen Anwendungen und Softwareentwicklungen nicht mehr in dem Maße von Prioritätsentscheidungen der zentralen DV-Abteilung abhängig
- dezentrale Systemanalytiker sind mit den Problemen der Fachabteilungen besser vertraut
- dezentral entwickelte Systeme werden oft leichter akzeptiert
- die Benutzeroberfläche kleinerer Rechnersysteme ist komfortabler
- das Risiko gestörter Hardware und gescheiterter Anwendungssysteme wird entballt
- das Wachstum der DV-Lösungen erfolgt stetiger und flexibler[75]

Kleine und mittlere Betriebe, die die Datenverarbeitung nur in Teilbereichen einsetzen bzw. dies planen (z.B. DV-Stufen (1) und (2)) werden im allgemeinen auf eines dieser Konzepte zurückgreifen.

---

[75] MERTENS, P.: Aufbauorganisation, a.a.O., S. 18/19.

3.3.3 Individuelle Datenverarbeitung - Computer am Arbeitsplatz

Unter individueller Datenverarbeitung wird eine Anwendungsart verstanden, bei der der Benutzer eines DV-Systems, hier überwiegend der Sachbearbeiter einer Fachabteilung, den Ablauf seiner Datenverarbeitungsaufgabe autonom und auf seine individuellen Bedürfnisse zugeschnitten gestaltet und durchführt. Er setzt dazu als Hilfsmittel z.B. einen Personal Computer[76] oder ein Textsystem ein. Dadurch werden die klassischen Funktionstrennungen "Fachaufgabe - DV-Aufgabe" und auch die innerhalb der Datenverarbeitung getrennten Funktionen "Anwendung", "Verfahrensentwicklung" und "Operating" aufgehoben.[77] Für die kleinen und mittleren Betriebe bieten die PC's den Einstieg in die Anwendung moderner Informationstechnologien im betrieblichen Ablauf.[78] Dies bedeutet aber gleichzeitig, daß neue aufbau- und ablauforganisatorische Gestaltungsalternativen gefunden werden müssen. Dabei rückt die Frage nach der zentralen oder dezentralen Ausrichtung der Arbeitsorganisation um den Personalcomputer herum immer mehr in das Zentrum der Diskussion. Zur Charakterisierung des Zentralisierungsgrades wählt der "Bremer Arbeitskreis für Datenschutz" als Maßstab vier Aufgaben, die entweder mehr zentral oder dezentral wahrgenommen werden können:

(A) die Entscheidung über den Programmeinsatz
(B) die Verwaltung und Aktualisierung der Datenbasis
(C) die Schulung bzw. das Training des Personals
(D) die Auswahl der Informationstechnologien

---

[76] In der betrieblichen Praxis beträgt der Anteil des "isolierten" PC-Einsatzes 62%. Vgl. GAITANIDES, M.: a.a.O., S. 321. Dies entspricht nach Albers den in Kapitel 3.3.2 genannten Typen 1 und 5 des Rechnereinsatzes. Vgl. ALBERS, F.: Risiken, a.a.O., S. 202 sowie ALBERS, F.: Datensicherheit, a.a.O., S. 288/289.

[77] Vgl. AWV: Risiken und Chancen beim Einsatz von IDV-Technologien, in: DuD: 3/1985, S. 151-156, hier S. 151/152.

[78] Dieser Aspekt wird durch die Untersuchungen Biethahns bezüglich der allgemeinen Auswirkungen des Einsatzes von Computern als integrierter Bestandteil des Arbeitsplatzes untermauert. Vgl. BIETHAHN, J.: Entwicklung der Datenverarbeitung - Perspektiven der Datenverarbeitung, in: BIETHAHN, J., STAUDT, E., (Hrsg.): Datenverarbeitung in der praktischen Bewährung in privaten und öffentlichen Betrieben, München/Wien 1984, S. 1-17, hier S. 14-17.

Er stellt dazu einen Zentralisierungsindikator mit 16 Stufen auf, den folgende Abbildung zeigt.

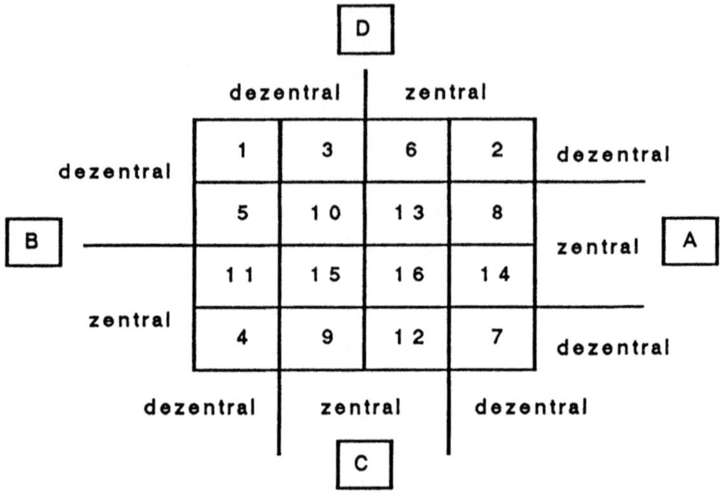

	dezentral		zentral		
dezentral	1	3	6	2	dezentral
	5	10	13	8	zentral
	11	15	16	14	
zentral	4	9	12	7	dezentral
	dezentral	zentral		dezentral	

(Felder: D oben, B links, A rechts, C unten)

Abb. 5: Zentralisierungsindikator[79]

Quelle: DWORATSCHEK, S., BÜLLESBACH, A., KOCH, H. D.: a.a.O., S. 16.

3.3.4 Integrierte individuelle Datenverarbeitung

Bei individueller Datenverarbeitung mittels Computern am Arbeitsplatz steht aus Anwendersicht die besondere Eignung des DV-Systems für eine individuelle Aufgabenlösung sowie dessen Benutzerfreundlichkeit im Vordergrund. Verfolgt man im Unternehmen seitens der Abteilungen ein stark dezentrales DV-Konzept, so kann dies u.U. zu einem Zielkonflikt mit der Unternehmensleitung führen, die, um ein möglichst wirtschaftlich operierendes Gesamtsystem zu erreichen, eine horizonta-

---

[79] Der Wert 16 bedeutet dabei eine sehr hohe Zentralisierung einer Aufgabe; der Wert 1 steht für eine volle Dezentralisierung einer Aufgabe.

le und/oder vertikale Integration der verschiedenen Teilsysteme anstrebt.[80]
Die Integration der verschiedenen betrieblichen Anwendungsbereiche muß die Beschreibung der Verknüpfungen der verschiedenen Verarbeitungsprozesse zur Grundlage haben. Nur auf diese Weise können die folgenden Nachteile, die in der historischen Entwicklung der DV begründet liegen, vermieden werden:

- die erhebliche Datenredundanz, bedingt durch die Abhängigkeit der gesammelten Daten von den auf sie zugeschnittenen Programmen
- die Intransparenz des durch die Datenverarbeitung abgebildeten Geschehens
- die durch die Ausgabe bedingten "Zahlenfriedhöfe", die wegen ihrer Unübersichtlichkeit vom Auftraggeber meist ungelesen beiseite gelegt wurden.[81]

Bei einem ganzheitlichen Ansatz müssen also die einzelnen DV-Aufgaben und -Programme so aufeinander abgestimmt sein, daß sie eine gemeinsame Datenbasis benutzen und sich die Daten so übermitteln können, daß menschliche Interventionen vermieden werden können. Biethahn schlägt dazu den Einsatz eines relationalen Datenbanksystems vor, denn auf dieser Basis kann sowohl ein flexibler Datenbank- als auch Programmsystementwurf erfolgen. Die Verfolgung dieses Ansatzes bedingt allerdings fast immer einen Neuanfang im Bereich der

---

[80] Faßt man Aufgaben gleichen Ranges, wie z.B. die Fakturierung, die Debitoren- und/oder Lagerbuchhaltung zu einer Aufgabenlösung zusammen, liegt eine horizontale DV-Integration vor. Integriert man in diese Lösung bspw. noch die Bereiche der Fertigungs- und Absatzplanung, dies wäre als eine Zusammenfassung von Aufgaben verschiedenen Ranges anzusehen, so spricht man von einer vertikalen DV-Integration. Vgl. MERTENS, P.: Aufbauorganisation, a.a.O., S. 98 und KELLERWESSEL, P.: Grundlegende Probleme des EDV-Einsatzes, in: PFOHL, H.-C., (Hrsg.): Betriebswirtschaftslehre der Mittel- und Kleinbetriebe, a.a.O., S. 225-246, hier S. 229, (im folgenden zitiert als KELLERWESSEL, P.: Probleme),
[81] Vgl. BIETHAHN, J.: Die Bewältigung der Qualitätsansprüche im Bereich der EDV, in: BIETHAHN, J., STAUDT, E., (Hrsg.): Der Betrieb im Qualitätswettbewerb, Berlin 1982, S. 101-114, hier S. 103, (im folgenden zitiert als BIETHAHN, J.: Bewältigung).

betrieblichen Datenverarbeitung.[82] Für die Realisierung eines integrierten individuellen DV-Konzepts bieten sich den verschiedenen DV-Betreibern wieder eine Reihe von Gestaltungsalternativen auf unterschiedlichen Ebenen:

- der Einsatz von Mehrplatzrechnern
- die Vernetzung mehrerer PC's (Einplatzsysteme) untereinander
- die Kommunikation von PC's mit einem zentralen Datenbanksystem auf einem mittleren bis großen Rechner[83]

3.3.5 **Nutzung einer fremden EDV**

Kommt für ein kleines oder mittleres Unternehmen die Anschaffung eines neuen bzw. die Erweiterung eines bestehenden DV-Systems nicht in Frage, kann es sich für eine permanente oder auch nur zeitweise "DV außer Haus" entscheiden. Als Gründe dafür sind u.a. zu nennen:

- ein zu geringer Datenanfall
- der Mangel an qualifiziertem DV-Personal
- ein zeitweiser Bedarf an zusätzlicher DV-Kapazität
- die Vorbereitung auf die Installation einer eigenen DV-Anlage
- die Vermeidung von hohen Entwicklungskosten und einer zu hohen Fixkostenbelastung.[84]

Die Nutzung einer fremden DV kann dabei einerseits on-line (direkt über Leitungsverbindungen) oder off-line (mittels Datenträgeraustausch) stattfinden; andererseits besteht auch die Möglichkeit, daß sogar die Daten der Urbelege extern erfaßt werden. Die Wirtschaftlichkeit einer dieser Formen der

---

[82] Vgl. BIETHAHN, J.: Bewältigung, a.a.O., S. 113 und MERTENS, P.: Zwischenbetriebliche Integration der EDV, in: INFORMATIK SPEKTRUM: 8/1985, S. 81-90, hier S. 81, (im folgenden zitiert als MERTENS, P.: Integration).
[83] Zur Beschreibung der organisatorischen Gestaltungsalternativen vgl. Kapitel 3.3.2. Die Möglichkeiten der Vernetzung von DV-Systemen werden in Kapitel 3.4 beschrieben.
[84] Vgl. FUTH, H.: a.a.O., S. 37/38.

DV außer Haus hängt dabei im wesentlichen vom auszutauschenden Datenvolumen und den erforderlichen Rücklaufzeiten der Ergebnisdaten ab.[85] Anbieterseitig ist die DV außer Haus für kleine und mittlere Betriebe zu untergliedern in:

- Rechenzentren von EDV-Herstellern
- von EDV-Herstellern unabhängige Rechenzentren wie
  * freie Lohnrechenzentren
  * Verbandsrechenzentren
- Gemeinschaftsrechenzentren (Zusammenschluß mehrerer Betriebe zur Nutzung der DV)
- Sonstige EDV-Anwender mit freien Kapazitäten[86]

3.4 Konzepte der Datenkommunikation in kleinen und mittleren Betrieben

Die Kommunikation zwischen Menschen, Maschinen und anderen Einrichtungen basiert auf den Komponenten Sprache, Bild, Text und Daten. Die bislang jeweils isoliert eingesetzte Datenverarbeitungs-, Büro- und Nachrichtentechnik wird durch die Möglichkeiten der digitalen Übermittlung aller Kommunikationskomponenten zur Datenkommunikation zusammengefaßt.[87] Auch die kleinen und mittleren Betriebe partizipieren in immer größerem Umfang an der Datenkommunikation.
In Kapitel 3.4.1 werden zunächst für sie in Frage kommende Verbindungsmöglichkeiten zwischen Mikrocomputern und Mainframes aufgezeigt.[88] Das Kapitel 3.4.2 beschreibt Datenkommunikationsmöglichkeiten kleiner und mittlerer Betriebe durch die Verbindung dezentraler Systeme mittels Rechnernetzen; im Kapitel 3.4.3 folgt die Beschreibung der

---
[85] Vgl. SCHULZE, H. H.: Datenverarbeitung in kleinen und mittleren Unternehmen, München/Wien 1983, S. 71.
[86] Vgl. FUTH, H.: a.a.O., S. 37; KELLERWESSEL, P.: Probleme, a.a.O., S. 234.
[87] Vgl. KAFKA, G.: Grundlagen der Datenkommunikation, Teil 1, in: DATACOM: 1/1984, S. 53-55, hier S. 53/54 und ABEL, H., SCHMÖLZ, W.: Datensicherung für Betriebe und Verwaltung, München 1986, S. 139/140.
[88] Die Begriffe Mainframe und Hostrechner werden synonym verwendet.

Kommunikation mit externen Partnern über öffentliche Netze. Im letzten Abschnitt (Kapitel 3.4.4) wird die Integration der Datenverarbeitung mit der Büro- und Nachrichtentechnik zur Bürokommunikation behandelt.

3.4.1 PC - Mainframe - Verbindungen bei IDV und IIDV

Ausgehend von der These, daß ein Betrieb, der mit dem Einsatz eines PC's gute Erfahrungen gemacht hat, sich weitere derartige Systeme anschafft, um die vielfältigen Möglichkeiten der individuellen Datenverarbeitung zu nutzen, ist der Schritt zur Integration von PC-Systemen in die bereits existierende zentrale Datenverarbeitung leicht nachzuvollziehen.
Ziel ist es dabei, die u.U. verlorengegangene Transparenz in der Datenverarbeitung durch isolierte Systeme zu erhöhen.[89]
Die unterste Ebene der PC-Mainframe-Integration ist der Anschluß eines Personal Computers an den Hostrechner, Terminal-Emulation genannt. Beispielsweise kann jeder IBM- bzw. IBM-kompatible PC mit der sogenannten IRMA-Karte als einfache Datenstation in ein IBM-3270-Terminal umfunktioniert werden. Die PC-Eigenschaften können allerdings während der "dummen Terminal-Emulation" nicht genutzt werden.[90]
Darüber hinaus existieren als Möglichkeiten der intelligenten Terminal-Emulation die ein- und zweiseitigen Mikro-Mainframe-Verbindungen. Bei der einseitigen Verbindung, auch "Downloading" genannt, werden Daten, Dateien oder Programme nur vom Hostrechner auf den Mikrocomputer überspielt, um anschließend dort weiterverarbeitet zu werden. Von Zeit zu Zeit erfolgt dabei ein File-Transfer von der DV-Abteilung in die Fachabteilungen.[91]
Die zweiseitige Mikro-Mainframe-Verbindung läßt den Datentransfer in beide Richtungen zu. Von Bedeutung ist dabei die

---
[89] Vgl. ABEL, H., SCHMÖLZ, W.: a.a.O., S. 182/183.
[90] Vgl. CORDROCH, C.: PC-Mainframe-Link ist das fehlende Glied in der DV-Welt, in: Online: 7/1987, S. 46-48, hier S. 46.
[91] Unter Downloading versteht man darüber hinaus auch den Austausch von Datenträgern als Möglichkeit des File-Transfers vom Host auf den PC.

Art des Datenaustausches. Beim "Uploading" kann der Datenaustausch als ein einfacher Dateientransfer oder ein selektiver Dateizugriff realisiert sein. Nachteilig bei der Übertragung ganzer Dateien ist, daß die zur Verarbeitung auf dem PC relevanten Daten mittels zusätzlicher Programme herausgefiltert werden müssen. Werden die Daten nur auszugsweise auf den PC übertragen, sind sie zwar von den entsprechenden PC-Programmen direkt verarbeitbar, jedoch ist bei häufig langsamer Datenübertragung der Zugriff i.d.R. auf eine Datei beschränkt.[92]
Als weitere Möglichkeit ist der Aufruf von Job-files auf dem Hostrechner, remote-job-entry (RJE) genannt, gegeben.
Die letztendlich effektivste Form der Verbindung von Mikrocomputern mit anderen DV-Anlagen ist ihr Anschluß an ein Rechnernetz.

3.4.2 Rechnernetze in der DV kleiner und mittlerer Betriebe

Dezentrale DV-Systeme können in den unterschiedlichsten Netzwerkstrukturen organisiert sein. Aufgrund der herstellerspezifischen Vielfalt an Netzen[93] beschränken sich die Ausführungen in diesem Abschnitt im wesentlichen auf die grundlegenden Prinzipien, die zur Darstellung der Kommunikationsmöglichkeiten in Netzen erforderlich sind.
Erfolgt zwischen mindestens zwei miteinander verbundenen Datenstationen ein Kommunikationsprozeß (Übermittlung, Speicherung, Verarbeitung sowie Ein- und Ausgabe) spricht man von einem Kommunikationssystem.[94] Die Steuerung und Überwachung der Übertragungswege und der angeschlossenen Datenstationen wird bei On-line Datenfernverarbeitung[95] durch einen

---
[92] Vgl. KAUFFELS, F.-J.: PC-Vernetzung gewinnt an Bedeutung, in: Markt & Technik: Nr. 44 vom 31.10.1986, S. 279-281, hier S. 279.
[93] Vgl. zur aktuellen Standardisierungsdiskussion von Netzwerken LEICHTMANN, H.: Zarte Ansätze zum Netzwerkmanagement, in: Online: 8/1986, S. 18-22.
[94] Vgl. RIHACZEK, K.: Datenverschlüsselung in Kommunikationssystemen, Braunschweig/Wiesbaden 1984, S. 5.
[95] Datenfernverarbeitung oder tele-processing wird definiert als Kombination von Datenverarbeitung und Daten(fern)-übertragung. Die Übertragungswege zwischen den sich in

zentralen Rechner durchgeführt.[96] Die Verbindung mehrerer unabhängiger Datenstationen untereinander bezeichnet man als Datennetz. Befinden sich mehrere selbständige DV-Anlagen als Datenstationen im Netz, so spricht man von einem Rechnernetz.
Die Verbindung mehrerer unabhängiger Rechner zum Zwecke des Datenaustausches[97] kann dabei unter einem oder mehreren der folgenden Gesichtspunkten erfolgen:

- Datenverbund: Zugriff auf räumlich getrennte Datenbestände
- Lastverbund: Entlastung von momentan überlasteten Rechnern durch andere EDV-Anlagen mit freien Kapazitäten
- Funktionsverbund: Mitbenutzung der Funktionen anderer Rechner
- Leistungsverbund: Kopplung mehrerer Rechner zur Bearbeitung eines aufwendigen Problems als Erweiterung des Multiprozessor-Betriebs
- Verfügbarkeitsverbund: Die Betriebssicherheit eines Rechnersystems wird durch die Garantie einer Mindestleistung bei Ausfall einer oder mehrerer Komponenten

---

größerer, räumlicher Entfernung befindlichen Datenstationen bei Off- oder On-line Datenfernverarbeitung werden dabei durch Kabel- oder Funkverbindungen realisiert. Im Gegensatz zur On-line Datenfernverarbeitung ist die EDV-Anlage bei Off-line Datenfernverarbeitung nicht mit den zur Datenübertragung verwendeten Fernmeldewegen verbunden. Als Kabelverbindungen kommen Fernmelde-, Koaxial- oder Lichtwellenleiter-(Glasfaser)-Kabel in Frage. Funkverbindungen können durch landgebundenen Richtfunk oder per Satellitenfunk realisiert werden. Vgl. **STAHLKNECHT, P.**: Einführung, a.a.O., S. 124/125.

[96] Auf eine Schilderung der wesentlichen Merkmale der Übertragungswege wie Übertragungsgeschwindigkeiten, Betriebsarten usw. wird an dieser Stelle verzichtet. Vgl. dazu: **FRANCK, R.**: Rechnernetze und Datenkommunikation, Berlin/Heidelberg/New York/Tokyo 1986, S. 30-64 und **HANSEN, H. R.**: a.a.O., S. 569-579 und S. 547-552.

[97] Kommunizieren mindestens zwei autonome Rechner in einem Rechnernetz ohne manuellen Eingriff miteinander, nennt man dies einen Rechnerverbund.

des Systems durch den Rechnerverbund erhöht.[98]

Über diese fünf klassischen Ziele hinaus ist es notwendig, die Möglichkeit des Kommunikationsverbunds anzuführen. Der Rechnerverbund wird dabei zum Nachrichtenaustausch zwischen den einzelnen Datenstationen benutzt (Message switching).[99] Hardwareseitig unterscheidet man je nach Einsatzart Datenübertragungsvorrechner, Netzknoten- und Datenstationsrechner. Darüber hinaus werden in Netzen Schnittstellenvervielfacher und Konzentratoren benötigt, die den Anschluß sehr vieler Datenstationen erst ermöglichen. Zur Signalanpassung an die verschiedensten Übertragungsleitungen dienen Modems, Datenanschluß- und Fernschaltgeräte. Werden in einem Rechnernetz nur Geräte eines Herstellers oder dazu steckerkompatible Geräte eingesetzt, spricht man von einem geschlossenen Netz, ansonsten von offenen Netzen.[100] Ein weiterer Aspekt zur Unterscheidung von Netzwerken ist neben den bereits genannten der topologische Charakter der Vernetzung der Übertragungswege zwischen den "Knoten" der angeschlossenen Anwender. Als topologische Grundformen sind die vermaschte Struktur, die Stern-, Ring- und die Busstruktur mit ihrer Weiterentwicklung zur hierarchischen, auch als Baumstruktur bezeichnet, anzusehen.[101] Bei der Installation von Rechnernetzen in der Praxis werden häufig Mischformen der Grundtopologien oder auch die Kopplung mehrerer geschlossener Netze durch Netzwerkrechner (Gateways) realisiert.[102]

---
[98] Vgl. KAUFFELS, F.-J.: Lokale Netze, Köln-Braunsfeld 1984, S. 11, (im folgenden zitiert als KAUFFELS, F.-J.: Netze).
[99] Vgl. KELLERMAYR, K. H.: Lokale Computernetze - LAN, Wien/ New York 1986, S. 15.
[100] Offene Netze sind nur durch eine Normung der Schnittstellen, z.B. auch zu öffentlichen Netzen wie Datex-P, realisierbar. Dies liegt z.Zt. noch nicht unbedingt im Interesse der Hardwarehersteller, so daß die Entwicklung offener Netze erst am Anfang steht.
[101] Vgl. GREEN, P. E.: An introduction to network architectures and protocols, in: IBM Systems Journal: Vol. 18, 2/1979, S. 202-222, hier S. 203; SCHNUPP, P.: Rechnernetze, 2. Aufl., Berlin/New York 1982, S. 114-116 und KAUFFELS, F.-J.: Lokale Netze - Status quo und Progress, in: AI: 11/1983, S. 465-475, hier S. 468/469, (im folgenden zitiert als KAUFFELS, F.-J.: Status quo).
[102] Vgl. dazu BOELL, H.-P.: Kopplung lokaler Netzwerke, in: DATACOM: 1/1984, S. 42-49.

Im folgenden werden die typischen Netzstrukturen anhand ausgewählter, für Klein- und Mittelbetriebe relevanter Herstellernetzwerke erläutert. Dabei ist der Schwerpunkt auf die logischen und nicht auf die physischen Strukturen der Vernetzung ausgerichtet.

3.4.2.1 Lokale Netze

"Ein lokales Rechnernetz (LAN) ist ein Datenkommunikationssystem, das die Übermittlung von Nachrichten zwischen einer Vielzahl von Datenstationen ermöglicht."[103] Seine Ausdehnung beschränkt sich auf ein begrenztes geographisches Gebiet wie ein Firmengelände oder auch nur auf ein Verwaltungsgebäude (inhouse-net). In der Praxis gibt es eine Vielfalt technischer Verfahren und angewandter Standards für lokale Netze. Für LAN's gelten aber die in Kapitel 3.4.2 aufgestellten Zielsetzungen für allgemeine Rechnernetze ebenso wie die Aussagen bezüglich der Grundformen der Netzwerktopologie.[104] Lokale Netze ermöglichen hohe Übertragungsgeschwindigkeiten, weisen eine sehr niedrige Fehlerrate in der Übertragung auf und arbeiten zudem mit recht preiswerten Übertragungsmedien und Modems.[105] Anschließbar an LAN's sind heute Rechnersyste-

---

[103] SPANIOL, O.: Lokale Netze: Architektur, Standards, Internetting, in: **HANSEN, H. R.**, (Hrsg.): Büroinformations- und -kommunikationssysteme, Berlin/Heidelberg/New York 1982, S. 1-17, hier S. 1.
[104] Bus-, Stern- und Ringstrukturen sind die häufigsten Topologien, die in LAN's zur Anwendung kommen. Vgl. dazu o.V.: LAN-Marktübersicht, in: **COMPUTERWOCHE:** 13. Jg., Nr. 22 vom 30.5.1986, S. 54-57. Zur allgemeinen Beschreibung dieser Netzstrukturen sei verwiesen auf SPANIOL, O.: Konzepte und Bewertungsmethoden für lokale Rechnernetze, in: **INFORMATIK SPEKTRUM:** 5/1982, S. 152-170, hier S. 153-161, (im folgenden zitiert als SPANIOL, O.: Konzepte).
[105] Die Übertragungsmedien, verdrillte Kupfer-, Koaxial- und Glasfaserkabel müssen hohe Übertragungsraten über kurze Entfernungen ermöglichen. Zur Übertragung werden dabei zwei Verfahren eingesetzt, das Basisband- und das Breitbandverfahren. Die Informationen werden beim Basisbandverfahren in bidirektionaler Weise über einen in seiner Bandbreite definierten Kanal übermittelt. Durch unterschiedliche Frequenzbereiche stehen beim Breitbandverfahren mehrere simultane Übertragungskanäle auf einem Medium zur Verfügung. Vgl. **FRANCK, R.:** a.a.O., S. 187-192.

me aller Größenordnungen, auch existieren Inhouse-Netze, in denen ein reiner PC-Verbund mit Rechnern der 16- bzw. 32-Bit-Prozessorarchitektur realisiert ist.[106]
Für die Abwicklung bestimmter Arbeiten im Netz existiert eine Hintergrundebene mit File-, Print-, Location,- Application- und Message-Servern. Neben einer hohen Ausfallsicherheit und Modularität in Abhängigkeit von der gewählten Topologie ist eine offene Systemarchitektur im Sinne des theoretischen ISO-Referenzmodells[107] zur Forcierung der Modularität, der Ausbaufähigkeit, der Flexibilität und der Akzeptanz gefordert. Sie soll die Integration aller Dienste, die mit digitaler Nachrichtendarstellung arbeiten (Neue Medien), ermöglichen.[108]

Basiert ein LAN auf der Sternstruktur, so sind alle Geräte mit einer eigenen Leitung an einen zentralen Vermittlungsknoten angeschlossen. Der Vermittlungsknoten kann eine Punkt-zu-Punkt-Verbindung zwischen Sender und Empfänger herstellen oder auch nur die empfangene Nachricht an alle Stationen weiterleiten (Broadcast-System). Im ersten Fall übernimmt der zentrale Knoten die Steuerungs- und Übermittlungsfunktion (aktiver Stern). Der Vorteil dieser Anordnung liegt darin, daß keine andere Station die ausgetauschten Informationen mithören kann. Daraus läßt sich allerdings ein offensichtlicher Nachteil ableiten:
Die Zentrale ist durch das Schalten zu vieler Verbindungen schnell überlastet. Dadurch verschlechtern sich der Durchsatz im Netz sowie das Zeitverhalten.
Beim passiven Stern können alle Teilnehmer "mithören"; der Empfänger erkennt die für ihn bestimmte Nachricht durch ein vorangestelltes Bit-Muster.[109] Fällt in einem sternförmigen

---

[106] Vgl. KAUFFELS, F.-J.: Verbund von PCs mittels lokaler Netze, in: DATACOM: 2/1984, S. 39-44.
[107] Vgl. dazu LEFKON, D.: A LAN Primer, in: BYTE: 7/1987, S. 147-154, hier S. 152 und EFFELSBERG, W., FLEISCHMANN, A.: Das ISO-Referenzmodell für offene Systeme und seine sieben Schichten, in: INFORMATIK SPEKTRUM: 9/1986, S. 280-299.
[108] KAUFFELS, F.-J.: Netze, a.a.O., S. 13.
[109] Diese zweite Variante eines sternförmigen LAN's entspricht quasi dem Bussystem, bei dem jedoch die Steuerungs- und Überwachungsfunktion von jeder dezentralen Station selbst wahrgenommen wird.

Netz die Zentrale aus, ist keine Nachrichtenübertragung mehr möglich. Bei Ausfall einer Leitung ist jedoch ein eingeschränkter Netzbetrieb noch möglich.

Bei einem Bussystem, z.B. ETHERNET der Firma XEROX, werden die Netzteilnehmer über einen Koppler an ein passives Medium, i.a. ein Koaxialkabel, angeschlossen. Die Daten werden vom Koppler in beide Richtungen des Kabels gesendet, d.h., sie passieren die Netzrechner nur einmal und verschwinden dann vom Übertragungsmedium, da die Enden des Koaxialkabels reflexionsfreie Anschlüsse haben.[110] Bedingt durch die dezentrale Überwachungsfunktion sind bei einem Bussystem spezielle "spontane, kollisionsbehaftete" Zugriffverfahren, z.B. CSMA oder CSMA/CD, nötig, die den sicheren Ablauf der Übertragungen gewährleisten. Wird die Verbindung eines Netzrechners zum Koppler unterbrochen, bleibt das übrige LAN davon unberührt. Lediglich ein Ausfall des Übertragungsmediums führt zum Zusammenbruch des Netzes.

Ringsysteme sind Broadcast-Systeme mit aktivem Medium (Koaxial- oder Lichtleiterkabel). Bei der Datenübertragung in eine feste Richtung übernehmen Verstärker (Repeater) an jedem angeschlossenen Gerät die Regenerierung der Nachricht und senden sie an die nächsten Station weiter.

Das bekannteste Ringkonzept ist der mit einem deterministischen Zugriffsverfahren ausgestattete Token-Ring.[111] Die Grundlage dieses Zugriffsmechanismus bildet ein auf dem Ring kreisendes bestimmtes Bit-Muster (freies Token), das die jeweilige sendewillige Station als Sendeerlaubnis interpretiert. Sie tauscht das "freie Token" gegen ein "belegtes Token" aus und hängt ihre Nachricht an. Bei Rückkehr des belegten Tokens zur Sendestation ist die Übertragung erfolgt und das belegte Token wird durch eine freies Token ersetzt. Die empfangende Station kann, da die Nachricht zum Sender zurückkehrt, eine Empfangsbestätigung mitsenden. Die einzel-

---

[110] Vgl. **WENINGER, L.**: Produktübersicht: Typen, Merkmale und Prinzipien unterschiedlicher Konzepte für lokale Netzwerke, in: **HANSEN, H. R.**, (Hrsg.): Büroinformations- und -kommunikationssysteme, Berlin/Heidelberg/New York 1982, S. 18-32, hier S. 25.
[111] Zur Beschreibung weiterer Ringkonzepte, wie denen des Slotted-Ring und des Register-Insertion-Ringes, auch DLCN genannt, vgl. SPANIOL, O.: Konzepte, a.a.O., S. 158, **KAUFFELS, F.-J.**: Status quo, a.a.O., S. 470 und **KAUFFELS, F.-J.**: Netze, a.a.O., S. 65f.

nen Stationen im Ring sind zwar gleichberechtigt, jedoch ist
für Überwachungszwecke eine Monitorstation nötig, die auftretende Probleme, wie z.B. endlos kreisende Datenpakete
oder verlorengegangene bzw. duplizierte Token, regelt.
Ein auf diesem allgemein beschriebenen Verfahren basierendes
LAN ist das IBM-Token-Ring-Netzwerk.[112]

3.4.2.2 Netzwerke für mittlere Betriebe mit abteilungsorientierter Datenverarbeitung

Ein weit verbreiteter Vertreter hierarchischer Netzstrukturen ist die "Systems Network Architekture" der Firma IBM. In
der SNA-Struktur stellt der Hostrechner die höchste Hierarchiestufe dar, der alle anderen Komponenten untergeordnet
sind.[113]
Als Architektur wird die Definition der Funktionen, die ein
Rechnernetzwerk und seine Komponenten ausführen, bezeichnet.
Im Gegensatz zu älteren Netzwerken[114], bei denen die einzelnen Funktionen softwaremäßig realisiert waren, wird bei SNA
eine Trennung der drei Hauptfunktionen[115] in verschiedene
Ebenen (Schichten) vorgenommen. Dies hat zur Folge, daß jeder Netzwerkknoten die gleiche Struktur besitzt. Dadurch ist
eine Standardisierung der Anschlüsse erreicht und bei Konfigurationsänderungen oder -erweiterungen ein Umprogrammieren
der Software und damit der Wartungsaufwand verringert worden.

Die jeweils untere Schicht bietet der darüberliegenden
Dienste (Servicefunktionen) an, mit denen diese ihre Funk-

---

[112] Vgl. DIXON, R. C., STROLE, N. C., MARKOV, J. D.: A tokenring network for local data communication, in: IBM Systems Journal: Vol. 22/1,2 1983, S. 47-62 und KAUFFELS,
F.-J.: Personal Computer und lokale Netzwerke, Haar b.
München 1986, S. 88-90, (im folgenden zitiert als KAUFFELS, F.-J.: PC's und LAN's).
[113] Vgl. CULLUM, P. G.: The transmission subsystem in Systems
Network Architecture, in: IBM Systems Journal: Vol. 15/1
1976, S. 24-38, hier S. 33.
[114] Die Realisierung einer vermaschten Struktur ist, im 1975
vorgestellten SNA, heute mit dem Produkt SNA/ACF möglich.
[115] Vgl. dazu auch Abb. 6.

tion erfüllt.[116] Zwischen dem Anwendungsprogramm als oberster und der Transportkontrolle, die die Verbindung zwischen den Verzweigungspunkten herstellt, als unterster Ebene liegt das function management, welches die Datenformate steuert, die eine Applikation empfängt oder sendet.

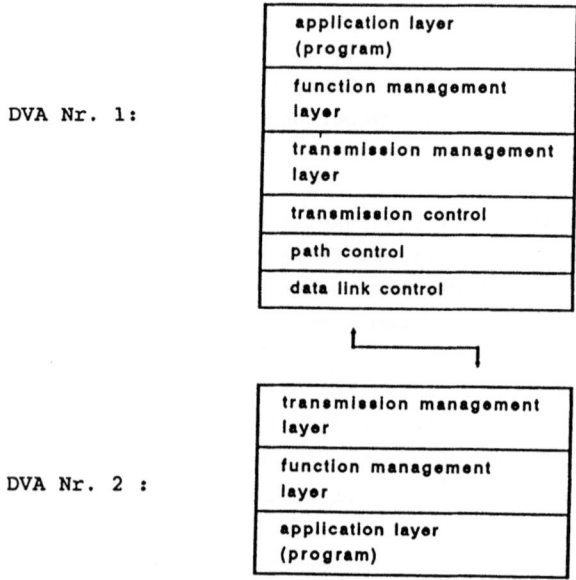

Abb. 6: SNA-Struktur[117]

Quelle: verändert nach MCFADYEN, J. H.: Systems Network Architecture: An overview, in: IBM Systems Journal: Vol. 15/1 1976, S. 4-23, hier S. 8.

---

[116] Die dazu benötigten Regeln werden in Protokollen definiert.
[117] Eine detaillierte Beschreibung der SNA-Struktur, ihrer Komponenten und deren Funktionsweise findet man in: MCFADYEN, J. H.: Systems Network Architecture: An overview, in: IBM Systems Journal: Vol. 15/1 1976, S. 4-23; CULLUM, P. G.: a.a.O., S. 24-38; HOBGOOD, W. S.: The role of the Network Control Program in Systems Network Architecture, in: IBM Systems Journal: Vol. 15/1 1976, S. 39-52 und SULLIVAN, T. P.: Communications Network Management for SNA networks: An overview, in: IBM Systems Journal: Vol. 22/1,2 1983, S. 129-142.

Ein Netzwerk auf der Basis einer vermaschten Netzstruktur ist das DEC-Net der Firma Digital Equipment Corporation. Jeder Knoten kann in diesem Netz auf die verschiedensten Verarbeitungsfunktionen anderer Knoten zugreifen. Die Systemaufrufe erfolgen aus der verwendeten Programmiersprache heraus, z.B. durch Subroutine-CALL's in FORTRAN. Dabei muß der Anwender nicht wissen, in welchem Knoten die angeforderten Dienste erbracht werden. Desweiteren muß beim DEC-Net keine Anpassung der Applikation an die Eigenheiten des Hostrechners und dessen Betriebssystem vorgenommen werden.[118]
Seit Mitte 1985 hat der Anwender auch die Möglichkeit, mittels des Softwareprodukts "DECnet-DOS" IBM-PC's in das DEC-Net zu integrieren; außerdem bestehen Kommunikationsmöglichkeiten zwischen VAX und Micro-VAX-Rechnern auf VMS-Basis und IBM-Hostrechnern über das DECnet/SNA-Gateway.[119]

3.4.3 Kommunikationsmöglichkeiten kleiner und mittlerer Betriebe über öffentliche Netze

Die Kommunikation zwischen Menschen, Maschinen und anderen Einrichtungen mittels nachrichtentechnischer Übermittlungsverfahren wird als Telekommunikation bezeichnet.[120]
In der Bundesrepublik stellt die Deutsche Bundespost Kommunikationsdienste zur Verfügung, die über öffentliche Netze[121] abgewickelt werden. Die Dienste Fernsprechen, Bildschirmtext und Telefax nutzen das Fernsprechnetz; für Telex, Teletex und die Datenübertragung mittels DATEX-L und DATEX-P gibt es das Integrierte Text- und Datennetz (IDN). Die Dienste Videokonferenzen und Bildfernsprechen werden über das BIGFON-Netz bzw. das Videokonferenzversuchsnetz angeboten.[122]

---
[118] Vgl. SCHNUPP, P.: a.a.O., S. 55/56.
[119] Vgl. o.V.: DEC baut Verbindung zur IBM-Welt aus, in: DATACOM: 5/1985, S. 25.
[120] Vgl. ABEL, H., SCHMÖLZ, W.: a.a.O., S. 139.
[121] Eine ausführliche Darstellung der Netze und Dienste der Post findet man bei MEIßNER, K.: Arbeitsplatzrechner im Verbund, München/Wien 1985, S. 143ff.
[122] Die Dienste Rundfunk und TV vervollständigen das Angebot der Bundespost, sind aber hier von untergeordneter Bedeutung. Vgl. KALSCHEUER, H. D.: Die Netze stehen - gefor-

Als einer der Postdienste jüngeren Datums ist Bildschirmtext für die Datenverarbeitung kleiner und mittlerer Betriebe und damit für diese Arbeit von Interesse.[123]

3.4.3.1 Bildschirmtext

Die bundesweite Einführung von Bildschirmtext, dies ist die deutsche Variante des international unter dem Oberbegriff "Videotext" bekannten Telekommunikationsdienstes, wurde 1983 durch einen Staatsvertrag der Bundesländer geregelt. Die Basis des Bildschirmtextdienstes bildet ein hierarchisches Rechnernetz der Bundespost.[124]
Die Anwendungsmöglichkeiten der an das Btx-Netz angeschlossenen Teilnehmer lassen sich in drei Kategorien einteilen:

- Abruf vorbereiteter Informationen
  * Adressiert an alle Teilnehmer
  * Adressiert an sogenannte "geschlossene" Benutzergruppen
- Austausch von Mitteilungen
  * individuelle Mitteilungen
  * Mitteilungen von und an Teilnehmergruppen
- Rechnerdialog
  * Rechnerdienstleistungen, wie z.B. Datenbankrecherchen, Teleselling, Homebanking[125]

---

  dert sind motivierte Manager, in: DuD: 5/1987, S. 230-238, hier S. 231.
[123] Auf die weiteren Dienste wird in dieser Arbeit an späterer Stelle nur dann eingegangen, wenn sie in direktem Zusammenhang mit dem Thema stehen.
[124] Die Btx-Leitzentrale in Ulm ist das Kontrollzentrum des gesamten Btx-Netzwerkes. Ausgestattet ist sie mit zwei IBM 3083, eingesetzt als Verwaltungs- und Kommunikationsrechner. Über das Datex-P-Netz sind die sogenannten "Externen Rechner" der Informationsanbieter mit der Leitzentrale verbunden. Die anderen Btx-Teilnehmer sind über das Fernsprechnetz an regionale Btx-Vermittlungsstellen (pro installiertem "Teilnehmerrechner" werden ca. 100 Anschlüsse kontrolliert) an das Btx-System angeschlossen. Sie können direkt Informationen aus den Datenbanken der dort installierten Datenbankrechner, die auch den Zugang zur Btx-Leitzentrale regeln, abrufen oder über Verbundrechner mit den externen Rechnern der Informationsanbieter kommunizieren. Vgl. dazu auch WICKERTSHEIM, P.: Technische Realisierung von Btx für die Deutsche Bundespost, in: KRÜCKEBERG, F., SCHINDLER, S., SPANIOL, O., (Hrsg.): Offene multifunktionale Büroarbeitsplätze und Bildschirmtext, Berlin/Heidelberg/New York/Tokyo 1985, S. 20-35.
[125] Vgl. HANSEN, H. R.: a.a.O., S. 705-707.

Für eine Teilnahme am Btx-Dienst der Deutschen Bundespost
ist das Vorhandensein eines Farbfernsehgeräts mit eingebautem Btx-Decoder, eines Fernsprechanschlusses, eines Modems
und einer Tastatur als Grundausstattung notwendig. Durch den
Einsatz "dummer Terminals" oder Mikrocomputer als Btx-Endgeräte ermöglicht Btx auch kleinen und mittleren Betrieben aller Wirtschaftsbereiche als Anbieter aufzutreten. Diese sind
dann in der Lage, Datenfernverarbeitungsanwendungen bis hin
zum Kunden oder Interessenten durchzuführen.[126] Treten die
Betriebe als Informationsnachfrager auf, steht für sie die
Möglichkeit des Zugriffs auf Fachinformationen (Datenbanken
der Bundesstelle für Aushandelsinformationen, des Patentamtes, der Industrie- und Handelskammern und anderer Verbände,
wissenschaftliche Datenbanken, Gesetzestexte, etc.) im Vordergrund.[127]
Es existiert bislang jedoch eine deutliche Diskrepanz zwischen der erwarteten und tatsächlichen Nutzung des Btx-
Dienstes. So propagierte die deutsche Bundespost bis Ende
1986 eine Million Btx-Teilnehmer; die Diebold-Schätzungen
für diesen Zeitpunkt liegen zwischen 310 und 440 tausend
realisierten Anschlüssen. Mitte 1986 nutzen aber erst 46
tausend Postkunden dieses neue Medium. Die geringe Verbreitung von Btx und auch die Verdopplung der nutzungsabhängigen
Btx-Gebühren durch die Deutsche Bundespost zum 1.7.1986 veranlaßte bereits Großversandhäuser wie Schöpflin und Neckermann sowie einige Großbanken, sich vom Btx-Dienst zurückzuziehen.[128] Der Bildschirmtext-Dienst der Deutschen Bundespost
stellt somit eine Möglichkeit der Datenverarbeitung kleiner
und mittlerer Betriebe dar. Inwieweit diese Betriebe die angebotenen Möglichkeiten von Btx jedoch einsetzen werden,
wird sich erst in Zukunft zeigen.

---

[126] Nach Albach beabsichtigen diese Betriebe ihr Btx-Angebot
jedoch regional zu begrenzen. Vgl. **ALBACH, H., SCHWARTING, O.**: Bildschirmtext und Mittelstand, Vortragsmanuskript für eine Rede im "Beirat für Fragen der gewerblichen Wirtschaft und der freien Berufe" im Bundeswirtschaftsministerium, Bonn, 22.7.1982, S. 5.
[127] Vgl. **ALBACH, H., SCHWARTING, O.**: ebenda S. 4/5.
[128] Diese Zahlen und Angaben sind entnommen aus: **DRACK, G., GRÜNING, C.**: Neuer Dienst mit alten Sorgen, in: Online:
6/1986, S. 54, **TSCHAMMER-OSTEN, B., MÜHLBACH, M., BÖHNKE, J.**: BTX mit Mikrocomputern, Düsseldorf/Berkeley/Paris
1985, S. 183 und Die **Deutsche Bundespost**: Gebühren für
den Bildschirmtext-Dienst, Stand: 1.2.1985.

3.4.3.2 Integration der Kommunikationsdienste

Derzeit gleichen die angebotenen Kommunikationsdienste noch verstreuten Inseln. Häufig stellt sich aus technischer Sicht das Problem der Verbindung der verschiedenen Informationsverarbeitungssysteme mittels geeigneter Kommunikationskanäle. Hinzu kommt, daß Text, Sprache und Bild bislang unterschiedlich codiert übermittelt werden müssen. Um den Anforderungen moderner Büroarbeit und -kommunikation gerecht zu werden, müssen auf der Übertragungsseite die Netze entsprechend ausgerichtet sein. Endziel der Deutschen Bundespost ist es daher, das Integrated Services Digital Network (ISDN) als universelles Übertragungsnetz für alle Formen der Ein- und Zweiwegkommunikation zur Verfügung zu stellen.[129] Auch für die kleinen und mittleren Betriebe eröffnen sich dadurch neue Informationsverarbeitungs- und Kommunikationsmöglichkeiten.
Eine Übersicht der Postdienste und -netze einschließlich ihrer zukünftigen Entwicklungen zeigt Abb. 7 auf der folgenden Seite.

3.4.4 Büroinformations- und -kommunikationssysteme

Unter dem Begriff "Bürokommunikation" versteht man die auf "neuen Technologien basierenden Formen der Zusammenarbeit sowie die des Daten- und Wissensaustausches in einem Büro."[130] Die in den Betrieben noch weitgehend unter unterschiedlicher Zuständigkeit stehenden Bereiche Datenverarbeitung und -übermittlung, Fernsprechen und Schriftgutverwaltung sollen dabei in ein System (Bürosystem) integriert werden. Dies beinhaltet neben einer Neuorganisation dieses Bereichs (Office of the Future) eine gleichzeitige Automation in den Büros. Vielfach findet dafür auch der Begriff Büroau-

---
[129] Vgl. KAFKA, G.: a.a.O., S. 54/55 und ABEL, H., SCHMÖLZ, W.: a.a.O., S. 139/140.
[130] MÜLLER-BÖLING, D., MÜLLER, M.: Akzeptanzfaktoren der Bürokommunikation, München/Wien 1986, S. 14.

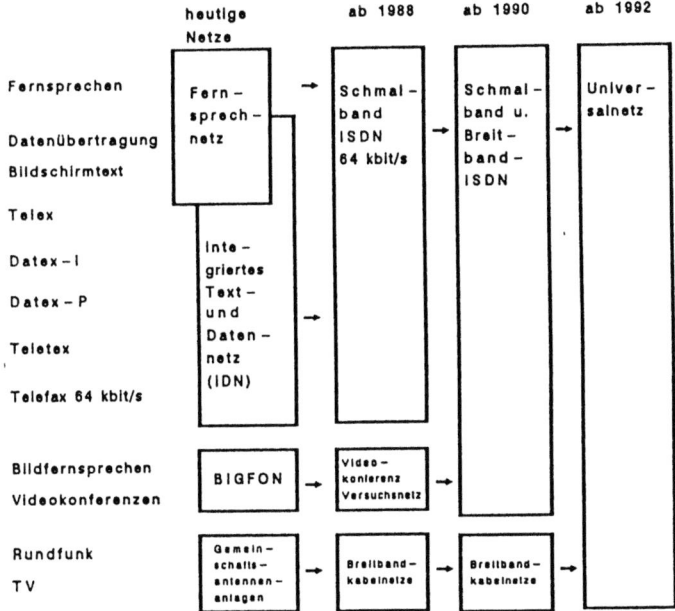

Abb. 7: Kommunikationsdienste und -netze

Quelle: verändert nach KALSCHEUER, H. D.: a.a.O., S. 231.

tomation (office automation) Verwendung.[131] Dahinter steht der Grundgedanke, möglichst viele Bürotätigkeiten über eine Hardwareeinrichtung, das sogenannte multifunktionale Arbeitsplatzsystem, durchzuführen. Ein Bürosystem muß ergo die Tätigkeiten an einem Büroarbeitsplatz (office-support-system) unterstützen und den Informationsaustausch mit anderen Büros bzw. Büroarbeitsplätzen (Bürokommunikation) gewähr-

---

[131] Die Verwendung des Begriffs "Büroautomation" für die Automation im Büro" impliziert in Analogie zum Produktionsbereich ein menschenleeres, nur von Computern geführtes Büro. Es geht bei der Büroarbeit immer um nicht automatisierbare Willensakte des Menschen, nämlich Entscheidungen. Lediglich die Entscheidungsvorbereitung und -kontrolle kann automatisch unterstützt werden. Statt von Büroautomationssystemen sollte besser von Bürosystemen bzw. Büro-Unterstützungs-Systemen (office-support-systems) gesprochen werden. Vgl. MÜLLER-BÖLING, D., MÜLLER, M.: ebenda, S. 14.

leisten. Ein office-support-system muß folgende Funktionen umfassen:

- Textverarbeitung (Textbe- und -verarbeitung)
- Elektronische Archivierung (elektronische Aktenschränke)
- Elektronische Adressenverwaltung (Kalender, Wiedervorlage)[132]
- Taschenrechner
- Tabellenkalkulation (mittels Spreadsheets)
- Präsentationsgrafik
- Datenverwaltung
- Sprachverarbeitung

Das Zusammenwirken der Datenverarbeitungs-, Büro- und Kommunikationstechnik ermöglicht in den Betrieben die Realisation neuer Kommunikationsfunktionen wie:

- elektronische Post (Speicherung in elektronischen Postkörben)[133]
- Datentransfer
- Sprachübermittlung (telefonische Eingabe und Abruf, digitale Zwischenspeicherung)
- Bildfernsprechen (Projekt BIGFON der deutschen Bundespost)
- Bildschirmtext.[134]

Das Wachstum des Marktes für Bürosysteme vollzieht sich heute allerdings noch weitgehend in den Großbetrieben.[135] Zur

---
[132] Die Funktionen Archivierung und Adressenverwaltung haben zu dem Schlagwort "aktenloses Büro" geführt.
[133] Vgl. zum Thema "Elektronische Post" LEUE, G.: Electronic Mailbox-System, in: DATACOM: 3/1984, S. 38/39.
[134] Zu den möglichen Funktionen von Bürosystemen vgl. MARTIN, J.: Design, a.a.O., S. 39-46 und STAHLKNECHT, P.: Einführung, a.a.O., S. 320ff.
[135] Vgl. o.V.: Bürosysteme auf dem Vormarsch, in: Online: 7/1986, S. 14.
Bereits 1982 wurde in einem vom BMFT geförderten zweijäh-rigen "Feldprojekt Bürosystem" neben anderen Aspekten die Akzeptanz und die Wirtschaftlichkeit der aufgezeigten Funktionen an dem prototypischen Bürosystem 88BK der Nixdorf AG in verschiedenen Anwendungsbereichen untersucht, um danach leistungsfähige Bürosysteme auf den Markt zu bringen. Die Ergebnisse dieses Feldprojekts sind zusammengefaßt in: SORG, S., MATHEJA, E.: Akzeptanz und Wirt-

Realisation der genannten Funktionen können neben speziellen K-Anlagen, wie z.B. HICOM von Siemens, DISSOSS von IBM, auch einfache Terminals, die an eine zentrale oder dezentrale DV-Anlage angeschlossen sind, oder Mikrocomputer (Ein- oder Mehrplatzsysteme) eingesetzt werden. Die Vernetzung der multifunktionalen Arbeitsplätze wird mittels LAN's durchgeführt. Soll allerdings das Inhouse-Netz verlassen werden, so sind Schnittstellen zum Fernsprechnetz (Telefon, Telefax, Btx) und dem digitalen Netz der Bundespost (Telex, Teletex, Datex) nötig.[136]
Bedingt durch die Einsatzmöglichkeiten der Mikrocomputer und der Entwicklung preisgünstiger Bürosysteme wird die Bürokommunikation auch für kleine und mittlere Betriebe interessant. Die Entwicklungen von Bürosystemen werden sich in der Zukunft im Bereich der Hardware auf eine bessere Verbindbarkeit von Nebenstellenanlagen und LAN's und im Softwarebereich auf eine Standardisierung der Steuerungs- und Überwachungssoftware für Netze konzentrieren, um die Integration von Daten, Sprache, Text und Bild zu erreichen. So ist bspw. von IBM das Produkt SNA bereits 1982 im Hinblick auf die Bürokommunikation durch die Komponenten DIA (Document Interchange Architecture) und DCA (Document Contents Architecture) erweitert worden. 1984 erfolgte zudem die Ankündigung, daß für SNA durch OSI (Open-Systems-Interconnection-Schnittstellen) auch der standardisierte Übergang zu Netzen anderer Architektur ermöglicht werden soll.[137] Speziell für das neue Personal System/2 hat IBM ein neues Konzept für den Einsatz als multifunktionales Gerät in die bislang hierarchische 3-Klassen-Organisation[138] ihrer Rechner vorgestellt. Über das IBM-Token-Ring-Netzwerk als Basis dezentraler Organisation sollen neben dem Zentralrechner auch die Abteilungsrechner

---

schaftlichkeit integrierter Bürosysteme, in: **KRALLMANN, H.**, (Hrsg.): Informationsmanagement auf der Basis integrierter Bürosysteme, Berlin 1986, S. 61-90.
[136] Vgl. **ABEL, H., SCHMÖLZ, W.**: a.a.O., S. 207.
[137] Vgl. **STEIERT, W.**: Trends bei der Integration von Daten, Text, Sprache, Festbild, in: **KRALLMANN, H.**, (Hrsg.): Informationsmanagement auf der Basis integrierter Bürosysteme, Berlin 1986, S. 11-21, hier S. 19/20.
[138] Damit ist die hierarchische Anordnung Host - Abteilungsrechner (z.B. IBM /36) - PC gemeint. Vgl. **MÜLLER-ZANTOP, S.**: Das große Umdenken, in **PC Magazin**: Nr. 22 vom 20.5.1987, S. 84-92, hier S. 84.

und die PC's als gleichberechtigte Partner im Netz eingesetzt wer-den. Gerade diese Konzeption wird für kleine und mittlere Betriebe im Hinblick auf die in diesem Kapitel vorgestellten DV-Konzepte den Weg in Richtung integrierte Datenverarbeitung und -kommunikation öffnen, da bereits existierende Datenverarbeitungsanlagen weiter genutzt werden können.

3.5 Probleme der Datenverarbeitung kleiner und mittlerer Betriebe

Die Innovationskraft kleiner und mittlerer Betriebe, ihre branchen-und regionenbezogene Ubiquität und ihre Flexibilität, sich den schnell wechselnden Marktverhältnissen anzupassen und so die Differenziertheit des Angebots an Waren und Dienstleistungen aufrecht zu halten, gelten als die Vorzüge dieser Unternehmen.[139] In den vergangenen Jahren ist allerdings ein starker Anstieg der Insolvenzen kleiner und mittlerer Betriebe zu verzeichnen, deren Entstehung mehrheitlich auf innerbetriebliche Gründe wie falsche langfristige Disposition, ungenügendes Marketing und Organisationsfehler zurückgeführt wird.[140] Die Ursache für diese Managementfehler sieht Lachnit im Bereich der Informationsverarbeitung.[141] Die Einführung und die Nutzung der elektronischen Datenverarbeitung in kleinen und mittleren Betrieben resultiert ergo häufig aus der Notwendigkeit, die Informationsverarbeitung zu systematisieren, zeitlich zu straffen und die Ergebnisse für den Entscheidungsprozeß transparent zu gestalten, um so mögliche Fehlentscheidungen der Unternehmensleitung zu vermeiden.[142] Allein der Einsatz der Datenverarbeitung mit all ihren Ausprägungen ist jedoch kein All-

---

[139] Vgl. **GRAF LAMBSDORFF, O.**: a.a.O., S. 10 und **GRUHLER, W.**: a.a.O., S. 53.
[140] Vgl. **KITTEL, T.**: a.a.O., S. 9/10.
[141] Vgl. **LACHNIT, L.**: EDV-unterstütztes Controlling in mittelständischen Betrieben, in: **CONTROLLING**: (1)3/1984, S. 91-102, hier S. 97.
[142] Vgl. **BIETHAHN, J.**: Datenverarbeitung für kleine und mittlere Unternehmen, unveröffentlichtes Vortragsmanuskript vom 13.2.1985 für die Antrittsvorlesung an der Universität Göttingen, S. 1/2 und S. 6.

heilmittel. Eine Reihe vorgegebener Faktoren und betrieblicher Strukturen, die ohne weiteres auch als Randbedingungen für die Datenverarbeitung anzusehen und in der besonderen Situation dieser Betriebe begründet sind, beeinflußt sie. Diese Aspekte sind somit für die Ausführungen in den folgenden Kapiteln sehr bedeutsam.

In diesem Kapitel werden daher Einflußfaktoren und daraus resultierende Probleme für die Datenverarbeitung behandelt, deren Ursprung in der Führungs- (Kap. 3.5.1) und Personalstruktur (Kap. 3.5.2) kleiner und mittlerer Betriebe liegt.[143]

3.5.1 Auswirkungen der Führungsstruktur auf die Datenverarbeitung

Nach Gantzel werden Klein- und Mittelbetriebe vor allem durch folgende qualitative Merkmale charakterisiert:

- der Unternehmer ist selbständiger Eigentümer und vereinigt Kapital und Geschäftsführung in einer Hand
- das Unternehmen stellt für den Unternehmer die entscheidende Existenzgrundlage dar
- die Kapitalgröße und das Haftungskapital der Unternehmung werden durch das Vermögen des Unternehmers beschränkt
- der Unternehmer trägt die Verantwortung und das Risiko der Entscheidungen gegenüber Mitarbeitern und Marktpartnern.[144]

Anhand dieser vier Merkmale lassen sich generelle Aussagen ableiten, die nicht nur das allgemeine Umfeld der Datenverarbeitung in kleinen und mittleren Betrieben bestimmen, sondern zudem Auswirkungen auf den Untersuchungsgegenstand dieser Arbeit haben.

---

[143] DV-spezifische Probleme, die sich aus dem Einsatz der Hard- und Software sowie der Organisation der Datenverarbeitung ergeben, werden an dieser Stelle nicht mehr behandelt. Vgl. dazu die Ausführungen in den vorangestellten Abschnitten.
[144] Vgl. GANTZEL, K.-J.: a.a.O., S. 279ff. und KELLERWESSEL, P.: Führung, a.a.O., S. 63ff.

1. Da mit dem DV-Einsatz weitgehende organisatorische Änderungen im Betrieb verbunden sind, werden die Entscheidungen überwiegend seitens des Unternehmers getroffen.[145] Sie sind jedoch von seinem Wissens- und Informationsstand abhängig. Häufig existiert eine falsche Erwartungshaltung bzgl. der Problemlösungsmöglichkeiten durch die Datenverarbeitung. Die Vorgehensweise bei der Planung[146], Auswahl[147] und dem Einsatz der EDV sind davon unmittelbar betroffen.

2. Die Wirtschaftlichkeit einer DV-Lösung hängt letztlich vom Investitionsvolumen und von der Höhe der EDV-Kosten ab, die die Unternehmensleitung, u.U. unabhängig von der Leistungsbetrachtung, zu tragen bereit ist. Die Investitionsmöglichkeiten kleiner und mittlerer Betriebe werden aber oftmals durch mangelnde Fremdfinanzierungsmöglichkeiten und eine häufig unzureichende Eigenkapitalausstattung bestimmt.[148]

Das beschränkte Investitionsvolumen hat zur Folge, daß viele DV-Maßnahmen nicht in ausreichendem Umfang realisiert werden[149] und so die Verbesserung des Informationswesens im Betrieb in Frage gestellt ist.

---

[145] Nach Wübbenhorst herrscht in den Klein- und Mittelbetrieben ein überwiegend patriarchalischer und teilweise sogar autoritärer Führungsstil vor. Vgl. WÜBBENHORST, K. L.: Personalwesen, in: PFOHL, H.-C., (Hrsg.): Betriebswirtschaftslehre der Mittel- und Kleinbetriebe, a.a.O., S. 247-279, hier S. 256.

[146] Die Komplexität einer EDV-Lösung, ihre Vor- und Nachteile und ihre Risiken werden aufgrund mangelnder Kenntnisse und Erfahrungen falsch bewertet. Verstärkt wird dieser Aspekt durch unzureichende EDV-Kenntnisse, durch die Verständigungsschwierigkeiten mit DV-Fachleuten, insbesondere bei der Formulierung der Anforderungen an das zu installierende DV-System, auftreten. Vgl. KELLERWESSEL, P.: Probleme, a.a.O., S. 239ff.

[147] Ein häufig lückenhafter Überblick über das zu umfangreiche und zum Teil unklar abgegrenzte Marktangebot führt zu unqualifiziertem Käuferverhalten. Vgl. KITTEL, T.: a.a.O., S. V und S. 11/12.

[148] Vgl. SCHMELTER, H.: Organisatorische Auswirkungen des EDV-Einsatzes in Klein- und Mittelbetrieben, Zürich/Frankfurt/Thun 1977, S. 67.

[149] Die räumlichen Gegebenheiten für die Datenverarbeitung sind ein beachtenswertes Beispiel dieser Situation. In die bereits bestehende räumliche Enge wird die Hardware integriert; Unübersichtlichkeit und ungeregelter Zugang stellen einen ordnungsmäßigen Ablauf der DV in Frage.

3. Seitens der Geschäftsleitung und der Führungskräfte existiert oft nur eine geringe Delegationsneigung, die zu einer daraus folgenden Dauerüberlastung dieses Personenkreises führt. Die Unterordnungen in der Unternehmenshierarchie erfolgen nicht immer nach funktionellen, sondern auch nach personellen Gesichtspunkten, d.h., man findet eine unklare und personenabhängige Stellenorganisation vor.[150] Verstärkt wird dieser Aspekt allzuoft durch eine zu geringe Personalkapazität. Unvorhergesehene Ausfälle und plötzliche Arbeitsspitzen können aufgrund personeller Engpässe kaum aufgefangen werden.[151]

3.5.2 Auswirkungen der Personalstruktur auf die Datenverarbeitung

Kennzeichnend für die Klein- und Mittelbetriebe ist das Fehlen einer konkreten Aufgabenteilung auf allen Ebenen. Die Führungsaufgaben sind kaum gegeneinander abgegrenzt. Aus Kostengründen fehlen hochqualifizierte Spezialisten, die aufgrund ihrer Ausbildung und Erfahrungen in der Lage sind, besondere Problemstellungen zu bewältigen.[152]

Die Personalstruktur ist im Hinblick auf den im Vordergrund stehenden Produktionsbereich mehr technisch als kaufmännisch ausgerichtet.[153]

---

[150] Vgl. KELLERWESSEL, P.: Führung, a.a.O., S. 63 und SCHMIDT, R.: a.a.O., S. 69.
[151] Vgl. GROCHLA, E., WEBER, H., WERHAHN, T.: Betrieblicher Datenschutz für Mitarbeiter, Köln 1983, S. 5 (im folgenden zitiert als GROCHLA, E., WEBER, H., WERHAHN, T.: Datenschutz).
[152] Die Führungsaufgaben werden von Mitinhabern oder mithelfenden Familienangehörigen wahrgenommen. Vgl. WÜDDENHORST, K. L.: a.a.O., S. 255 und SCHMELTER, H.: a.a.O., S. 69.
[153] Insgesamt findet man in diesen Betrieben einen hohen Anteil an Facharbeitern sowie technischen und kaufmännischen Angestellten, deren Aufgaben häufig wechseln und nicht exakt abgegrenzt sind. Vgl. WÜBBENHORST, K. L.: ebenda, S. 253.

Für den Einsatz der DV in kleinen und mittleren Betrieben ergeben sich aus den bisherigen Ausführungen eine Reihe von Konsequenzen. Da selten DV-Fachpersonal bereits zur Verfügung steht, bzw. aus o.g. Gründen für die neuen Aufgaben eingestellt wird, muß der Betrieb auf das vorhandene unqualifizierte Arbeitskräfte-Potential zurückgreifen. Von der Qualifikation[154] und der Einstellung[155] der Mitarbeiter hängt im Wesentlichen die erfolgreiche Nutzung der neuen Technologien ab. Unmotivierte und unqualifizierte Mitarbeiter können dem Betrieb sehr großen Schaden zufügen, da das Tagesgeschäft in starkem Maße von der EDV abhängig ist.[156]

---

[154] In der Einführungs- und Umstellungsphase sind daher externe Berater hinzuzuziehen, um den Mangel an Qualifikation seitens der Geschäftsleitung und der beteiligten Mitarbeiter kurzfristig zu beheben. Gleichzeitig muß, um langfristig die DV nutzen zu können, das Problem der Umschulung und Ausbildung der Mitarbeiter zeit- und sachgerecht gelöst werden. Auf eine Diskussion der dabei auftretenden Probleme und Schwierigkeiten wird an dieser Stelle verzichtet. Vgl. dazu SCHULZE, H. H.: a.a.O., S. 62ff.
[155] Das vorhandene Personal muß durch frühzeitige Beteiligung an der DV-Einführung motiviert werden. Bestehende Ängste und Akzeptanzprobleme, die durch die geänderten Anforderungen an den Arbeitsplatz entstehen, sind zu beseitigen.
[156] Vgl. KELLERWESSEL, P.: Probleme, a.a.O., S. 244/245.

4 Gefahren für die Datenverarbeitung in kleinen und mittleren Betrieben

Über die in Kapitel 3.5 aufgezeigten generellen Probleme hinaus entstehen für die kleinen und mittleren Betriebe mit dem DV-Einsatz eine Reihe spezifischer Risiken. Das wohl größte und am wenigsten beachtete Problem ist das der Daten- und Verarbeitungssicherheit. Die DV kann von einer großen Zahl von Gefahren[1] betroffen werden, die derart gravierende Auswirkungen haben können, daß der Fortbestand des Unternehmens in Frage gestellt ist.
Aus diesem Grunde ist es für den Betrieb notwendig, Maßnahmen zu ergreifen, um das Risiko[2] eines Schadensfalls zu begrenzen. Die Risikobewertung ist dabei immer eine subjektive sicherheitspolitische Entscheidung des Unternehmens.[3]
Die Ursache der Gefahren liegt einerseits im bewußten oder unbewußten, bzw. zufälligen menschlichen Handeln begründet; andererseits können Gefahren aber auch von der eingesetzten Technik sowie natürlichen und sonstigen externen Gegebenheiten ausgehen. Damit wird deutlich, daß die Gefahrenquellen sowohl außerhalb des Unternehmens als auch im Betrieb selbst zu suchen sind.[4]

---

[1] Als Gefahr wird in dieser Arbeit die Eintrittsmöglichkeit eines Schadensereignisses bezeichnet.
[2] Ein Risiko für den Betrieb liegt dann vor, wenn kein ausreichender Schutz gegen eine Gefahr existiert, d.h., ein Risiko ist nicht nur von der Gefahr selbst, sondern auch von den gegen sie getroffenen Sicherheitsmaßnahmen abhängig.
[3] Vgl. DROUX, R.: Physische EDV-Sicherheit, in: ZIMMERLI, E., LIEBL, K., (Hrsg.): Computermißbrauch - Computersicherheit, Ingelheim 1984, S. 195-306, hier S. 205.
[4] Vgl. ALEANAKIAN, G., KÜHNAU, W.: a.a.O., S. 13.

Die möglichen auftretenden Gefahren lassen sich zu vier Gefahrenbereichen für die DV zusammenfassen:[5]

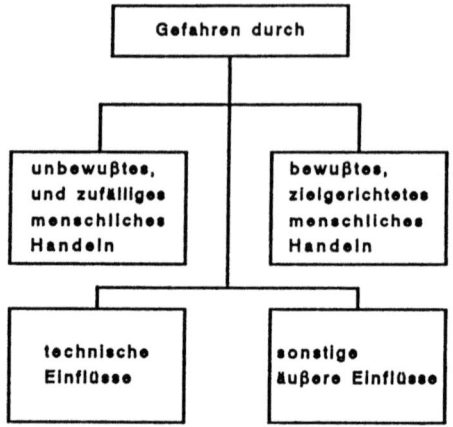

Abb. 8: Gefahrenbereiche für die Datenverarbeitung

In den nachfolgenden Abschnitten dieses Kapitels werden die in der Abbildung dargestellten vier Bereiche detaillierter gegliedert und näher betrachtet.

4.1 Gefahren für die DV durch unbewußtes und zufälliges menschliches Handeln

Dieser Gefahrenbereich umfaßt alle die Gefahren, die seitens der Mitarbeiter im Umgang mit der EDV im weitesten Sinne un-

---

[5] In der Literatur findet man sehr verschiedene Zusammenfassungen der Gefahren. Eine einheitliche Bezeichnung der Gefahrenbereiche ist bisher nicht vorgenommen worden. Vielfach werden dieselben Begriffe , je nach Betrachterstandpunkt, unterschiedlich verwendet. Vgl. dazu bspw. LINDEMANN, P., NAGEL, K., HERRMANN, G.: Datenschutzausbildungspaket, München/Wien 1977, Folie 1, (im folgenden zitiert als LINDEMANN, P., NAGEL, K., HERRMANN, G.: Ausbildung); ALEANAKIAN, G., KÜHNAU, W.: a.a.O., S. 13; HEIDINGER, J. L., ANDRICH, R.: Datensicherung im Unternehmen, Landsberg/Lech 1987, S. 12 und BREUER, R.: Computer-Schutz durch Sicherung und Versicherung, 2. Aufl., Neubiberg b. München 1984, S. 151 (im folgenden zitiert als BREUER, R.: Computer-Schutz).

bewußt oder zufällig herbeigeführt werden. Als Bedienerfehler werden im folgenden die Fehler bezeichnet, die zur Unkorrektheit oder zum Verlust von Daten sowie zur Störung bei ihrer Verarbeitung führen.[6]

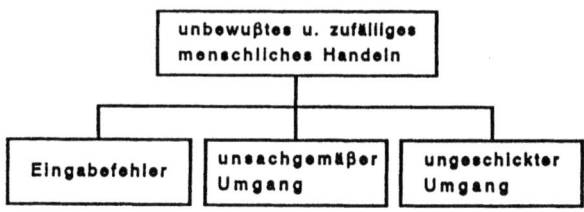

Abb. 9: Gefahren durch unbewußtes und zufälliges menschliches Handeln

Eingabefehler umfassen nicht nur die Eingabe falscher Daten, sondern auch das Absetzen falscher Befehle. Unsachgemäß und ungeschickt kann mit dem Rechner, der Peripherie und den Datenträgern umgegangen werden. Gerade die Schäden, die aus Fahrlässigkeit, Fehlern, Irrtümern, Unaufmerksamkeit und Nachlässigkeit entstehen, treten in den Betrieben am häufigsten auf. Es handelt sich bei o.g. Gefahren andererseits aber auch um diejenigen, die am leichtesten vermieden werden könnten.[7] Die Höhe der einzelnen Schäden ist meist nicht sonderlich groß; durch ihr häufiges Auftreten summieren sich allerdings auch kleine Schäden. Anders als beim Einsatz von großen EDVA's stellt sich die Situation bei Fehlern für mittlere EDVA's und PC's dar. Mit der Größe der Anlage nimmt auch die Aufgaben- und Funktionstrennung des DV-Personals ab. Gerade beim PC-Einsatz, und dies gilt für alle Organisationsformen der DV kleiner und mittlerer Betriebe, werden die Aufgaben des Anwenders, Datenverwalters, Systembedieners usw. in Personalunion wahrgenommen, d.h. Schäden, die bspw. in Rechenzentren mit strikter Aufgaben- und Funktionstrennung erst durch das Zusammenwirken der Fehler mehrerer Mitarbeiter entstehen können, ha-

---
[6] Vgl. ALEANAKIAN, G., KÜHNAU, W.: a.a.O., S. 14.
[7] Vgl. HEIDINGER, J. L., ANDRICH, R.: a.a.O., S. 31.

ben nur noch einen Verursacher. Bezieht man in diese Überlegungen noch den Ausbildungsstand und damit die Qualifikationen des DV-Personals in kleinen und mittleren Betrieben ein, die nicht denen des DV-Personals in Großbetrieben oder Rechenzentren entsprechen, wird deutlich, daß gerade die Gefahren, die durch unbewußtes und zufälliges menschliches Handeln entstehen und deren Ursachen u.a. in unzureichenden EDV-Kenntnissen begründet sind, besondere Beachtung finden müssen.

Der überwiegende Anteil der Eingabefehler wird durch Tippfehler verursacht. Betroffen davon sind nicht nur die Befehle und Daten in Anwendungsprogrammen, sondern auch die Kommandos des Betriebssystems. Abhängig ist die Häufigkeit des Eintretens von Eingabefehlern von der Motivation und Akzeptanz des Benutzers, seiner Übung im Umgang mit den Programmen, seiner persönlichen Konstitution und den Arbeitsbedingungen, unter denen er Datenverarbeitung betreibt. Die Wirkungen von Eingabefehlern reichen von falschen Ergebnissen, die nicht sofort erkennbar sind, bis hin zum Zerstören von Datenbeständen.

Unsachgemäßer Umgang mit der Hardware umfaßt neben allen Fehlbedienungen der Geräte auch die Gefahren, die durch falsche Aufstellung des Rechners entstehen.[8] Desweiteren zählt die falsche Behandlung von Datenträgern zu diesem Punkt.[9]

Die Vielzahl der in Frage kommenden Gefahrenquellen macht eine detailliertere Betrachtung und Fallbeschreibung an dieser Stelle unmöglich.

Weitere Gefahrenquellen liegen im ungeschickten Umgang mit der Hardware und den Datenträgern. Aleanakian zieht zur Beschreibung ein Beispiel heran, bei dem ein Sachbearbeiter

---

[8] Als Beispiele seien an dieser Stelle die Aufstellung eines PC's an einem Fenster mit intensiver Sonneneinstrahlung oder in einem Raum mit hoher Staubentwicklung aufgeführt. Im ersten Fall kann es bei eingeschaltetem Rechner zur Überhitzung des PC-Gehäuses kommen, so daß der PC ausfällt. In ein Plattenlaufwerk eindringende Staubpartikel können zum Ausfall des Speichers durch Aufsetzen der Schreib-/Leseköpfe (head-crash) führen. Vgl. **ALEANAKIAN, G., KÜHNAU, W.:** a.a.O., S. 16 und **HANSEN, H. R.:** a.a.O., S. 181.

[9] Disketten werden häufig falsch gelagert oder transportiert. Bspw. können auf Disketten gespeicherte Daten bei Mitnahme im Pkw und Lagerung im Handschuhfach durch magnetische Einwirkung der Zündspule zerstört werden.

ungeschickterweise eine Tasse Kaffee umstößt, deren Inhalt sich über die Tastatur ergießt.[10] Derartige Ungeschicklichkeiten können jedem Benutzer gelegentlich passieren. Das Auftreten dieser Fehler, die von den Arbeitsbedingungen und dem Arbeitsstil der Mitarbeiter abhängen oder auch nur durch "Pech" erfolgen, wird sich nie ganz beseitigen lassen.

4.2 Gefahren durch bewußtes, zielgerichtetes menschliches Handeln

Die in diesem Abschnitt behandelten Gefahren zielen auf "all jenes deliktische Handeln, bei dem der Computer Werkzeug oder Ziel der Tat ist", ab.[11] Dabei werden die Schäden bewußt und mit voller Überzeugung von Mitarbeitern und außenstehenden Personen verursacht. Derartige Delikte sind auch in kleinen und mittleren Betrieben nicht nur auf den eigentlichen DV-Bereich beschränkt. Durch die in Kapitel 3 geschilderten heutigen Ausprägungen der Informationsverarbeitung ist es zu einer Verlagerung in die Fachabteilungen gekommen.
In der Literatur werden diese Delikte unter dem Begriff Computerkriminalität zusammengefaßt. Aufgrund der uneinheitlichen Definitionen von Computerkriminalität bedarf dieser Begriff einer näheren Erläuterung. Seine mehr intuitive Vorstellung, daß unter "Computer-Kriminalität allgemein die Benutzung eines Rechners zu einem anderen als dem vorgesehenen Zweck"[12] zu verstehen ist, widerlegt Weck selbst durch ein Beispiel, bei dem eine Schwindelfirma für ihre betrügerischen Aktivitäten einen Computer einsetzt. Dieser Fall ist jedoch ebenfalls der Computerkriminalität zuzuordnen. Ursprünglich umfaßte der Begriff alle in einem Sachzusammenhang mit den Daten der EDV stehenden rechtswidrigen Vermö-

---
[10] Vgl. ALEANAKIAN, G., KÜHNAU, W.: a.a.O., S. 15.
[11] FISCHER, T.: Computer-Kriminalität, Bern 1979, S. 7.
[12] WECK, G.: Datensicherheit, Stuttgart 1984, S. 22.

gensverletzungen.[13] Eine zu beobachtende Ausdehnung der diversen mit Computern verübten Delikte, die nicht auf das Vermögen abzielen, führte zur Erweiterung des Begriffs Computerkriminalität auf alle vorsätzlichen (strafbaren und strafwürdigen) Tatbestände in diesem Zusammenhang.[14] Neben den rechtswidrigen Vermögensverletzungen beim EDV-Anlagenbetreiber[15] oder bei Dritten betreffen die Delikte andererseits die Problematik der Bedrohung der Privatsphäre des Bürgers.[16] Da die Delikte, die eine Bedrohung der Privatsphäre einzelner Bürger darstellen, ebenfalls bewußtes, vorsätzliches Handeln voraussetzen, dabei jedoch nicht immer das Vermögen das Ziel der Tat ist, erscheint eine Zuordnung dieser Tatbestände zur Computerkriminalität nicht geeignet. Aus diesem Grunde wird im folgenden für bewußte, zielgerichtete mißbräuchliche Handlungen der Begriff Computermißbrauch verwendet. Die Delikte, die der Computerkriminalität zuzurechnen sind, fallen ergo unter diesen Begriff.

Eine Übersicht der möglichen Gefahren durch bewußtes, zielgerichtetes menschliches Handeln zeigt die folgende Abbildung:

---

[13] Vgl. ZIMMERLI, E., LIEBL, K., (Hrsg.): a.a.O., Teil I: Bestandsaufnahme, S. 13-24, hier S. 16; SIEBER, U.: Computerkriminalität und Strafrecht, 2. Aufl., Köln 1980, S. 2/137 (im folgenden zitiert als SIEBER, U.: Computerkriminalität). Dieser Auffassung schließt sich auch das BKA mit seiner Festlegung von Computerkriminalität an. Vgl. CORDROCH, C.: Wenn Kollege Computer zum Komplizen wird, in: Online: 3/1986, S. 65-67, hier S. 65, (im folgenden zitiert als CORDROCH, C.: Komplize).

[14] Die Delikte der Computerkriminalität stehen einerseits im Sachzusammenhang mit EDV-Daten, andererseits fallen auch Angriffe auf die Hardware zu ihren Erscheinungsformen. Vgl. FISCHER, T.: a.a.O., S. 7 und BREUER, R.: Computer-Schutz, a.a.O., S. 151.

[15] Vgl. ZIMMERLI, E., LIEBL, K., (Hrsg.): a.a.O., S. 16.

[16] In diesem Zusammenhang wird der Begriff des Datenschutzes angesprochen.

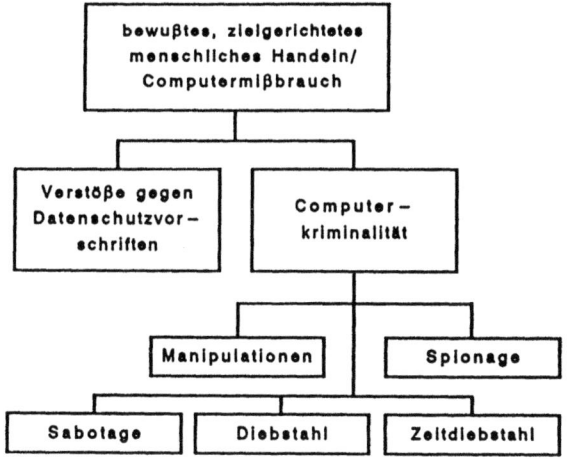

Abb. 10: Gefahren durch bewußtes, zielgerichtetes menschliches Handeln

Bei Verstößen gegen Datenschutzvorschriften muß es sich nicht immer um kriminelle Vorgänge handeln.[17] Zur Verdeutlichung dieser Aussage wird die Untersuchung von Herb bzgl. der Verfahren von Datenschutzkriminalität herangezogen. Herb wertete die vom Bundeskriminalamt in den Jahren 1978 - 1982 statistisch erfaßten 219 Fälle[18] von Datenschutzkriminalität aus. Nach Berücksichtigung von Erfassungsfehlern und nicht zur Verfügung gestellter Akten verblieben lediglich 159 relevante Fälle[19], bei denen es in über 80%[20] zu einer Einstellung des Verfahrens kam.

Über den Umfang der Computerkriminalität fehlt es in der Bundesrepublik bisher an gesicherten statistischen Nachweisen, denn die polizeiliche Kriminalstatistik und die bundesweite Erfassung von Wirtschaftsstraftaten nach einheitlichen Gesichtspunkten weisen Computerkriminalität nicht gesondert

---

[17] Die Behandlung der Verstöße gegen Datenschutzvorschriften erfolgt an dieser Stelle nicht. Die Problematik des Datenschutzes wird ausführlich in Kapitel 5 behandelt.
[18] Vgl. HERB, A.: Verweisungsfehler im Datenschutzstrafrecht, Braunschweig/Wiesbaden 1986, S. 58.
[19] Vgl. HERB, A.: ebenda, S. 61.
[20] Vgl. HERB, A.: ebenda, S. 79.

aus.[21] Ein Grund für die Erfassungsschwierigkeiten von Computerstraftaten ist, daß die geschädigten Unternehmen die Tat nicht zur Anzeige bringen, in der Hoffnung, vom Täter durch gütliche Einigung einen größtmöglichen Schadensersatz zu erhalten. Dazu kommt in vielen Fällen die Furcht, das Image des Unternehmens könnte durch das Bekanntwerden von Straftaten im EDV-Bereich leiden.[22] Nach realistischen Einschätzungen von Experten ist davon auszugehen, daß das Verhältnis zwischen entdeckten und unentdeckten Straftaten im Bereich der EDV im Verhältnis 1:2 und 1:10 variiert.[23] Bei Computerkriminalität handelt es sich nur bedingt um neue Tatbestände; vielmehr ändert sich die "Qualität" der Kriminalität durch die Nutzung des Computers als Werkzeug.[24]

4.2.1 Manipulationen

Einer der Schwerpunkte der Computerkriminalität sind die Manipulationen an Daten, Programmen oder Geräten innerhalb des Datenverarbeitungsprozesses. Sie umfassen hauptsächlich die Straftatbestände des Betrugs (§ 263a StGB, Computerbetrug) und der Untreue (§ 266 StGB).[25] Als Täter dafür kommen Mitarbeiter und DV-Anwender, ggf. in Zusammenarbeit mit exter-

---

[21] Der Umfang der Computerkriminalität läßt sich für die Bundesrepublik nur anhand der in der Literatur aufgeführten Schadensschätzungen oder aber über vereinzelte Auswertung von internen Daten feststellen. Vgl. dazu VON ZUR MÜHLEN, R. A. H.: Computer-Kriminalität, Gefahren und Abwehrmaßnahmen, Neuwied 1973, S. 32ff.; ZIMMERLI, E., LIEBL, K., (Hrsg.): a.a.O., S. 18 und SIEBER, U.: a.a.O., S. 126.
[22] Vgl. FISCHER, T.: a.a.O., S. 12; SIEBER, U.: a.a.O., S. 175; VON ZUR MÜHLEN, R. A. H.: a.a.O., S. 30/31 und o.V.: Methode Aschenputtel, in: DER SPIEGEL: Nr. 25/1984, S. 56/57.
[23] Vgl. VON ZUR MÜHLEN, R. A. H.: a.a.O., S. 34 und ZIMMERLI, E., LIEBL, K., (Hrsg.): a.a.O., S. 18.
[24] Vgl. o.V.: Der Computer modifiziert alle klassischen Tatbestände, in: COMPUTERWOCHE: 13. Jg., Nr. 25 vom 21.6.1985, S. 24-27, hier S. 24.
[25] Bei Datenveränderungen (§ 303a StGB) können zusätzlich Urkundsdelikte gemäß §§ 267, 268 StGB vorliegen. Vgl. o.V.: Neue Straftatbestände bei mißbräuchlicher Datenverarbeitung (2. WiKG), in: RDV: 3/1986, S. 159/160.

nen Personen, in Frage.[26] Ihr Motiv ist das Erlangen finanzieller oder ideeller Vorteile[27], teils aus Habgier, teils weil sie Probleme finanzieller Art lösen wollen.[28]
Alle Manipulationen zielen auf Datenveränderungen im gesamten DV-Prozeß ab.

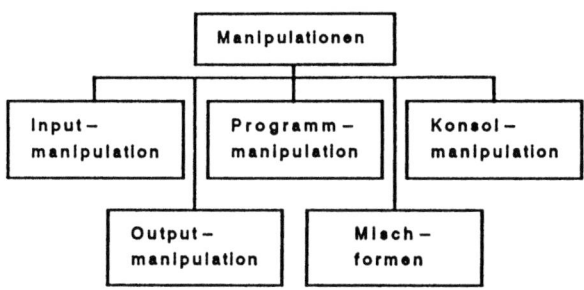

Abb. 11: Datenveränderungen durch Manipulationen

Bevor die Bedeutung der Manipulationen für die DV kleiner und mittlerer Betriebe behandelt wird, werden zunächst ihre Ausprägungsformen kurz beschrieben.

Inputmanipulationen sind zu untergliedern in die Datenveränderungen, bei denen während eines Dialogprozesses durch direkte falsche Eingaben manipuliert wird und diejenigen, bei denen im Vorfeld der Verarbeitung bereits Dateiinhalte verändert werden.

Programmmanipulationen zielen auf die kurz- oder langfristige Veränderung der Verarbeitung ab.

Konsolmanipulationen verändern den Ablauf eines aktiven Prozesses durch andere Steuerbefehle.

Outputmanipulationen betreffen i.d.R. die Unterdrückung der veränderten Ausgaben auf dem Drucker oder Bildschirm sowie die Verhinderung des Dateizugriffs unmittelbar nach diesen Eingriffen.

---

[26] Vgl. LIEBL, K.: Erscheinungsformen und beispielhafte Fälle, in: ZIMMERLI, E., LIEBL, K., (Hrsg.): Computermißbrauch - Computersicherheit, Ingelheim 1984, S. 25-81, hier S. 34.
[27] Vgl. BREUER, R.: Computer-Schutz, a.a.O., S. 158.
[28] Vgl. WECK, G.: a.a.O., S. 23.

Als Mischformen wird ein Zusammenwirken der genannten vier Manipulationsformen bezeichnet. Vielfach kann eine kriminelle Handlung erst dadurch realisiert werden. Die Gelegenheiten, derartige Eingriffe vorzunehmen, vergrößern sich durch die Dezentralisierungskonzepte der Datenverarbeitung wie IDV und integrierte IDV, durch die zunehmende Online-Verarbeitung, den Einsatz von PC's und die diversen Möglichkeiten der Vernetzung von DV-Anlagen. Inputmanipulationen stellen für die kleinen und mittleren Betriebe das größte Problem dar. Betrugs- und Veruntreuungsdelikte betreffen speziell den Bereich des Rechnungswesens und die Personenstandsdaten.[29] Die autonome Verarbeitung und das Halten der Datenbestände auf mit Festplatten ausgerüsteten PC's machen es auch dem mit nur geringen EDV-Kenntnissen ausgestatteten Täter leicht, seine Tat auszuführen. Selbst bei abteilungsorientierter Datenverarbeitung, wo die Verarbeitung und die Verwaltung der Datenbestände zentral auf dem Hostrechner stattfinden und der Zugriff nur zur Eingabe aktueller Daten auf dem Abteilungsrechner erfolgt, sind Inputmanipulationen leicht möglich. Die zentrale DV hat keine Kontrolle, ob es sich bei den verarbeiteten Daten um richtige oder falsche handelt. Sie schickt lediglich die neuen Ergebnisse in die Fachabteilungen zurück, in denen dann die Auswertungen vorgenommen werden. Nach Liebl kann es daher eintreten, daß diese Eingriffe über Jahre hinaus unbemerkt durchgeführt werden. Die Geschwindigkeit der Datenverarbeitung und -übertragung machen zudem ein schnelles Reagieren auf die beschleunigte elektronische Abwicklung der Geschäfte nur schwer möglich.[30]
Für alle anderen Manipulationen benötigen die Täter spezielle DV-Kenntnisse. Programm- und Outputmanipulationen setzen Programmierkenntnisse voraus. Darüber hinaus müssen die Täter Zugang und Zugriff zur EDVA einschließlich der Konsole haben. Die Eintrittswahrscheinlichkeit dieser Eingriffe ist daher geringer als die der Inputmanipulationen.[31]

---

[29] Vgl. dazu die Fallbeschreibungen bei LIEBL, K.: a.a.O., S. 34ff. und VON ZUR MÜHLEN, R. A. H.: a.a.O., S. 61ff.
[30] Vgl. LIEBL, K.: a.a.O., S. 39.
[31] Vgl. o.V.: Die Dateneingabemanipulation bereitet die größten Probleme, in: COMPUTERWOCHE: 13.Jg., Nr. 43 vom 25.10.1985, S. 33-36, hier S. 33.

4.2.2. Diebstahl und Unterschlagung

Entgegen der in der Literatur zur Computerkriminalität üblichen Einteilung der Tatbestände in vier Hauptkategorien[32] wird in dieser Arbeit der Gefahrenbereich "Diebstahl und Unterschlagung" gesondert behandelt. Auf die diversen Zuordnungsmöglichkeiten zu den anderen Kategorien wird an geeigneter Stelle eingegangen.
Strafrechtlich wird bei Diebstahl unterschieden zwischen leichtem und schwerem Diebstahl (§ 242 StGB). Aus versicherungstechnischer Sicht ist für das Aufzeigen möglicher Gefahren im EDV-Bereich die Einteilung in Diebstahl und Einbruchsdiebstahl jedoch sinnvoller.[33]
Als Unterschlagung (§ 246 StGB) wird "die vorsätzliche rechtswidrige Aneignung einer fremden beweglichen Sache, die sich im Gewahrsam des Täters befindet", bezeichnet.[34]

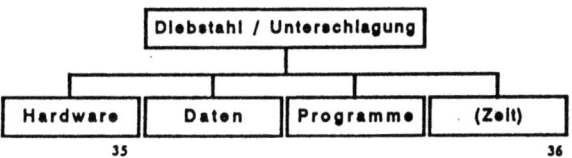

Abb. 12: Entwendungsmöglichkeiten bei Diebstahl und Unterschlagung[37]

Eindeutig anwenden lassen sich die o.g. Paragraphen des StGB, wenn die Straftatbestände die Hardware, (Programm-) Dokumentationen und unbeschriebene Datenträger betreffen.

---

[32] Vgl. FISCHER, T.: a.a.O., S. 19-28; HEIDINGER, J. L., ANDRICH, R.: a.a.O., S. 32; CORDROCH, C.: Komplize, a.a.O., S. 65 und ZIMMERLI, E., ANGST, E.: Die Aufdeckung von Computerdelikten, in: ZIMMERLI, E., LIEBL, K., (Hrsg.): Computermißbrauch - Computersicherheit, Ingelheim 1984, S. 333-386, hier S. 349ff.
[33] Vgl. BREUER, R.: Computer-Schutz, a.a.O., S. 154.
[34] Vgl. BREUER, R.: Computer-Schutz, ebenda, S. 154.
[35] Der Begriff Hardware umfaßt Geräte, Datenträger und Dokumentationen.
[36] Die Tatbestände des Zeitdiebstahls werden aufgrund ihrer Besonderheit in einem eigenen Kapitel (Kap. 4.2.5) behandelt.
[37] Je nach Zielsetzung des Täters werden diese Gefahren auch dem Bereich der (Wirtschafts-)Spionage zugeordnet.

Mit einem Datenträgerdiebstahl ist i.d.R. ein gleichzeitiger
Daten- bzw. Programmdiebstahl verbunden. Diebstahl wird
nicht nur aus reiner Bereicherungsabsicht der Täter[38], sondern oft auch mit dem Ziel der Wirtschaftsspionage ausgeführt.[39]
Von besonderem Interesse sind für potentielle Täter Daten,
die den Absatzbereich des Unternehmens betreffen, wie z.B.
Kundenadressen. Mit zunehmendem Einsatz von CAD/CAE-Systemen
in den Betrieben wird auch der Forschungs- und Entwicklungs-
bereich, der bislang bereits bevorzugtes Ziel krimineller
Aktivitäten war, zu einem Schwerpunktziel der Computerkriminalität werden.
Die Problematik des Datendiebstahls liegt darin begründet,
daß selten eine körperliche Wegnahme feststellbar ist, sondern Kopien oder Ausdrucke von Datenträgern angefertigt bzw.
unberechtigte Terminalabfragen vorgenommen werden.[40] Diese
Taten sind kaum aufklärbar, da ein Nachvollziehen des Tat-
hergangs nur schwer möglich ist, bzw. die Tat, wenn überhaupt, erst sehr spät entdeckt wird. Datenträger- in Verbindung mit Datendiebstahl - könnte sich nach Liebl zum ver-
breitetsten, einträglichsten Delikt der Computerkriminalität
entwickeln.[41]
Das Problem der Programmdiebstähle ist für die überwiegende
Zahl der in dieser Arbeit betrachteten kleinen und mittleren
Betriebe von untergeordneter Bedeutung. Diese Delikte zielen
auf eigenerstellte Software ab, die vom Täter dann in irgendeiner Form weiterveräußert wird.[42] Die Mehrzahl der Fälle von Programmdiebstahl betrifft die Software-Hersteller
und -Vertreiber. Diese Firmen sind überdurchschnittlich von
der Tatsache betroffen, daß auf ein verkauftes Programm ca.
50 Raubkopien kommen. Nach gängiger Rechtsprechung handelt
es sich dabei um Rechtsverletzungen im Sinne des Urheber-

---

[38] In dem britischen Konzern ICI wurden mehr als 500 Magnetbänder mit Konzerndaten gestohlen, für deren Rückgabe die
Täter vom Unternehmen 275.000 Pfund Sterling zu erpressen
versuchten. Vgl. o.V.: Bit-Napper & Co., Den Software-
Klauern an den Kragen, in: CHIP: 2/1984, S. 16-21, hier
S. 16.
[39] Vgl. dazu die Ausführungen in Kapitel 4.2.3.
[40] Diese Delikte sind immer nur in Verbindung mit Manipulationen interner oder externer Täter möglich.
[41] Vgl. LIEBL, K.: a.a.O., S. 64.
[42] Vgl. LIEBL, K.: ebenda, S. 66.

rechts (§ 106 UrhG) sowie um Verstöße gegen das Wettbewerbsrecht (§ 1 UWG).[43] Auf eine Diskussion der rechtlichen Möglichkeiten des Schutzes von Software wird in dieser Arbeit nicht eingegangen.[44]
Die bei DV-Anwendern immer noch stark verbreitete Ansicht, daß es sich beim Kopieren von Software lediglich um ein "Kavaliersdelikt" handelt[45], läßt den Schluß zu, daß auch in kleinen und mittleren Betrieben mit Raubkopien gearbeitet wird. Der Einsatz von Raubkopien verstößt nicht nur gegen die o.g. Gesetze oder vergebenen Lizenzen, sondern bringt eine Reihe von Gefahren für die ordnungsgemäße Abwicklung der DV mit sich. Durch vom Hersteller installierte Sicherungen arbeiten die Kopien eventuell nicht einwandfrei, so daß u.U. mit diesem Programm verarbeitete Datenbestände zerstört werden. Mit Hilfe von Raubkopien eröffnen sich Saboteuren zudem diverse Möglichkeiten, dem DV-Anwender großen Schaden zuzufügen.[46]

4.2.3 Spionage

Bei Spionage handelt es sich allgemein um einen Wissenstransfer mit illegalen Mitteln. Heidinger versteht unter Computerspionage "alle Handlungen, die auf eine unberechtigte Erlangung und/oder Verwertung von Daten und/oder Software-Bestandteilen gerichtet sind, um dem Täter oder Dritten Vermögensvorteile zu verschaffen".[47] Vom Auftraggeber her ist Spionage zu unterscheiden in nachrichtendienstlich ge-

---

[43] Ein erstes richtungsweisendes Urteil erging vom OLG Karlsruhe am 9.2.1983, Az. 6 U 150. Vgl. WENG, G.: Raubkopierer auf Beutezug, in: CHIP: 7/1984, S. 24-28, hier S. 26.
[44] Vgl. dazu bspw. ZAHRNT, C.: Rechtsschutz an Programmen und an Programmunterlagen, in: INFORMATIK SPEKTRUM: 8/1985,
S. 250-259; BECKER, H., HORN, W.: Der Schutz von Computersoftware in der Rechtspraxis, in: DB: Nr. 24 vom 14.6.1985, S. 1274-1278.
[45] Vgl. o.V.: Bit-Napper & Co., ..., a.a.O., S. 18.
[46] Vgl. dazu die Ausführungen in Kapitel 4.2.4.3.
[47] Zu den Vorteilen zählen das Erlangen immaterieller Werte bei oftmals geringen eigenen Kosten sowie die Zeitersparnis bei Entwicklungen.
Vgl. HEIDINGER, J. L., ANDRICH, R.: a.a.O., S. 33.

steuerte, zwischenstaatliche[48] (Wirtschafts-) Spionage oder Konkurrenzspionage[49]. Das Ausmaß der Wirtschaftsspionage wird vielfach seitens der Unternehmen unterschätzt. Bereits 1977 sollen in der Bundesrepublik rund 20.000 Spione in privatem oder staatlichem Auftrag wirtschaftliche Geheimnisse ausgespäht haben.[50] Breuer führt aus, daß es allein in Tokyo ca. 300 private Agenturen gibt, die Konkurrenzspionage im In- und Ausland betreiben.[51] Betroffen sind heute nicht mehr nur Unternehmen, die neue Produkte und Technologien entwickeln. Auch durch die Konzentration betriebsrelevanter Daten mittels der EDV ist zunehmend der betriebswirtschaftliche Bereich von Unternehmen Ausspähungsziel der Konkurrenz.[52]
Spionageangriffen ausgesetzt sind alle Arten von Datenträgern, die Hardware[53], alle Übertragungsleitungen sowie die zugehörigen Dokumentationen. Eine Übersicht der dabei verwendeten Methoden zeigt die folgende Abbildung.

---

[48] Diese Fälle werden i.d.R. kaum bekannt. Bei den aufgedeckten Fällen handelte es sich um sogenannte "Spionageaufkäufe" von Hardware. Der unerlaubte zwischenstaatliche Verkauf von High-Tech-Ware (Embargoverstöße) ist nur ein Randgebiet der Computerspionage und betrifft nicht die in dieser Arbeit betrachteten kleinen und mittleren Betriebe. Vgl. CORDROCH, C: Komplize, a.a.O., S. 65.
[49] In den USA wird Konkurrenzspionage als "agressive marketing" oder "competitive intelligence" bezeichnet. Sie ist somit Teil der Marktforschung bzw. wird bestenfalls als notwendiges Übel angesehen. Vgl. FISCHER, T.: a.a.O., S. 21.
[50] Vgl. AMELUNXEN, C.: Spionage und Sabotage im Betrieb, Heidelberg/Hamburg 1977, S. 3.
[51] Vgl. BREUER, R.: Computer-Schutz, a.a.O., S. 156.
[52] Nach Fischer soll es bereits feste Marktpreise für besonders bedeutsame Datenträger geben. Vgl. FISCHER, T.: a.a.O., S. 22.
[53] Der Einbau eines Senders zum drahtlosen Empfang der elektronischen Impulse in die Zentraleinheit ist nur eine Möglichkeit, die Hardware als Ziel der Spionage zu wählen. Vgl. ZIMMERLI, E., ANGST, E.: a.a.O., S. 369.

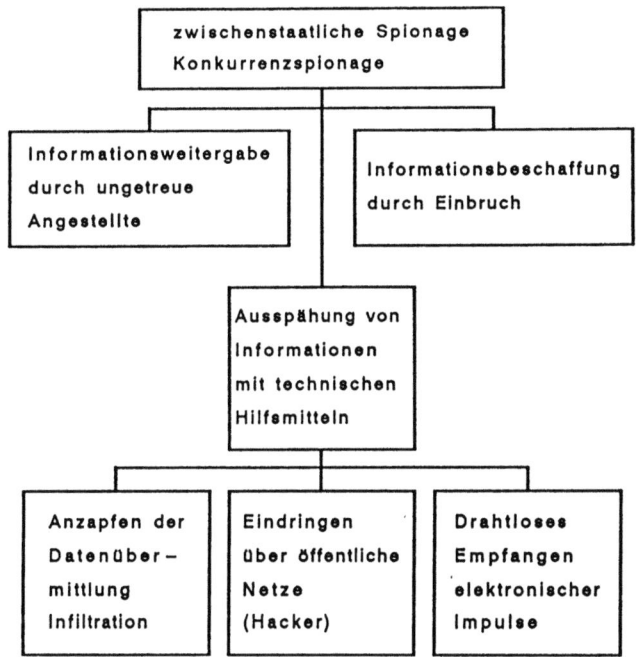

Abb. 13: Methoden der Computerspionage
Quelle: verändert nach ZIMMERLI, E., ANGST, E.: a.a.O., S. 369

4.2.3.1 Informationsweitergabe, Einbruch, Diebstahl, Unterschlagung

Die in Kapitel 4.2.2 beschriebenen Tatbestände sind unter dem Gesichtspunkt der Computerspionage erneut aufzugreifen und um einige Aspekte zu erweitern.
Für die bislang erläuterten Tatbestände des Diebstahls und der Unterschlagung stand das Bereicherungsmotiv der Täter im Vordergrund. Neben der Gewinnsucht zählen die Weltanschau-

ung, Eitelkeit, Frust, Liebe und Rache zu den klassischen
Motiven für die Weitergabe interner Informationen an Dritte;
d.h., nicht nur die Anzahl der Tatmotive vergrößert sich,
sondern auch der Kreis der potentiellen Täter ist zu erweitern.[54]
Die Möglichkeiten interner Täter, an Daten heranzukommen,
sind vielfältig. Durch unautorisierten Datenzugriff in Verbindung mit Outputmanipulationen wie illegalem Kopieren von
Daten und Programmen[55] gelingt es immer wieder, an die in
der Datenverarbeitung konzentriert gespeicherten Daten heranzukommen. Für den Auftraggeber sind, sollte ein Ausspähen
dieser Datenbestände unmöglich sein, darüber hinaus die Auswertung des EDV-Abfallmaterials von Interesse. Dabei handelt
es sich bspw. um Datenrestbestände, Listen und Ausgangsmaterial aus der Entwurfs- und Entwicklungsphase eines Projektes.[56]
Juristisch gesehen sind die Täter anhand der bereits in den
vorangestellten Abschnitten aufgeführten Paragraphen des
StGB, des UWG und des UrhG zu belangen. Zusätzlich können
die Straftatbestände des Verrats von Geschäftsgeheimnissen
(§ 17 UWG), der Verwertung von Vorlagen (§ 18 UWG) und bei
zwischenstaatlicher Spionage die des Landesverrats (§ 94ff.)
vorliegen.

4.2.3.2. Infiltration

Zu den "klassischen" Spionagemethoden gehört das Anzapfen
und Abhören der DV-Anlage und des Datenverkehrs. Durch die
Vernetzung von Informations- und Kommunikationssystemen
kommt dieser Spionagemethode in Zukunft große Bedeutung zu.
Dies bedeutet aber keinesfalls, daß, pauschal gesagt, jeder

---
[54] Vgl. HEIDINGER, J. L., ANDRICH, R.: a.a.O., S. 62-65.
[55] Sieber führt einen Fall auf, bei dem der Täter Spezialprogramme, die in kürzester Zeit große Datenmengen komprimiert und kopiert haben, als harmlose Anwendungsprogramme getarnt, installiert hat. Vgl. SIEBER, U.: Gefahr und Abwehr der Computerkriminalität, in: Betriebs-Berater: Heft 24 vom 30.8.1982, S. 1433-1442, hier S. 1436 (im folgenden zitiert als SIEBER, U.: Gefahr).
[56] Vgl. ZIMMERLI, E., ANGST, E.: a.a.O., S. 369 und FISCHER, T.: a.a.O., S. 24.

in einem Datennetz überall beliebig auf Daten zugreifen kann. Ein "Daten-Selbstbedienungsladen" existiert nur dann, wenn die Zugriffe auf die Daten im Netz nicht technisch geregelt sind. Die folgenden Ausführungen zeigen daher die möglichen vorhandenen Gefahren auf; inwieweit es sich aber um einfache oder schwierig auszuführende technische Vorgänge handelt, sei dahingestellt.[57]
Beim Anzapfen der DV-Einrichtungen unterscheidet man die passive und aktive Infiltration. Während bei der passiven Infiltration der Datenverkehr aufgezeichnet wird, um bspw. Kennworte und Prozeduren herauszufinden, wird bei der aktiven Infiltration ein Spionagerechner[58] in ein Übertragungssystem eingeschaltet. Mit Hilfe dieses Rechners wird der Spion in den Pausen des Datenverkehrs (between lines) oder am Ende des Nachrichtenaustausches (cancel sign off) anstelle eines berechtigten Benutzers aktiv (piggy back) und kommuniziert mit dem angezapften DV-System.[59] Er "maskiert" sich also mit den Berechtigungen eines autorisierten Benutzers und führt unter dessen Identität Manipulationen durch.[60]
Der Gefahr der Infiltration sind dabei alle Einrichtungen der Datenkommunikation ausgesetzt. Konkrete Angriffspunkte für das Anzapfen sind, aufgrund kaum existierender Sicherheitsvorkehrungen, die zur Übertragung verwendeten Inhouse-Leitungen. Sie sind vielfach lediglich in Kunststoffkabelführungen und teilweise sogar ungeschützt über Putz verlegt. In einigen Fällen verlaufen sogar die Hauszuleitungen der Bundespost oberirdisch. Darüber hinaus bilden ungeschützt installierte Abzweigungen und Verteilerkästen neuralgische Punkte.[61] Zusätzliche Sicherheitsrisiken im Netzwerk entstehen durch das inhärente Problem der Datenverarbeitung über

---

[57] Vgl. dazu auch die Ausführungen von LAICHER, E.: Ist der Datenschutz durch PC's gefährdet?, in: RDV: 2/1987, S. 53-58, hier S. 58.
[58] Der eigene Mikrocomputer bspw. kann dabei als "Angriffsrechner" eingesetzt werden. Vgl. POHL, H.: Krimineller Mißbrauch von Mikrocomputern, in: DuD: 2/1987, S. 80-85, hier S. 81.
[59] Vgl. BREUER, R.: Computer-Schutz, a.a.O., S. 157.
[60] Unautorisierter Datenzugriff kann in betrieblichen Informations- und Kommunikationssystemen sowohl von internen als auch externen Tätern ausgeführt werden.
[61] Vgl. BREUER, R.: Computer-Schutz, a.a.O., S. 157.

die Ungewissheit des Standorts und des Benutzers eines Terminals bzw. eines angeschlossenen Mikrocomputers.[62] Ist ein DV-System oder ein Inhouse-Netz an ein öffentliches Netz angeschlossen, steigt die Gefahr der Infiltration durch externe Personen.

4.2.3.3 Eindringen in DV-Systeme über öffentliche Netze

Mit handelsüblichen EDV-Geräten für wenige tausend Mark ist es technisch bereits fähigen Amateuren möglich, die Datenfernverarbeitung abzuhören oder über Wählleitungen in fremde DV-Systeme einzudringen.[63] Die Dienste Btx, Telefax und die Datenübertragung mittels MODEM (MOdulator/DEModulator) werden über das öffentliche Fernsprechnetz abgewickelt. Die Daten aus der DV-Anlage werden dazu über das MODEM bzw. einen Akkustikkoppler mit integriertem MODEM in analoge Signale umgesetzt.[64] Die digitalen Datenübertragungsdienste Datex-L und Datex-P, Telex und Teletex benutzen das IDN. Jedoch kann man sich aus dem Fernsprechnetz nach Datex einwählen und auf diese Weise Rechner mit 48-KBit/s - Anschlüssen erreichen.[65] Die Gefahr, daß Fremde über das Anwählen in DV-Systeme eindringen, betrifft nicht mehr nur Großrechner, für die im Front-End-Prozessor Ports zur Anwahl freigehalten sind, sondern jeden Abteilungsrechner oder PC, der einen derartigen Zugang zu offenen Datenkommunikationsnetzen mit ihren Diensten hat.

Rechnergesteuert wird bei Eindringversuchen über eine gekoppelte Telefonleitung die fremde DV-Anlage angewählt und

---

[62] Eine detailliertere Behandlung einzelner Gefahrenpunkte und Schwachstellen der Rechnervernetzung erfolgt in Kapitel 8.
[63] Vgl. SIEBER, U.: Gefahr, a.a.O., S. 1436 und PFITZMANN, A.: Die Infrastruktur der Informationsgesellschaft, in: DuD: 6/1986, S. 353-359, hier S. 355.
[64] Das einfachste, billigste und am weitesten verbreitete Kommunikationsverfahren ist TTY.
[65] Vgl. ABEL, H., SCHMÖLZ, W.: a.a.O., S. 142-148; STEUER, N.: Verschiedene Sicherheitsstufen im Fernzugriff, in: COMPUTERWOCHE: 12. Jg., Nr. 25 vom 21.6.1985, S. 29-30, hier S. 30 und GARBERS, N.: Programme in Host und PC wechseln wie Schloß und Schlüssel, in: COMPUTERWOCHE: 13. Jg., Nr. 37 vom 12.9.1986, S. 39-42, hier S. 40.

eventuell existierende Sicherheitsmaßnahmen programmgesteuert überwunden bzw. umgangen.[66] Neben den "professionellen" Spionen gibt es eine zweite Kategorie von Eindringlingen, über die man immer wieder in der Tagespresse liest. Es handelt sich hierbei um die sogenannten "Hacker", die in den meisten Fällen aus Neugier[67] bzw. aus "Reiz an der Sache an sich"[68] mit ihren Heim- und Personalcomputern über Akkustikkoppler fremde DV-Systeme anwählen und - im Falle eines gelungenen Eindringens - die gespeicherten Daten lesen, über fremde DV-Systeme untereinander kommunizieren bzw. Nachrichten hinterlassen, um zu dokumentieren, daß sie es geschafft haben, die installierten Sicherheitsmaßnahmen zu umgehen oder auszuschalten. Trotz kontroverser Diskussionen werden die Hacker, obwohl sie sich vielfach am Rande der Legalität bewegen, von Sicherheitsexperten nicht als Kriminelle eingestuft, sondern oft als nützlich angesehen, weil sie aufzeigen, daß viele Sicherheitsvorkehrungen häufig völlig unzureichend und damit "leicht" zu umgehen sind.[69]
Eine weitere Gefahrenquelle für das Eindringen in DV-Systeme bilden Ferndiagnose- und Fernwartungssysteme. Betriebsfremden Personen, wie z.B. Wartungstechnikern, die somit zugriffsberechtigt sind und darüber hinaus die nötigen Kenntnisse besitzen, bieten sie diverse Möglichkeiten der Spionage und anderer Formen des Computermißbrauchs.[70] Bei Fernwartung der Hardware ist die Gefahr gering, daß firmeninterne Daten Außenstehenden bekannt werden, da regelmäßig abgefragte Statusinformationen vom DV-System in eigenen Dateien gespeichert werden. Größere Aufmerksamkeit ist der Fernwartung der Software zuzuwenden. Anwenderdaten können als Dateiaus-

---
[66] Vgl. POHL, H.: a.a.O., S. 84.
[67] Vgl. o.V.: Hacker = Mafia?, in: KES: 5/1986, S. 232-234, hier S. 232.
[68] WECK, G.: a.a.O., S. 23.
[69] Im November 1984 zeigte bspw. ein Mitglied des "Chaos Computer Clubs" aus Hamburg auf der Datenschutzfachtagung in Köln einige Fehlverhaltensweisen von Btx auf, die bei Experten Verunsicherung auslösten. Vgl. o.V.: Wie sicher ist Btx?, in: KES: 1/1985, S. 6-11.
Zur weiteren Untermauerung dieser Aussage sei verwiesen auf: o.V.: Das Problem ist nicht der Hacker, in: ÖVD/Online: 10/1985, S. 36-38 und POHL, H.: a.a.O., S. 84.
[70] Vgl. SIEBER, U.: Gefahr, a.a.O., S. 1436.

schnitte im Puffer und bspw. Paßworttabellen in ferngewarteter systemnaher Software enthalten sein.[71]

4.2.3.4 Kompromittierende Abstrahlung

Auf der SECURICOM in Cannes machten im März 1985 die Holländer van Eck und van Kats "erstmals"[72] auf das Problem der kompromittierenden Abstrahlung des Endgeräts Bildschirm aufmerksam. Sie wiesen nach, daß es möglich ist, abgestrahlte Signale von Bildschirmen noch in Entfernungen bis zu 1000 Metern[73] zu empfangen und mit einfachen technischen Mitteln die abgestrahlten Informationen ohne Manipulation des Aufklärungsobjektes wieder sichtbar zu machen.

Dieses Phänomen basiert, vereinfacht ausgedrückt, auf folgenden physikalischen Grundlagen: Jedes elektrische oder elektronische Gerät gibt über seine angeschlossenen Leitungen elektromagnetische Energie ab, die die Betriebsart oder das Betriebsverhalten charakterisiert. Die Geräte selbst erzeugen elektromagnetische Felder[74], die je nach Intensität erst in einiger Entfernung unter das natürliche elektromagnetische Klima absinken.[75] Kompromittierende Abstrahlung ist somit "die ungewollte bzw. ungeplante Abgabe elektromagnetischer Wellen, die vom (elektrischen) Strom erzeugt werden

---

[71] Vgl. ABEL, H., SCHMÖLZ, W.: a.a.O., S. 283-287.
[72] In der Literatur werden die beiden Holländer als diejenigen aufgeführt, die diese Thematik in bezug auf die kommerzielle Datenverarbeitung publik gemacht haben. Bereits im Oktober 1983 war im Computer Magazin aber ein Artikel von Rasek zu finden, in dem dieser auf die kompromittierende Abstrahlung von Typenraddruckern hinwies. Vgl. RASEK, W.: Datenschutz: Spione unerwünscht, in: **Computer Magazin**: 10/1983, S. 61-62.
[73] Bei Bildschirmen in Metallgehäusen waren die abgestrahlten Informationen bis zu 200 Meter, bei denen in Kunststoffgehäusen bis zu 1000 Meter weit empfangbar. Vgl. KOENEN, H.: Gefahr: Abstrahlung, in: **KES**: 2/1985, S. 60/61, hier S. 60.
[74] Ein elektromagnetisches Feld, welches sich in einem Raum ausbreitet, ist durch die Größen Spannung, Strom, Frequenz und die magnetische Feldstärke gekennzeichnet. Vgl. **NACHTMANN, L.**: Abhören von Computern, in: **CHIP**: 11/1986, S. 252-254, hier S. 252 (im folgenden zitiert als **NACHTMANN, L.**: Abhören).
[75] Vgl. RASEK, W.: a.a.O., S. 61.

und die deshalb Rückschlüsse auf die näheren Umstände des
erzeugenden Stroms zulassen, der diese Wellen erzeugt"[76];
d.h., die Abstrahlung ist dann kompromittierend, wenn sie
Träger von Dateninformationen ist, die durch Rückwandlung in
das Ursprungssignal umgewandelt werden können.[77]
Betroffen von der Abstrahlung sind mehr oder weniger alle in
der Datenverarbeitung eingesetzten Geräte und Leitungen. Bei
Terminals und schneller Datenübertragung im hochfrequenten
Bereich, also im breitbandigen Frequenzbereich von 50 - 500
MHz,[78] handelt es sich um eine elektromagnetische Abstrahlung.[79] Stationäre langsame magnetische Wechselfelder mit
schwachen Signalen entstehen bei magnetischen Speichern.
Starke Signale mit Reichweiten im Meterbereich, hervorgerufen durch die Steuerung der Mechanik, treten bspw. bei
Druckern auf.[80]

Zum Empfang der von Bildschirmen abgestrahlten Signale benötigt der Lauscher lediglich ein modifiziertes[81] Fernsehgerät, welches mit einer - über einen Antennenverstärker mit
variabler Verstärkung - angeschlossenen breitbandigen Dipolantenne versehen ist. Professionelle Spione werden sich damit kaum begnügen, sie werden vielmehr die abgestrahlten Informationen mit einem Videorecorder aufzeichnen und die Auswertung per Computer vornehmen.
Die Gefahren durch die kompromittierende Abstrahlung werden

---

[76] SCHMIDT, W.: Kompromittierende Abstrahlung, in: DuD:
6/1987, S. 276-279, hier S. 276.
[77] Vgl. ABEL, H., SCHMÖLZ, W.: a.a.O., S. 308.
[78] Sie ist ergo vernachlässigbar bei
Übertragungsgeschwindigkeiten bis 100 KBit/s. Vgl. ABEL,
H., SCHMÖLZ, W.: a.a.O., S. 308.
[79] Bei Verwendung von Koaxialkabeln ist sie gering und bei
Glasfaserkabeln praktisch gar nicht zu messen. Allerdings
tritt neben den leitungsgebundenen elektrischen Wellen
die Sekundärerscheinung auf, daß dicht neben der Übertragungsleitung installierte stromleitende Verbindungen wie
Heizungs- und Wasserrohre, Telefonleitungen, Klimakanäle
etc. zu Sendeantennen der kompromittierenden Abstrahlung
werden können.
[80] Vgl. SCHMIDT, W.: a.a.O., S. 276-278 und ABEL, H.,
SCHMÖLZ, W.: a.a.O., S. 308/309.
[81] Die Bildschirminformationen sind im abgestrahlten Frequenzspektrum bereits enthalten; es fehlen allerdings die
horizontalen und vertikalen Synchronimpulse für die Bildschirmaufbereitung. Mit Hilfe zweier Oszillatoren kann
aber jeder Elektronikamateur die Bildsynchronisation erzeugen. Vgl. NACHTMANN, L.: Abhören, a.a.O., S. 252 und
KOENEN, H.: a.a.O., S. 61.

für die meisten der in dieser Arbeit betrachteten kleinen und mittleren Betriebe von untergeordneter Bedeutung sein; jedoch auch dort werden geheime Dokumente und Zeichnungen auf Textverarbeitungs- und CAD-Systemen gespeichert. Sind diese Systeme vernetzt, vergrößert sich das Risiko des Abgehörtwerdens, da nunmehr eine größere Anzahl von DV-Geräten und Übertragungsleitungen dieser Gefahr ausgesetzt sind. Befinden sich geheime Informationen in den Händen der Konkurrenz oder in denen untreuer Mitarbeiter, kann der finanzielle Verlust des Unternehmens sehr groß sein. Die Vernachlässigung der Gefahr der kompromittierenden Abstrahlung kann zudem jedes noch so aufwendige Sicherungssystem in Frage stellen.

4.2.4 Computersabotage

Die Computersabotage umfaßt diejenigen bewußt und zielgerichtet durchgeführten Aktivitäten von Mitarbeitern und betriebsfremden Personen, die den EDV-Betrieb stören oder unmöglich machen. Zu den häufigsten Tatbeständen der Computersabotage zählen die Brand- und Sprengstoffanschläge.[82] Die in den Medien genannten Anschläge betreffen allerdings nicht die kleinen und mittleren Betriebe, sondern vielmehr Rechenzentren und die Datenverarbeitung großer Unternehmen.[83] Den Tätern geht es dabei weniger um das Erlangen finanzieller Vorteile, als um das Zerstören von Vermögenswerten. Die Motive der Saboteure können ganz unterschiedlicher Natur sein. Bei der Durchführung derartiger Anschläge handelt es sich neben politisch motivierten Tätern um allgemeine Krimi-

---

[82] Vgl. SIEBER, U.: Gefahr, a.a.O., S. 1436; CORDROCH, C.: Komplize, a.a.O., S. 65; BREUER, R.: Computer-Schutz, a.a.O., S. 152 und LIEBL, K.: a.a.O., S. 70/71.
[83] Bspw. wurde am 30.1.1982 ein Brandanschlag auf das Bauamt des Landkreises Göttingen verübt, bei dem das Rechenzentrum auch beschädigt wurde. Nachdem im Februar 1981 bereits ein Brandsatz in diesem Gebäude gezündet wurde, war dies der zweite Anschlag auf das Bauamt und seine Datenverarbeitung. Weitere Brand- und Sprengstoffanschläge neueren Datums werden beschrieben in DAHMEN, H.: Sicherheit für das Rechenzentrum, in: ÖVD/Online: 5/1985, S. 46-50.

nelle mit Hang zum Vandalismus (z.B. Brandstifter).[84] Die
Gefahr der Computersabotage in kleinen und mittleren Betrieben wird eher von unglücklichen, verärgerten Beschäftigten
bzw. ehemaligen Mitarbeitern, die aus Rache handeln, ausgehen. Sabotageakte der Konkurrenz sind, um die Tatmotive zu
vervollständigen, ebenfalls nicht auszuschließen.[85] Eine
Übersicht möglicher Ziele für Sabotageakte gibt die folgende
Abbildung.

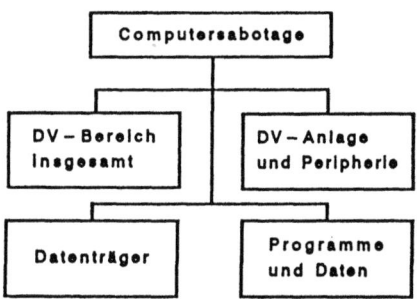

Abb. 14: Angriffsziele der Computersabotage

Als Straftatbestände für Computersabotage kommen beispielsweise Sachbeschädigung (§303 StGB), Zerstörung von Bauwerken
(§305 StGB), Brandstiftung (§308 StGB) und die Herbeiführung
einer Sprengstoffexplosion (§311 StGB) in Frage. Die gewaltlose Vernichtung von Programmen und Daten fällt unter den
Straftatbestand des §303 StGB.[86]
In den nachfolgenden Abschnitten werden mögliche Gefahren
für die Datenverarbeitung kleiner und mittlerer Betriebe
durch gewaltsame und gewaltlose Sabotageakte interner und
externer Täter behandelt. Auf die Behandlung von Brand- und
Sprengstoffanschlägen politisch motivierter Täter wird verzichtet.

---

[84] Vgl. HEIDINGER, J. L.: Computer-Kriminalität, in: GELDIN-STITUTE: 5/1984, S. 51/52, hier S. 52 (im folgenden zitiert als HEIDINGER, J. L.: Computer-Kriminalität).
[85] Vgl. HEIDINGER, J. L.: Computer-Kriminalität, ebenda, S. 52 und LIEBL, K.: a.a.O., S. 70/71.
[86] Vgl. SCHADENSSPIEGEL DER MÜNCHNER RÜCKVERSICHERUNGS-GESELLSCHAFT: Heft 2, München 1978, S. 21ff.

4.2.4.1 Gewaltsame Sabotageakte gegen die Hardware und Datenträger

Die gewaltsamen Sabotageakte zielen einerseits auf die Beschädigung oder die Zerstörung der Hardware und der Infrastruktur der Datenverarbeitung ab, andererseits betreffen sie das Löschen und Unbrauchbarmachen von Datenträgern mit auf ihnen gespeicherten Daten und Programmen.[87] In kleinen und mittleren Betrieben werden die Täter überwiegend in den Reihen der Mitarbeiter zu suchen sein, die aus Rache oder persönlicher Verärgerung dem Betrieb oder auch nur dem Computer als vermeintlichem Gegner einen "Denkzettel verpassen" wollen.[88] Dabei wird es sich auch weniger um so spektakuläre Fälle handeln, daß auf die EDV-Anlage geschossen wird,[89] sondern die Frustration wird sich spontan gegen Teile der DV-Anlage wie die Tastatur, den Bildschirm oder die Plattenlaufwerke richten. Dem Einfallsreichtum der Täter sind bei diesen Sabotageakten keinerlei Grenzen gesetzt - genügt doch beispielsweise eine Tasse Kaffee mit Salz oder ein Haarspray, um die Tastatur oder die Platinen einer Zentraleinheit zu zerstören. Angriffsziel der Saboteure ist aber nicht nur die Hardware selbst, sondern bei Betrieben mit eigener DV-Abteilung ist die Stromversorgung und die Klimatisierung ein ebenso "erfolgversprechendes" Ziel, um den ordnungsmäßigen Ablauf der Datenverarbeitung zu stören und die Anlage zu beschädigen.[90]
Ein weiterer Gefahrenbereich ist durch die weitgehende Abhängigkeit des Betriebes von den Daten und Programmen gegeben. Gewaltsamen Sabotageakten ausgesetzt sind oft auch die Datenträger, deren Vernichtung bzw. das Löschen der darauf

---
[87] Vgl. ZIMMERLI, E., ANGST, E.: a.a.O., S. 375/376.
[88] Vgl. FISCHER, T.: a.a.O., S. 27.
[89] Vgl. LIEBL, K.: a.a.O., S. 71.
[90] Auf eine Schilderung weiterer Möglichkeiten, den Ablauf der Datenverarbeitung zu stören oder die Hardware zu beschädigen, wird an dieser Stelle verzichtet. Vgl. dazu die Fallschilderungen bei **BREUER, R.**: Computer-Schutz, a.a.O., S. 153/154; DROUX, R.: a.a.O., S. 209-213; **FISCHER, T.**: a.a.O., S. 27/28; **LIEBL, K.**: a.a.O., S. 71; **VON ZUR MÜHLEN, R. A. H.**: a.a.O., S. 97ff. und **ZIMMERLI, E., ANGST, E.**: a.a.O., S. 376.

abgespeicherten Daten und Programme das Unternehmen stark schädigen.[91]

4.2.4.2 Gewaltlose Sabotageakte durch Programme, Programm- und Datenveränderungen

Bei den gewaltlosen Sabotageakten handelt es sich um bewußt herbeigeführte Verfälschungen und Löschungen von Daten und Programmen. Bei der Betrachtung dieser Delikte ist zu unterscheiden, ob die Verfälschung oder Löschung durch direkten Zugriff oder durch programmgesteuertes Erzeugen falscher Daten zustande kam.[92] Im zweiten Fall werden Programme eingesetzt bzw. derart verändert, daß sie nach Ablauf einer bestimmten Zeit Datenbestände und/oder Programme löschen. Da diese Crash-Programme u.U. bereits sehr lange im DV-System auf ihre Aktivierung warten, werden sie als "logische Bombe" oder "trojanisches Pferd" bezeichnet.[93] Der Täter ist bei diesen Sabotageakten im nachhinein oft nur schwer ermittelbar. Folgt man der Literatur, ist der potentielle Täterkreis, der diese Delikte begeht, im eigenen Unternehmen zu suchen.[94] Sicherlich mag das für die Fälle zutreffen, in denen Daten und Programme durch direkten Zugriff geändert und verfälscht werden. Die Installation von "logischen Bomben" kann allerdings nicht nur von internen Tätern, ggf. ehemaligen Mitarbeitern, vorgenommen werden, sondern es kann sich, aufgrund der in Kapitel 3.4 geschilderten Vernetzungsmöglichkeiten der DV-Systeme, ebensogut um externe Täter handeln, die z.B. über Wählleitungen in das System eingedrungen sind. Neben den bereits erwähnten ausgebildeten Saboteuren

---

[91] Es kann sich bei der Löschung magnetisierbarer Datenträger bspw. um eine Bestreichung mit starken Magneten handeln; aber auch die Veränderung der Datenträgerbeschriftung, z.B. die Verwendung eines anderen gebräuchlichen Namens oder die Veränderung des aktuellen Datums der gespeicherten Information kann bei der Verarbeitung zu Datenverlusten führen. Vgl. FISCHER, T.: a.a.O., S. 26 und ZIMMERLI, E., ANGST, E.: a.a.O., S. 376.
[92] Vgl. POHL, H.: a.a.O., S. 82.
[93] Vgl. LIEBL, K.: a.a.O., S. 71.
[94] Vgl. FISCHER, T.: a.a.O., S. 27; LIEBL, K.: a.a.O., S. 71/72; SIEBER, U.: Computerkriminalität, a.a.O., S. 93 und ZIMMERLI, E., ANGST, E.: a.a.O., S. 375/376.

kommen radikalisierte jugendliche Computerfreaks, die sogenannten Cracker, als Täter in Frage.[95]

4.2.4.3 Computer - Viren

Eine neue Klasse von Möglichkeiten, DV-Systeme durch Programme unbrauchbar zu machen, geht auf F. Cohen im Jahre 1984 zurück.[96] In seinen Versuchen experimentierte er mit Programmen, die, in ein "gesundes" DV-System implantiert, dieses in kürzester Zeit "verseuchen". Als Virus wird im folgenden ein Programmbaustein bezeichnet, der die Eigenschaft hat, den ordnungsmäßigen Ablauf eines Programms zu verhindern. Ein Virus fügt immer dann eine Kopie von sich selbst in ein anderes (gesundes) Programm ein, wenn dieses noch nicht infiziert war. Dieses Programm wirkt nun seinerseits als Virus, so daß es, ähnlich den biologischen Viren, zu einer lawinenartigen Ausbreitung des Virus kommen kann, die letztendlich zum Zusammenbruch des ganzen Systems führt. Viren sind durch zwei Eigenschaften, ihre Transitivität[97] und ihre Unsichtbarkeit[98], gekennzeichnet. Beim Aufruf eines infizierten Programms durchläuft dies entweder eine endlose Programmschleife, blockiert durch Befehle die Funktionen des DV-Systems oder überschreibt die Datenbestände und Programme mit einer sinnlosen Zeichenfolge und zerstört sie damit. In diesem Sinne kann ein Virus gleichzeitig wie ein trojanisches Pferd wirken.[99]

---
[95] Die Cracker werden oft den Hackern gleichgestellt. Während diese jedoch aus Neugier die Daten nur lesen, haben die Cracker von vornherein zerstörerische Absichten. Vgl. POHL, H.: a.a.O., S. 82.
[96] Vgl. COHEN, F.: Computer Viruses - Theory and Experiments, University of Southern California, 31.8.1984.
[97] Viren können die Grenzen von einem Benutzer zum anderen dadurch überschreiten, daß der erste seine Programme anderen zugänglich macht und einen schreibenden Zugriff erlaubt.
[98] Man sieht es Programmen nicht an, ob sie verseucht sind oder nicht. Auch die heutigen Betriebssysteme sind nicht in der Lage, dies zu entscheiden. Zudem gibt es Viren, die erst nach einer bestimmten, vom Implanteur festgelegten Zeit aktiv werden.
[99] Vgl. ABEL, S: a.a.O., S. 76/77; DIERSTEIN, R.: Computer-Viren, Teil 1, in: KES: 3/1985, S. 77-86.

Nachdem ein Virus erfolgreich in ein DV-System hineingelangt ist, vollzieht sich seine Ausbreitung im System auf legalen Wegen. Besonders gefährlich ist ein Virus dann, wenn es gelingt, ihn in das Betriebssystem oder in die Dienstprogramme einzuschleusen. Nur DV-Systeme und Netzwerke mit eingeschränkten Transaktionen und begrenzter Mehrfachbenutzung bieten einen gewissen Schutz gegen eine Infizierung. Nahezu schutzlos sind von ihrer Philosophie her offene Systeme, wie die in kleinen und mittleren Betrieben häufig eingesetzten Personal Computer. Bei eigenen Versuchen mit einem "harmlosen" Demonstrations-Virus[100] auf einem IBM-PC mit zwei Diskettenlaufwerken ist es öfter vorgekommen, daß unbeabsichtigt Programme verseucht wurden, die sich zufällig auf den zu Testzwecken verwendeten Sicherungskopien befanden. Hätten die Versuche auf mit Festplatte ausgerüsteten Personal Computern stattgefunden, wäre der verursachte Schaden recht groß gewesen.[101]

Die Gefahr, daß ein DV-System, z.B. ein Personal Computer oder ein Netzwerk, von Viren verseucht wird, geht nicht nur von den bereits erwähnten Saboteuren durch direkte Implantation aus, sondern kann beispielsweise unbewußt durch den Einsatz unzulässig kopierter Anwendungssoftware hervorgerufen werden. Auch durch die diversen Vernetzungsmöglichkeiten kann ein Virus den Weg in das DV-System finden.[102] Man denke nur an die Möglichkeiten, Bestellungen direkt über Btx abzuwickeln. Die Ausbreitungsmöglichkeiten eines Virus, z.B. innerhalb eines Bürokommunikationssystems, kann dann u.U. die

---

[100] Dieses Virus-Programm wurde zu Demonstrationszwecken vom Hamburger Chaos Computer Club entwickelt. Der Virus verseuchte die Programme insofern, als er bei Aufruf eines Programms die Eingabe einer Ziffer in Abhängigkeit von der Virusgeneration verlangte. Wurde richtig geraten, so lief das Anwendungsprogramm ordnungsgemäß ab, bei falscher Eingabe der geratenen Zahl wurde die Programmausführung verweigert.

[101] Ähnliche Erfahrungen und Wirkungen von Viren auf dem ATARI ST Personal Computer beschreibt Krabel in seinem Aufsatz. Vgl. KRABEL, E.: Die Viren kommen, in: c't: 4/1987, S. 108-117.

[102] Vgl. dazu o.V.: Viren greifen an, in: CHIP: 2/1986, S. 26-28.

gesamte Datenverarbeitung und Kommunikation des Betriebes zusammenbrechen lassen.[103]

4.2.5 Unberechtigte Benutzung von DV-Anlagen - Zeitdiebstahl

Für die unberechtigte Benutzung von DV-Anlagen hat sich der Begriff Zeitdiebstahl manifestiert, obwohl im Sinne des Wortes keine Zeit gestohlen wird.
Es handelt es sich dabei um ein neuartiges Delikt, das erst mit Einführung der elektronischen Datenverarbeitung auftrat. Zeitdiebstahl umfaßt die Fälle, in denen Rechenzeit des Computers direkt an Außenstehende verkauft bzw. für Arbeiten genutzt wird, die dem oder den Tätern zu Lasten des Eigentümers oder des Mieters der EDVA erhebliche Vorteile bringen.[104]
Zeitdiebstahl stellt keine besondere Gefährdung im Sinne der vorangestellten Computermißbräuche dar. Direkt meßbarer Schaden für das Unternehmen tritt dann auf, wenn der Betrieb die tatsächlich genutzte Zeit der EDVA als Miete zahlen muß, bei eigener Anlage handelt es sich um erhöhte Anlagen- und Energiekosten. Hinzu kommt, daß der Täter seinem Arbeitgeber u.U. Kunden abwirbt.[105]
Nicht nur Insider sind in der Lage, die Einrichtungen eines DV-Systems mißbräuchlich in Anspruch zu nehmen. Externen Tätern ist dies dann möglich, wenn die EDVA über Wählleitungen erreichbar ist, und der "Zeitdieb" nach Herausfinden des Zugriffscodes den Rechner für seine Zwecke nutzt.
Einschlägige Rechtsvorschriften zur Erfassung von Zeitdiebstählen fehlen in der Bundesrepublik gänzlich. Bei Verfolgung dieser Straftaten muß daher geprüft werden, inwieweit andere, bereits genannte Straftatbestände vorliegen.

---

[103] Vgl. HEIDER, F.-P.: Viren können als abstrakte Kanäle angesehen werden, in: COMPUTERWOCHE: 12. Jg., Nr. 38 vom 20.9.1985, S. 78/79.
[104] Als Zeitdiebstahl wird nicht nur die Nutzung des Rechners selbst, sondern auch die der Ausführung firmeneigener Programme für andere bezeichnet. Vgl. CORDROCH, C.: Komplize, a.a.O., S. 65 und FISCHER, T.: a.a.O., S. 24/25.
[105] Vgl. SIEBER, U.: Gefahr, a.a.O., S. 1437.

4.3 Gefahren für die DV durch technische Einflüsse

Bei den Gefahren durch technische Einflüsse sind die Risiken überschaubar. Der DV-Anwender selbst ist in diesem Bereich weniger gefordert als die Hersteller. Nach Heidinger erreichen die meisten Computer heute eine Einsatzbereitschaft zwischen 97 und 98 Prozent. Den Defekten, verursacht durch Verschleiß und Abnutzung, kann der Anwender mit regelmäßiger Wartung und Pflege der Technik begegnen.[106] Dennoch kann es trotz richtiger Bedienung und Beachtung der technischen Vorschriften zu Schadensfällen kommen, deren Ursachen nicht nur bei den Geräten selbst liegen, sondern auch durch Umgebungseinflüsse entstehen können.

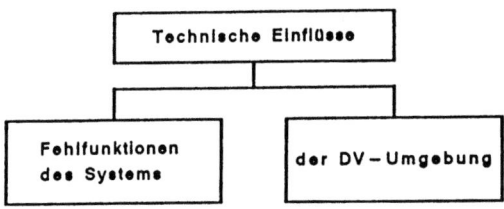

Abb. 15: Gefahren durch technische Einflüsse

4.3.1 Fehlfunktionen der Software, Hardware und der Datenträger

Fehlfunktionen können bei den eingesetzten System- und Anwendungsprogrammen, der eingesetzten Zentraleinheit und Peripherie sowie den Datenträgern auftreten.
Programmfehler bei Systemsoftware und gekaufter Anwendungssoftware guter Qualität treten relativ selten auf und sind vom Anwender nicht zu beeinflußen. Anders verhält es sich mit selbsterstellter Anwendungssoftware, die vor ihrem Einsatz in der Produktionsphase nicht oder nur unzureichend ge-

---
[106] Vgl. HEIDINGER, J. L., ANDRICH, R.: a.a.O., S. 31.

testet wurde. Häufig treten derartige Fehler, die im günstigsten Fall lediglich den Abbruch der Verarbeitung zur Folge haben, nur unter bestimmten Eingabe- oder Verarbeitungsbedingungen auf. Mit einem Neustart des Systems kann anschließend die Verarbeitung fortgesetzt werden. Der verursachte Schaden ist aber weit höher, wenn infolge des Programmfehlers zusätzlich Datenbestände verfälscht oder zerstört werden.

Bei Hardwarefehlern sind defekte mechanische oder elektronische Teile der EDV-Anlage oder der Peripherie die Ursache. Beispielhaft seien für Hardwarefehler die durch verstellte Schreib-/Leseköpfe entstehenden Schreib-/Lesefehler genannt.[107]

Beim Einsatz von Datenkommunikationseinrichtungen kommt in diesem Zusammenhang dem Problem der sicheren Datenübertragung besondere Bedeutung zu.

Eine weitere Ursache für Hardwarefehler ist in den Kompatibilitätsproblemen zwischen den einzelnen Systemkomponenten zu sehen. Sie treten auf, wenn in einwandfrei funktionierende Konfigurationen neue Geräte integriert werden, die bspw. einen anderen Code zur Steuerung verwenden.

Die heute in der DV am häufigsten verwendeten Massenspeicher sind magnetische Datenträger. Bei Datenträgern, die lange Zeit nicht benutzt worden, und bspw. aufgrund von einzuhaltenden Aufbewahrungsfristen im Archiv gelagert sind, läßt die Magnetisierung im Laufe der Zeit nach. Es kann daher der Schadensfall eintreten, daß die auf einem Magnetband oder einer Magnetbandkassette gespeicherten Daten nach einigen Jahren nur noch teilweise lesbar sind.

---

[107] Bei verstellten Schreib-/Leseköpfen lassen sich bspw. längere Zeit nicht benutzte Daten nicht mehr lesen. Zu einem späteren Zeitpunkt gespeicherte Daten aber sind weiterhin verarbeitbar. Durch eine Justierung des Schreib-/Lesekopfes sind dann zwar die älteren Datenbestände wieder verfügbar, die neueren allerdings unlesbar. Vgl. **ALEANAKIAN, G., KÜHNAU, W.**: a.a.O., S. 18.

4.3.2 Fehlfunktionen durch technische Einflüsse der DV-Umgebung

Ursachen für Fehlfunktionen des DV-Systems liegen häufig im technischen und baulichen Umfeld der Datenverarbeitung begründet. Diesen Gefahrenquellen wird aber selten die nötige Beachtung zuteil, da deren Auswirkungen sich im Verborgenen abspielen. Erst bei einem Schadenseintritt, der u.U. ein Totalausfall des DV-Systems sein kann, wird die Gefahrenquelle offensichtlich. Ausgesetzt sind diesen Gefahren alle DV-Anlagen; sie betreffen auch die in den kleinen und mittleren Betrieben überall einsetzbaren Mikrocomputer. Räumliche Enge und unzureichende bauliche Maßnahmen vermehren die im folgenden geschilderten Gefahren.

Der erste an dieser Stelle betrachtete Gefahrenbereich ist die Stromversorgung des DV-Systems. Breuer unterscheidet typische Störfaktoren der Stromversorgung und außergewöhnliche Störursachen.[108] Jedem DV-Betreiber muß klar sein, daß durch Einflüsse im Versorgungsnetz oder durch betriebsbedingte Umschaltungen im Netz Unterbrechungen im Millisekunden bis Sekundenbereich auftreten können, die er nicht beeinflussen kann. Die minimalen Netzeinbrüche führen i.d.R. zu logischen Fehlern in der Datenverarbeitung, können aber auch den "Absturz" des laufenden Programms verursachen. Schäden an der Hardware können durch Kurzschlüsse, Spannungsspitzen oder Schmorschäden eintreten. Die Behebung von Schmorschäden bedeutet zudem einen längeren Stillstand der Datenverarbeitung. Überspannungen können beispielsweise zu Kettenreaktionen in der Zerstörung von Bauteilen führen, da die Spannung viel zu schnell ansteigt und die Regelelektronik eines im Computer eingebauten Netzteils mit geregelter Ausgangsspannung dagegen nicht wirken kann.[109] Sind DV-Systeme vernetzt,

---

[108] Zu den typischen Störfaktoren zählen langsame Netzspannungsschwankungen, Spannungsspitzen, HF-Überlagerungen, zyklische Deformationen, harmonische Verzerrungen und kurzzeitige Netzunterbrechungen. Als außergewöhnliche Störursachen gelten Kurzschlüsse und Schmorschäden in der Stromversorgung sowie Stromausfall und Netzzusammenbrüche. Vgl. BREUER, R.: Computer-Schutz, a.a.O., S. 95/96.
[109] Vgl. KRÖGER, S.: Elektroschock im Mikrochip, in: CHIP: 3/1986, S. 66-68, hier S. 67.

steigen die Gefahren durch die Ausbreitung unerwünschter Spannungen. Über die Signalleitungen kann die Gefahr, die ansonsten nur eine DV-Anlage betroffen hätte, im Netz weitere Schäden verursachen. Darüber hinaus ist bei Störungen in der Stromversorgung immer mit der Gefahr eines Head-Crashs zu rechnen. Mit der Zerstörung der Schreib-/Leseköpfe und Platten ist ein gleichzeitiger Datenverlust verbunden. Datenverarbeitungsanlagen benötigen, um einwandfrei funktionieren zu können, ein dauerkonstantes Klima. Dies trifft weniger für Mikrocomputer als für mittlere EDV-Anlagen zu.[110] Die Gefahren liegen in zu hoher Luftfeuchtigkeit; dies kann zu Korrosionsprozessen und diese wiederum zu Kurzschlüssen führen. Luftverunreinigungen im DV-Bereich durch Papierverarbeitung, Rauchen, etc. haben u.U. Bandschlupf, Fehlpositionierungen der Schreib-/Leseköpfe oder sogar einen Head-Crash zur Folge. Gasförmige Schadstoffe und flüssige Bestandteile in der Außenluft können dieselben Schäden verursachen.[111]

Infolge der Stromversorgung und Klimatisierung kann es zu elektrostatischen Aufladungen kommen, die auch durch auf Teppichböden gehenden Personen oder rollenden Transportmitteln hervorgerufen werden können. Es baut sich dabei ein Spannungspotential bis zu 30.000 Volt auf, das sich bei Berührung entlädt und jeglicher Elektronik großen Schaden zufügen kann.[112]

Gegen Störeinstrahlungen sind heutige EDV-Anlagen hinreichend resident. Hochfrequente Einstrahlungen, verursacht durch Rundfunk- und Fernsehsender, Richtfunk, HF-Industrieöfen, HF-Laboratorien, etc. werden aber nicht abgefangen. Diese Einstrahlungen führen, sofern die DV-Anlage in ihrem Wirkungsbereich liegt, zu Verarbeitungsfehlern.[113]

---

[110] Jedoch auch Mikrocomputer vertragen keine Hitze und zu hohe Luftfeuchtigkeit. Ihr Arbeitstemperaturbereich liegt zwar zwischen 5 bis 40 Grad Celsius - ideal ist aber eine Raumtemperatur von 20 Grad. Die Lebensdauer der Bauelemente geht bei einer um 14 Grad Celsius höheren Raumtemperatur um die Hälfte zurück. Vgl. o.V.: Rechner zwischen heiß und kalt, in: **CHIP**: 10/1984, S. 272-274, hier S. 272.
[111] Vgl. **BREUER, R.**: Computer-Schutz, a.a.O., S. 75-80.
[112] Vgl. o.V.: Gefährlicher Funkenschlag, in: **CHIP**: 9/1984, S. 200-202, hier S. 200 und **BREUER, R.**: Computer-Schutz, a.a.O., S. 115.
[113] Vgl. **BREUER, R.**: Computer-Schutz, a.a.O., S. 141.

4.4 Gefahren für die DV durch sonstige äußere Einflüsse

Die in diesem Kapitel behandelten Gefahren für die Datenverarbeitung kleiner und mittlerer Betriebe umfassen all die vom Unternehmen nicht beeinflußbaren Ursachen, die von außen einwirken. Sie werden in der Literatur überwiegend unter dem Begriff "Höhere Gewalt" zusammengefaßt.[114] Dieser Ausdruck ist für die nachfolgend aufgeführten Gefahren unpassend, so daß er in dieser Arbeit nicht weiter verwendet wird. Mit den meisten der zu nennenden Gefahren werden die kleinen und mittleren Betriebe auch kaum konfrontiert, ihr Eintreten ist andererseits auch nicht ganz ausgeschlossen. Daher sind sie der Vollständigkeit halber in diesem Abschnitt zusammengefaßt.

Je nach regionaler Ansiedlung des Unternehmens ist dieses und damit auch die Datenverarbeitung Naturkatastrophen wie Flut, Sturm, Gewitter, Erdbeben, Erdrutsch, Erdsenkungen mit Folgen wie Brand, Blitzeinschlägen, Wassereinbrüchen und ähnlichem ausgesetzt.[115]
Zu nennen sind weiterhin Gefahren durch Chemieunfälle, Explosionen und Unfälle, verursacht durch Fahrzeuge mit gefährlicher Ladung, sowie Abstürze von Flugkörpern.[116] Letztlich zählen Krieg, Bürgerkrieg und ähnliche Gewaltakte zu den möglichen Gefährdungen der Datenverarbeitung.[117]

---

[114] Vgl. dazu **ALBANAKIAN, G., KÜHNAU, W.**: a.a.O., S. 22ff.; **HEIDINGER, J. L., ANDRICH, R.**: a.a.O., S. 30.
[115] Brand- und Wasserschäden können darüber hinaus selbstverständlich noch andere Ursachen haben. Vgl. zu dieser Thematik BREUER, R.: Computer-Schutz, a.a.O., S. 19ff. und S. 119-129.
[116] Vgl. BREUER, R.: Computer-Schutz, ebenda, S. 142-145.
[117] Die in diesem Abschnitt aufgeführten Gefahren werden in den nachfolgenden Kapiteln nicht wieder aufgegriffen.

5 Die gesetzliche Verpflichtung kleiner und mittlerer Betriebe zu Datenschutz und Datensicherung

Das Datenschutzproblem gab es zwar schon immer, jedoch führte das gesteigerte Problembewußtsein der Bürger und DV-Anwender Mitte der 70er Jahre dazu, daß der Gesetzgeber mit dem "Gesetz zum Schutz vor Mißbrauch personenbezogener Daten bei der Datenverarbeitung", kurz Bundesdatenschutzgesetz (BDSG) genannt, einen Rahmen für die Erhaltung der Privatsphäre des Einzelnen durch die Auswirkungen der elektronischen Datenverarbeitung geschaffen hat. Mit diesem Gesetz will der Gesetzgeber "den Einzelnen vor den Gefahren schützen, die eine Verarbeitung seiner Daten mit sich bringt".[1]
Der Begriff "Datenschutz" suggeriert zwar den Eindruck, daß damit ein "Schutz der Daten" an sich gemeint ist[2], dahinter verbirgt sich jedoch ein Bündel von Maßnahmen, die einen Rahmen für einen wirksamen Schutz personenbezogener Daten festlegen. Das Gesetz macht dabei keine Unterscheidung, wer diese Daten (Behörden oder Privatunternehmen) auf welche Weise (manuell oder automatisch) verarbeitet.[3]
1985 ist durch das "Volkszählungsurteil" des BGH und die daraus resultierenden Forderungen nach einer Verstärkung des Datenschutzes eine Diskussion eröffnet worden, in der auch in der Wirtschaft eine Novellierung der bisherigen Regelungen gefordert wurde.[4] Im Januar 1986 lag der Entwurf eines Gesetzes zur Änderung des BDSG vor; danach soll das BDSG in

---

[1] Vgl. SIMITIS, S., et al.: Kommentar zum Bundesdatenschutzgesetz, 3. Aufl., Baden-Baden 1981, S. 70.
[2] Da es sich nicht um einen "Schutz von Daten", sondern um den "Schutz des Menschen" handelt, hält Fiedler den Begriff "Verdatungsschutz" für exakter. Vgl. FIEDLER, H.: Datenschutz und Gesellschaft, in: STEINMÜLLER, W., (Hrsg.): Informationsrecht und Informationspolitik, Bd. 1, München 1976, S. 179-195, hier S. 194.
[3] Vgl. SIMITIS, S., et al.: a.a.O., S. 70/71 und S. 93.
[4] Die Meinungen reichen von der Beibehaltung der bisherigen Regelungen, einem eigenen Datenschutzgesetz nur für den nicht-öffentlichen Bereich, einer Verlagerung der Datenschutzregelungen in das Verwaltungsverfahrensgesetz bzw. das BGB bis hin zu der Forderung, den nicht-öffentlichen Bereich aus der Datenschutzgesetzgebung auszuklammern. Vgl. TUNER, L.: Datenschutz: öffentlich und nicht-öffentlich?, in: Online: 1/1986, S. 76-81, hier S. 76.

"Gesetz zum Schutz personenbezogener Daten in Dateien" umbenannt werden.[5] Im ersten Teil dieses Kapitels werden zunächst die in der Literatur häufig synonym verwendeten, mit unterschiedlichen Inhalten versehenen oder zu eng gefaßten Begriffe Datenschutz, -sicherung und -sicherheit gegeneinander abgegrenzt und für diese Arbeit definiert. Kapitel 5.2 befaßt sich mit den Grundlagen für den Datenschutz in kleinen und mittleren Betrieben auf der Basis des BDSG. Der dritte Abschnitt behandelt das Zusammenwirken des BDSG mit weiteren Rechtsvorschriften zum Persönlichkeitsschutz. Es folgt in Kapitel 5.4 eine Betrachtung der grundlegenden Aspekte der Datensicherung.

5.1 Erweiterung der Definitionen Datenschutz, Datensicherung und Datensicherheit

Die Thematik Datenschutz und Datensicherung befaßt sich hauptsächlich mit der Beantwortung der Fragen:
- Was ist zu schützen ?
- Wie ist dieser Schutz zu realisieren ?

Aus § 1 Abs.1 BDSG ist abzuleiten, daß die Wahrung der "schutzwürdigen Belange" des von der Datenverarbeitung Betroffenen das Hauptanliegen des Datenschutzes ist; damit ist, vereinfacht gesagt, der Schutz der Privatsphäre des Einzelnen gemeint, deren verfassungsrechtliche Grundlage auf den Artikeln des Grundgesetzes der Bundesrepublik Deutschland beruht.[6] Datenschutz befaßt sich also mit Fragen der Vertraulichkeit und Geheimiswahrung. In der Literatur zur Datenverarbeitung ist der Begriff Datenschutz teilweise erweitert und mit anderen Inhalten versehen worden. Stahl-

---
[5] Vgl. o.V.: Synopse zur Novelle des Bundesdatenschutzgesetzes, in: DuD: 2/1986, S. 75-99, hier S. 75.
[6] Als verfassungsrechtliche Grundlage des Datenschutzes kommen die Artikel 1 Abs.1, Art. 2 Abs.1, Art. 5 und die Art. 8 bis 10 GG in Betracht. Vgl. SIMITIS, S., et al.: a.a.O., S. 95.

knecht bspw. definiert Datenschutz als Schutz von Daten, DV-Anlagen und Programmen vor mißbräuchlicher Benutzung.[7] Eine andere Auffassung vertritt Weck, der den Datenschutz als einen Bereich versteht, welcher sich "im wesentlichen mit Fragen moralischer, politischer und juristischer Art bezüglich des Umgangs mit Informationen befaßt".[8]
Die Begriffe Datensicherung und -sicherheit werden im BDSG nicht verwendet. Der Gesetzgeber spricht im § 6 Abs. 1 lediglich von erforderlichen technischen und organisatorischen Maßnahmen, die der Datenverarbeiter zu treffen hat, um die Ausführung der Vorschriften des Gesetzes zu gewährleisten. Weck bezeichnet die "technischen Aspekte zur Realisierung des Datenschutzes" als Datensicherheit[9], und nach Hansen sollen die "Maßnahmen zur Datensicherheit die jederzeitige Vollständigkeit und die Korrektheit der Daten in der EDV-Anlage gewährleisten".[10]
Bedingt durch die Tatsache, daß der Gesetzgeber als Antwort auf die Frage "Was ist zu schützen ?" nur die personenbezogenen Daten natürlicher Personen meint, darüber hinaus aber noch andere Daten, z.B. die, die in technischen, chemischen und wirtschaftlichen Prozessen steuerungsmäßig relevant sind, einen Schutz gegen Verfälschung, Manipulationen, Diebstahl, Zerstörung und Ausspähung benötigen,[11] ist für diese Arbeit neben dem Begriff Datenschutz noch der des personenbezogenen Datenschutzes zu definieren:
Datenschutz ist der Schutz aller Daten über schutzbedürftige Tatbestände bei manueller und maschineller Datenverarbeitung.

---

[7] STAHLKNECHT, P.: Einführung, a.a.O., S. 403.
[8] WECK, G.: a.a.O., S. 15.
[9] WECK, G.: ebenda, S. 15.
[10] HANSEN, H. R.: a.a.O., S. 510.
[11] Diese Daten sind im Hinblick auf die Systemsicherheit schutzwürdig. Darüber hinaus haben auch Behörden und Unternehmen ein ureigenstes Interesse, vertrauliche interne Informationen und Geschäftsgeheimnisse zu schützen. Vgl. dazu auch die Ausführungen bzgl. der allgemeinen Risiken und Gefährdungen der Datenverarbeitung in Kapitel 4.

Personenbezogener Datenschutz ist der Schutz der Daten der
Privatsphäre natürlicher und juristischer Personen bei manueller und maschineller Datenverarbeitung.[12]
In Anlehnung an den Kommentar zum BDSG sind alle Maßnahmen,
die zum Schutz der Daten ergriffen werden (Wie erfolgt der
Schutz ?), als Datensicherungsmaßnahmen zu bezeichnen.[13] Datensicherung umfaßt also die Gesamtheit aller Vorkehrungen
und Methoden, die den Verlust, die unzulässige Verarbeitung,
Nutzung und Kenntnisnahme von Daten verhindern, sowie eine
den Vorschriften und Weisungen entsprechende Verarbeitung
von Daten sicherstellen sollen. Ziel des Datenschutzes und
der Datensicherung ist somit das Erreichen von Datensicherheit.[14]

5.2 Die Bedeutung des Bundesdatenschutzgesetzes für den Datenschutz in kleinen und mittleren Betrieben

Das seit dem 1. Januar 1978 geltende Bundesdatenschutzgesetz
umfaßt 47 Paragraphen, die in sechs Abschnitte unterteilt
sind.[15] Die Abschnitte I, V und VI enthalten allgemeine Vorschriften. Sie bilden das Fundament für die spezielleren
Vorschriften, die die personenbezogene Datenverarbeitung im
öffentlichen Bereich und in der Privatwirtschaft regeln.
Für kleine und mittlere Betriebe sind die Abschnitte III und
IV des BDSG von Bedeutung.

---

[12] Das Unternehmen IBM wählte diese und die folgenden Definitionen bereits im Oktober 1973, also lange vor Inkrafttreten des Bundesdatenschutzgesetzes als Grundlage für ihre Untersuchungen zum Thema Datenschutz und Datensicherung. Vgl. HERRMANN, G., LINDEMANN, P., NAGEL, K.: Datenschutz und Datensicherung, Teil 1, Sach- und Rechtsprobleme, in: IBM Nachrichten: Jg. 23/1973, Nr. 217, S. 760-764, hier S. 760; (im folgenden zitiert als HERRMANN, G., LINDEMANN, P., NAGEL, K.: Datenschutz 1).
[13] Vgl. SIMITIS, S., et al.: a.a.O., S. 306.
[14] Vgl. WEYER, H., PÜTTER, P. S.: Organisation und Technik der Datensicherung, Köln 1983, S. 7 und DREWS, H.L., KASSEL, H., STRNAD, P.: Lexikon Datenschutz und Datensicherung, 3. Aufl., Berlin/München 1986, S. 89 und S. 94/95.
[15] In der Novelle des BDSG werden die §§ 43 bis 45 aufgehoben.

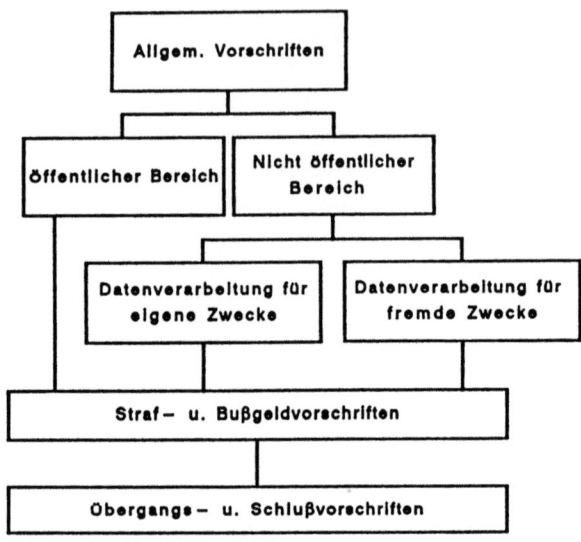

Abb. 16: Gliederung des BDSG

Quelle: KETELSEN, C., MÜLLERT, N. R.: Datenschutz: Unterrichtseinheit zum VHS-Zertifikat Informatik, Frankfurt 1981, S. 37.

Der Abschnitt IV ist untergliedert in drei Gruppen datenverarbeitender Stellen. Es wird unterschieden in Stellen, die personenbezogene Daten zum Zwecke der Übermittlung (z.B. Auskunfteien, Detekteien, Adressverlage) oder zum Zwecke der Anonymisierung und Aggregierung speichern (Markt- und Meinungsforschungsinstitute). Die dritte Gruppe umfaßt diejenigen Betriebe, in denen personenbezogene Daten als Dienstleistung im Auftrage verarbeitet werden (z.B. Rechnenzentren und Servicebetriebe).

5.2.1 Begriffsbestimmungen für die Datenverarbeitung anhand des BDSG

Das BDSG findet Anwendung, wenn drei Voraussetzungen erfüllt sind:

1. Es muß sich um personenbezogene Daten handeln,
2. die in oder aus Dateien stammend,
3. verarbeitet werden.

Unter "personenbezogenen Daten" werden nach § 2 Abs. 1 BDSG "Einzelangaben über persönliche oder sachliche Verhältnisse einer bestimmten oder bestimmbaren natürlichen Person (Betroffener)" verstanden.
Der Begriff "Datei" ist in § 2 Abs. 3, Ziffer 3 definiert. Der Gesetzgeber spricht von einer Datensammlung, die eine Datei genannt wird, wenn folgende drei Kriterien erfüllt sind:

1. Die Datensammlung muß personenbezogene Daten enthalten.
2. Sie muß gleichartig aufgebaut sein.
3. Sie muß sortierbar und auswertbar sein.

Die Datenverarbeitung wird im BDSG in die Phasen Speichern, Übermitteln, Verändern und Löschen unterteilt.[16] Wichtig in diesem Zusammenhang ist, daß sowohl bei der Definition der Datei als auch der Datenverarbeitung mit ihren einzelnen Phasen der Zusatz folgt: "ungeachtet der dabei angewendeten Verfahren". Damit wird eine Gesetzesumgehung durch ein Ausweichen auf andere, z.B. nicht automatisierte Verfahren vermieden. Das BDSG ist somit vom Grundsatz her kein Gesetz nur für eine Datenverarbeitung mit Hilfe von EDV-Anlagen. Besondere Bedeutung kommt der DV-Phase "Übermittlung" durch die vielfältigen Informations- und Kommunikationsverflechtungen in der Wirtschaft und in den Betrieben zu. Jede Übermittlung personenbezogener Daten setzt drei Beteiligte voraus. Die "speichernde Stelle" gibt Daten eines "Betroffenen" an "Dritte" weiter oder hält sie für diese bereit. Eine

---
[16] Vgl. BDSG: § 2, Abs. 2, Ziffern 1 bis 4.

speichernde Stelle oder ein Dritter kann dabei eine natürliche oder juristische Person, eine Gesellschaft oder eine andere Personenvereinigung des privaten Rechts sein. Entscheidend, ob im Sinne des BDSG eine Übermittlung vorliegt, ist die rechtliche Selbständigkeit der Beteiligten.[17] Keine Übermittlung liegt nach dem BDSG vor, wenn diese innerhalb einer speichernden Stelle, z.B. zwischen von ihr beschäftigten Personen und/oder den Mitgliedern ihrer Organe (Vorstände, Gesellschafter, Geschäftsführer etc.), im Rahmen der dienstlichen Funktionen der Beteiligten stattfindet. Die Frage der Zulässigkeit der Informationsübermittlung bleibt davon unberührt.[18]

5.2.2 Abgeleitete Rechte und Pflichten der Datenverarbeiter nach BDSG

Die Verarbeitung personenbezogener Daten ist nach § 3, Satz 1 BDSG nur zulässig, wenn das BDSG oder eine andere Rechtsvorschrift sie erlaubt bzw. der Betroffene eingewilligt hat. Daraus ergibt sich ein grundsätzliches Verbot der Datenverarbeitung mit Erlaubnisvorbehalt.[19] Für die kleinen und mittleren Betriebe bedeutet dieses Verbot aber keine große Einschränkung, da in aller Regel die Verarbeitung personenbezogener Daten in Kenntnis und mit Zustimmung des Betroffenen erfolgt.[20] Weiterer Handlungsspielraum wird den Betrieben durch die Regelungen in den §§ 23ff. und §§ 32ff. gegeben, die eine Datenverarbeitung im Rahmen der Zweckbestimmung eines Vertragsverhältnisses, eines vertragsähnlichen Vertrauensverhältnisses oder auch dann, wenn es zur Wahrung

---

[17] Verbundene Unternehmen bleiben zueinander Dritte, solange sie rechtlich selbständig sind. Dies gilt auch dann, wenn ihre Einrichtungen organisatorisch, räumlich oder personell mit der speichernden Stelle verbunden sind (z.B. Betriebskrankenkassen). Gehören zu einer speichernden Stelle jedoch mehrere Betriebe, Filialen oder andere rechtlich unselbständige Zweigstellen, so sind sie, auch untereinander, nicht Dritte. Vgl. SIMITIS, S. et al.: a.a.O., S. 194-198.
[18] Vgl. SIMITIS, S. et al.: ebenda, S. 198/199.
[19] Vgl. BÜLLESBACH, A.: Informationstechnologie und Datenschutz, München 1985, S. 67.
[20] Vgl. SIMITIS, S. et al.: a.a.O., S. 676.

berechtigter Interessen der speichernden Stelle erforderlich ist, gestatten. § 36 BDSG regelt speziell die Zulässigkeitsvoraussetzungen für die Stellen, die personenbezogene Daten zum Zwecke der Anonymisierung verarbeiten, und § 37 BDSG erlaubt die Datenverarbeitung für fremde Zwecke nur im Rahmen der Weisungen des Auftraggebers.

Die Interpretationsfähigkeit dieser alternativen Erlaubnistatbestände nach BDSG schafft einerseits Spielraum für die Datenverarbeitung kleiner und mittlerer Betriebe, verpflichtet aber andererseits den Datenverarbeiter, durch eine sinnvolle Auslegung der Bestimmungen den Datenschutz als Rechtsgut ernst zu nehmen.[21] Bei erstmaliger Speicherung bzw. bei Übermittlung seiner Daten ist der Betroffene, sofern er nicht anders Kenntnis davon erlangt hat, nach § 26 oder § 34 BDSG davon zu unterrichten.[22] Auf der Benachrichtigungspflicht der datenverarbeitenden Stelle beruht das Auskunftsrecht des Betroffenen. Er kann dieses formlos wahrnehmen und hat Rechtsanspruch auf eine Auskunftserteilung, die grundsätzlich schriftlich zu erfolgen hat[23] und für die ein Entgelt in Höhe der anfallenden Kosten erhoben werden darf. Durch die Wahrnehmung dieses Kontrollrechts ist der Betroffene in der Lage, seine Rechte auf Berichtigung, Sperrung und Löschung (§§ 27, 35 BDSG) und die korrespondierenden Pflichten der speichernden Stellen durchzusetzen. Welche Möglichkeiten die genannten Paragraphen beinhalten, zeigt die folgende Entscheidungstabelle.

---

[21] Eine Diskussion, wann einzelne Bestimmungen anzuwenden sind und was sich hinter den Rechtsbegriffen verbirgt, erfolgt in dieser Arbeit nicht. Vgl. dazu SIMITIS, S. et al.: ebenda, S. 673ff.
[22] Von der Kenntniserlangung des Betroffenen ist auszugehen, wenn er in die Verarbeitung ihn betreffender Daten eingewilligt hat, oder wenn er im Rahmen eines Vertrages oder vertragsähnlichen Vertrauensverhältnisses der speichernden Stelle Daten zuleitet. Vgl. SIMITIS, S. et al.: ebenda, S. 761-765.
[23] Nur in besonderen Fällen kann die Auskunftserteilung z.B. durch Einsicht in schriftliche Unterlagen, durch Sichtbarmachung der Daten am Bildschirm oder durch mündliche Auskunft erfolgen. Vgl. SIMITIS, S. et al.: ebenda, S. 775/776.

	1	2	3	4	5	6	7
Unrichtige Daten	J						
Bestrittene Daten		J					
Für Speicherzwecke nicht mehr erforderliche Daten			J	J			
Schutzwürdige Belange des Betroffenen nicht beeinträchtigt				J			
Unzulässig gespeicherte Daten					J		
Richtigkeit sensitiver Daten kann nicht bewiesen werden						J	
Berichtigen	X						
Sperren		X	X				
Können gelöscht werden				X			
Sind zu löschen						X	X

Abb. 17: Berichtigung, Sperrung, Löschung[24]

Quelle: verändert nach LINDEMANN, P., NAGEL, K., HERRMANN, G.: Ausbildung, Folie 12.

---

[24] Nach § 27, Abs. 3, Satz 3 und § 35, Abs. 3, Satz 3 BDSG handelt es sich bei Daten über gesundheitliche Verhältnisse, strafbare Handlungen, Ordnungswidrigkeiten und politischen oder religiösen Anschauungen um sensitive Daten, die die speichernde Stelle selbst dann zu löschen hat, wenn diese richtig sind, die Richtigkeit von ihr aber nicht bewiesen werden kann. Vgl. SIMITIS, S. et al.: ebenda, S. 807/808.

Das BDSG soll ja, wie jedes Gesetz, zu einem Ausgleich von unterschiedlich gelagerten Interessen führen. Den schutzwürdigen Belangen der Privatsphäre natürlicher Personen stehen die berechtigten Interessen der datenverarbeitenden Stellen gegenüber. Für den Adressaten des BDSG, in diesem Falle die kleinen und mittleren Betriebe, die personenbezogene Daten verarbeiten, ergibt sich im Rahmen der Selbstverantwortlichkeit die Notwendigkeit, die erforderliche Rechtsgüterabwägung durchzuführen und danach zu entscheiden. Die Verantwortung für die Datenverarbeitung und damit auch für die Einhaltung des Datenschutzes liegt primär bei der Geschäftsleitung.

5.2.3 Der betriebliche Datenschutzbeauftragte

Zur Unterstützung der Geschäftsleitung schreibt das BDSG in den §§ 28 und 38 BDSG den Einsatz eines betrieblichen Datenschutzbeauftragten (bDSB) vor, der für die Einhaltung und den Vollzug des Datenschutzes zu sorgen hat, falls bei automatisierter personenbezogener Datenverarbeitung i.d.R. mindestens fünf[25] und bei Einsatz nicht automatisierter Verfahren i.d.R. mindestens zwanzig Arbeitnehmer damit beschäftigt sind.[26] Für die kleinen und mittleren Betriebe ergeben sich mit der Bestellung eines bDSB die organisatorischen Probleme der Festlegung der Aufgaben und Befugnisse des bDSB, die Auswahl einer geeigneten Person und ihre Einordnung in die Unternehmenshierarchie.
Der betriebliche Datenschutzbeauftragte hat nach § 29 BDSG generell die Einhaltung der Datenschutzvorschriften sicher-

---

[25] Berücksichtigt werden dabei ausschließlich eigene Mitarbeiter. Wird die Datenverarbeitung außer Haus, z.B. durch ein Service-Rechenzentrum, betrieben und im Unternehmen sind mit der Erfassung, dem Versand und der Aufbereitung der dazu nötigen Daten mehr als fünf Mitarbeiter beschäftigt, so ist auch im diesem Fall ein bDSB zu bestellen. Vgl. GROCHLA, E., WEBER, H., WERHAHN, T.: Datenschutz, a.a.O., S. 65/66.
[26] Vgl. SIMITIS, S. et al.: a.a.O., S. 813ff.

zustellen. Seine Aufgaben sind in zwei Komplexe zu unterteilen, die sich teilweise überschneiden.[27]
Zum ersten Komplex gehören die in § 29, Satz 1, Ziffern 1 bis 4 BDSG festgeschriebenen Aufgaben:

- Registerführung über
  - die Art der gespeicherten personenbezogenen Daten
  - die damit verbundenen (Geschäfts-) Zwecke und Ziele
  - die Gründe und die Notwendigkeit der Verarbeitung personenbezogener Daten
  - die regelmäßigen Datenempfänger
  - die dazu eingesetzten Datenverarbeitungsanlagen
- Überwachung der ordnungsgemäßen Anwendung der Datenverarbeitungsprogramme
- Unterrichtung und Schulung der mit dieser Verarbeitung betrauten Personen über die Vorschriften des BDSG und anderer Datenschutzregelungen
- Beratende Mitwirkung bei der Auswahl der mit der Verarbeitung zu betrauenden Personen[28]

Im einzelnen bedeutet dies, daß der bDSB

- nach § 5 BDSG die Mitarbeiter auf das Datengeheimnis zu verpflichten hat
- aufgrund einer Angemessenheitsprüfung oder Nutzwertanalyse für die Einführung und Sicherstellung der organisatorischen und technischen Datensicherungsmaßnahmen nach § 6 BDSG und der Anlage zu diesem Paragraphen verantwortlich ist
- im Rahmen der Auftragskontrolle nach § 22, Abs. 2, Satz 2 BDSG in Verbindung mit § 6 BDSG die sorgfältige Auswahl des Auftragnehmers überwacht
- die Zulässigkeit der zur Verarbeitung anstehenden personenbezogenen Daten nach den §§ 23-25 und 32, 33 BDSG in Verbindung mit § 3 BDSG überprüft

---

[27] Vgl. GROCHLA, E., SCHACKERT, H. R.: Datenschutz im Betrieb, Braunschweig/Wiesbaden 1982, S. 103.
[28] Vgl. PEEZ, L.: Wie man den Datenschutzbeauftragten richtig einsetzt, Wiesbaden 1978, S. 50ff.

- nach §§ 25 und 34 BDSG in Verbindung mit § 4 BDSG den Ablauf des Auskunftsverfahrens bei Anfragen Betroffener genau festlegt[29]
- an der Entwicklung von Verfahren zur Berichtigung, Sperrung und Löschung personenbezogener Daten gemäß §§ 27 und 35 BDSG mitwirkt

Falls es sich um einen Betrieb handelt, für den der vierte Abschnitt des BDSG zutrifft, hat er

- die Zulässigkeit der Verarbeitung nach § 37 BDSG in Verbindung mit § 1, Abs. 1 BDSG zu überprüfen und die Wahrung des Schutzes personenbezogener Daten sicherzustellen
- die Kontrolle und Koordinierung der Meldungen an die Aufsichtsbehörde nach § 39 BDSG zu übernehmen.[30]

Der zweite Komplex seiner Tätigkeit betrifft die über das BDSG hinausgehenden Aufgaben, die der bDSB nach betrieblichem Auftrag zu übernehmen hat. Dazu können unter anderem die Überwachung der Geheimhaltung sonstiger Geschäftsdaten wie Produktions-, Forschungs-, Planungs- und Erfolgsdaten, die Anpassung und Weiterentwicklung des Datensicherungssystems zur Abwehr und Verhinderung der in Kapitel 4 beschriebenen Gefahren für die betriebliche Datenverarbeitung sowie das Erstellen von Richtlinien und Handbüchern zur Verarbeitung, Sicherung und Revision gehören.[31]
Zur Erfüllung der ihm vom BDSG und vom Betrieb übertragenen Aufgaben benötigt der bDSB nicht nur umfassende theoretische und praktische Kenntnisse der Datenverarbeitung. Er muß die Aufbau- und Ablauforganisation des Betriebes genauestens kennen, um die DV-gestützten Arbeitsgebiete und -abläufe so-

---

[29] Für die Privatwirtschaft hat die Gesellschaft für Datenschutz und Datensicherung e.V. den Ablauf eines Auskunftsverfahrens vorgeschlagen. Vgl. GDD: Dok. 10, Bonn 1979, S. 6-9.
[30] Vgl. GROCHLA, E., SCHACKERT, H. R.: a.a.O., S. 103-105; GROCHLA, E., WEBER, H., WERHAHN, T.: Datenschutz, a.a.O., S. 66-70; GROCHLA, E., WEBER, H., WERHAHN, T.: Kosten des Datenschutzes in der Unternehmung, Braunschweig/Wiesbaden 1985, S. 25-42 (im folgenden zitiert als GROCHLA, E., WEBER, H., WERHAHN, T.: Kosten) und PEEZ, L.: a.a.O., Kap. 2.5, S. 38-59.
[31] Vgl. GROCHLA, E., SCHACKERT, H. R.: a.a.O., S. 105/106.

wie deren Vermaschung erfassen und analysieren zu können, d.h. er benötigt administrativ-organisatorische Kenntnisse. Zur Umsetzung der Datenschutzbestimmungen in die Praxis benötigt der bDSB als Voraussetzung zudem juristisches Beurteilungsvermögen. Pädagogisch-didaktische Fähigkeiten sind für die ihm vom BDSG auferlegte Aufgabe der Schulung tätiger und neuer Mitarbeiter gefordert.[32] Da er die erforderlichen Maßnahmen zum Datenschutz einleitet, ihre Durchsetzung vorgibt und die Ausführung seiner Anweisungen überwacht sowie Schwachstellen im Schutz- und Sicherungssystem hinterfragt und aufdeckt, sind Eigenschaften wie Zuverlässigkeit, Durchsetzungs- und Koordinationsvermögen, Menschenführung, Loyalität und Integrität gegenüber der Geschäftsleitung, aber auch Fingerspitzengefühl bei der Zusammenarbeit mit den Mitarbeitern von einem bDSB zu fordern.[33] Aufgrund dieses Anforderungsprofils sollte ein bDSB kein Spezialist, sondern ein Universalist sein, der in der Lage ist, eine Interessenabwägung zwischen dem Rechtsgut "Privatsphäre" und den Zwecken und Zielen des Unternehmens vorzunehmen.[34] Die Einordnung des bDSB in die Unternehmenshierarchie ist aus § 28, Abs. 3 BDSG abzuleiten. Danach ergeben sich drei Aspekte zur Stellung des bDSB:

1. Er ist der obersten Geschäftsleitung unmittelbar zu unterstellen.
2. Er ist in seiner speziellen Aufgabenerfüllung weisungsfrei.
3. Er ist wegen der Erfüllung seiner Aufgaben nicht zu benachteiligen.[35]

---

[32] Vgl. PEEZ, L.: a.a.O., S. 26/27.
[33] Vgl. GROCHLA, E., SCHACKERT, H. R.: a.a.O., S. 102.
[34] Vgl. LINDEMANN, P.: Der betriebliche Datenschutzbeauftragte (bDSB) im Spannungsfeld der Interessen, in: DuD: 1/1977, S. 1ff., hier S. 3.
[35] Das BDSG hebt die Anordnungsbefugnis des Ranghöheren - in der betriebswirtschaftlichen Organisationslehre eines der wesentlichen Merkmale der vorgesetzten Leitungsinstanz - auf. Die hohe Einstufung in die Unternehmenshierarchie und die damit verbundene Berichtspflicht gelten für alle Rechtsformen. Vgl. PEEZ, L.: a.a.O., S. 29-32.

Der bDSB sollte daher nicht in der Linie eingegliedert sein. Er ist ergo als Leitungsgehilfe auf einer Stelle mit abgegrenztem Funktionsbereich[36] anzusehen.
In § 28, Abs. 4 BDSG verpflichtet der Gesetzgeber die Geschäftsleitung, den eingesetzten Datenschutzbeauftragten bei der Erfüllung seiner Aufgaben zu unterstützen. Dies bedeutet, daß ihm nicht nur jegliche, für seine Arbeit nötige Information, sondern auch die entsprechenden Hilfsmittel wie Büroräume, Möbel, etc. zur Verfügung zu stellen sind.

5.2.4 Das Kontrollsystem für kleine und mittlere Betriebe auf der Basis des BDSG

Das Kontrollsystem des BDSG basiert auf den Prinzipien der Eigenverantwortung der Datenverarbeiter (Selbstkontrolle) und der Fremdkontrolle.
Die Selbstkontrolle ist auf unterster Ebene bereits von den Mitarbeitern bzw. deren Vorgesetzten durchzuführen. Verantwortlich für die Einhaltung der Datenschutzvorschriften ist jedoch die Geschäftsleitung bzw. der von ihr eingesetzte bDSB. Dieser ist dann im Sinne einer Selbstverantwortlichkeit des Datenverarbeiters als Instanz im Kontrollsystem für den Datenschutz anzusehen.
Eine grundsätzliche Fremdkontrolle obliegt den von den jeweiligen Bundesländern eingesetzten, obersten und regional zuständigen Aufsichtsbehörden.[37] Die Betriebe, die Datenverarbeitung nur für eigene Zwecke betreiben, unterliegen nach § 30, Abs. 1 BDSG einer reinen Anlaßaufsicht, d.h., die Aufsichtsbehörde wird nur tätig, wenn sich ein Betroffener oder ein bDSB aus einem konkreten Anlaß (Einzelfallprüfung) an sie wendet. Betriebe, die Datenverarbeitung für fremde Zwecke durchführen, unterliegen zudem nach § 40, Abs. 1, Satz 1 BDSG einer Überwachung von Amts wegen. Die Aufsichtsbehörde führt für diese Betriebe ein Register mit bestimmten Angaben

---
[36] Vgl. SCHWARZ, H.: Betriebsorganisation als Führungsaufgabe, 6. Aufl., München 1973, S. 38-40.
[37] In Niedersachsen bspw. sind die regionalen Aufsichtsbehörden bei den vier Bezirksregierungen angesiedelt, in Hessen den jeweiligen Regierungspräsidenten zugeordnet.

5.3 Rechtsvorschriften zum Persönlichkeitsschutz im Zusammenwirken mit dem BDSG

Das BDSG erweitert und ergänzt bestehende Rechtsvorschriften zum Persönlichkeitsschutz. Diese Subsidiarität des BDSG[38] wird deutlich in § 3, Satz 1, Nr. 1 BDSG, in dem der Gesetzgeber festlegt, daß die Verarbeitung personenbezogener Daten zulässig ist, wenn das BDSG oder eine andere Rechtsvorschrift sie erlaubt. Besondere Bedeutung in diesem Zusammenhang hat § 45 BDSG. Dieser Paragraph verdeutlicht die Bereitschaft des Gesetzgebers, den Vorrang anderer bereits existierender oder noch zu treffender Regelungen vor dem BDSG grundsätzlich anzuerkennen.[39] § 45, Satz 1 BDSG ist demnach als Ergänzung zu § 3, Satz 1, Nr. 1, der die allgemeinen Verarbeitungsbedingungen umschreibt, anzusehen. Er beinhaltet eine Auflistung von Rechtsvorschriften, in denen ebenfalls die Verarbeitung personenbezogener Daten mit dem Ziel, Kollisionen zwischen dem BDSG und diesen Vorschriften zu verhindern, geregelt ist. Beispielhaft[40] werden an dieser Stelle zwei Bereiche genannt, in denen die Verarbeitung personenbezogener Daten in kleinen und mittleren Betrieben durch vorrangige Rechtsvorschriften beeinflußt wird.

---

[38] Eine weitere Subsidiaritätsklausel, die für diese Arbeit jedoch nicht von Belang ist, findet sich in § 7 BDSG, der die Grundvorschrift für die Datenverarbeitung im öffentlichen Bereich bildet. Danach ist der Abschnitt II des BDSG lediglich von den Behörden und sonstigen öffentlichen Stellen des Bundes zu beachten. Der Gesetzgeber überläßt es den Bundesländern, die in ihrem Kompetenzbereich liegende Datenverarbeitung mittels eigener Landesdatenschutzgesetze zu regeln.
[39] Vgl. SIMITIS, S. et al.: a.a.O., S. 75.
[40] Im Kommentar zum BDSG führt Simitis eine Zahl von etwa 1.000 vorrangig geltenden Rechtsvorschriften als realitätsgerecht an. Vgl. SIMITIS, S. et al.: ebenda, S. 1148.

Bei der Verarbeitung von Arbeitnehmerdaten[41] sind bereits lange vor Inkrafttreten des BDSG Grundsätze entwickelt worden, die speziell in diesem Bereich Vorrang haben. So lassen sich bspw. aus § 83 BetrVG Regelungen über den Umgang mit Daten in Personalinformationssystemen ableiten.[42] Im Rahmen der Lohn- und Gehaltsabrechnung hat der Betrieb - aufgrund einer Vielzahl von Vorschriften - arbeitnehmerbezogene Daten in Form von Melde- und Auskunftsverpflichtungen an externe öffentliche Adressaten, wie z.B. die Steuerverwaltungen und die Träger der Sozialversicherungen, bereitzustellen.[43] Darüber hinaus werden Daten an Berufsgenossenschaften und andere privatrechtliche Institutionen weitergeleitet.[44] Der zweite hier genannte Kollisionsbereich des BDSG mit anderen Regelungen, die Berufsgeheimnisse, ist im § 45 BDSG durch den Verweis auf § 203, Abs. 1 StGB auf die dort genannten Berufe, wie Ärzte, Apotheker, Rechtsanwälte, Notare und andere eingeschränkt. Deren vorrangige standesrechtliche Vorschriften (z.B. Schweigepflicht) dürfen in Bezug auf den Datenschutz allerdings nicht die im BDSG festgelegten Mindestanforderungen unterschreiten.[45]

---

[41] Per Gesetz müssen bis zu 214 Einzelangaben über jeden Mitarbeiter für das Finanzamt, die Sozialversicherung, etc. gesammelt werden. Vgl. o.V.: Datenschützer: Mit Arqusaugen, in WIRTSCHAFTSWOCHE: Nr. 37 vom 5.9.1986, S. 70-75, hier S. 70.
[42] Vgl. DOMSCH, M.: Systemgestützte Personalarbeit, Wiesbaden 1980, S. 50ff.
[43] Eine detaillierte Darstellung der Melde- und Auskunftsverpflichtungen, auf die im Rahmen dieser Arbeit nicht näher eingegangen werden kann, findet sich in: HÖFER, H.: Erfordernisse der Personaldatenverarbeitung im Unternehmen, Braunschweig/Wiesbaden 1983, S. 30f.
[44] Zu den Rechtsvorschriften bezüglich der Weiterleitung personenbezogener Daten an diese Adressaten vgl. HENTSCHEL, B., GLISS, H., WRONKA, G.: Vorrangige Rechtsvorschriften bei Personalinformations- und Abrechnungssystemen, Köln 1984, S. 19ff.
[45] Vgl. SIMITIS, S. et al.: a.a.O., S. 1150/1151.

5.4 Kontrollbereiche und Maßnahmen der Datensicherung

Der Problemkreis der Datensicherung ist bereits einige Jahre vor Inkrafttreten des BDSG diskutiert worden.[46] Ziel dieser Diskussion war es, unter dem Aspekt der Systemsicherheit und auch im Hinblick auf das zu erwartende Bundesdatenschutzgesetz die bisherigen Vorkehrungen und einzelnen punktuell eingesetzten Datensicherungsmaßnahmen zu systematisieren und dadurch ein umfassendes integriertes Datensicherungssystem aufzubauen.

Mit dem § 6 BDSG hat der Gesetzgeber dann eine Vorschrift geschaffen, die speziell dem Schutz personenbezogener Daten bei automatisierter Datenverarbeitung dient (Zweck). Außerdem hat er in der Anlage zu § 6, Abs. 1, Satz 1 einen Anforderungskatalog für den Einsatz von technischen und organisatorischen Sicherungsmaßnahmen festgeschrieben.[47] In einem heutigen Datensicherungssystem sind daher Maßnahmen einzusetzen, die über die Anforderungen des BDSG hinaus einen wirkungsvollen Schutz aller schutzwürdigen Daten und die Systemsicherheit gewährleisten.

---

[46] Die folgenden Literaturangaben sollen lediglich einen kurzen Einblick in diese Diskussion ermöglichen und erheben keinen Anspruch auf Vollständigkeit. SCHNEIDER, J.: Datenschutz - Datensicherung, Beiträge zur integrierten Datenverarbeitung in der öffentlichen Verwaltung, Heft 5, Siemens AG, München 1971; SCHULZE, J. H.: Datenschutz in der Datenverarbeitung, in: IBM Nachrichten: Jg. 21/ 1971, Nr. 205, S. 640-645; FEISTEL, H.: Chiffriermethoden und Datenschutz, Teil 1 und 2, in: IBM Nachrichten: 24. Jg., 1974, Nr. 219/220, S. 21-26 und S. 99-102; LEIBROCK, D., GUTMANN, W.: Datenschutz und Datensicherung, Teil 4, Maßnahmen zur Datensicherung in der Praxis, in: IBM Nachrichten: Jg. 24/1974, Nr. 220, S. 103-107; OBELODE, G., WINDFUHR, M.: Datenschutz und Datensicherung, Teil 5, Methoden zum Datenschutz und zur Datensicherheit, in: IBM Nachrichten: Jg. 24/1974, Nr. 221, S. 232-236; STADLER, N.: Datensicherung durch Organisation, Freiburg 1975.
[47] Vgl. GROCHLA, E., WEBER, H., WERHAHN, T.: a.a.O., S. 44.

5.4.1 Mindestanforderungen nach der Anlage zu § 6, Abs.1, Satz 1 BDSG

Mit der Anlage zu § 6, Abs.1, Satz 1 BDSG hat der Gesetzgeber keinen Katalog von Datensicherungsmaßnahmen vorgeschrieben, sondern eine Gliederung der Datenverarbeitung in zehn Kontrollbereiche vorgenommen.[48] Im Rahmen dieser Kontrollen sind geeignete, angemessene[49] Maßnahmen zu ergreifen, um Datensicherheit zu erreichen. Die im folgenden aufgeführten Kontrollen sind nicht nur als direkte Verhinderungsmaßnahmen anzusehen; das BDSG fordert darüber hinaus vorbeugende Präventivmaßnahmen.

Durch **Zugriffskontrollen** soll zur Vermeidung jeglicher Gefährdungen Unbefugten der räumliche Zugang zu Datenverarbeitungssystemen verwehrt werden. Dieses Fernhalten unbefugter Personen ist nicht nur auf die Anlage selbst, sondern auch auf die zugehörige Peripherie und alle Räumlichkeiten, in denen Datenträger aufbewahrt werden, ausgedehnt. Eine Befugnis sollte außerdem nur für die konkrete Aufgabenerfüllung der Personen gelten, d.h. sie gilt nur für den Zeitraum der Funktionserfüllung und für den Teil der DV-Anlage, der dazu benötigt wird.[50]

Die **Abgangskontrolle** umfaßt datenträgerbezogene Maßnahmen. Sie ließe sich treffender als Kontrolle des Verbleibs von Datenträgern oder Datenträgerkontrolle bezeichnen. Sie betrifft außerdem alle Personen, die in irgendeiner Weise mit Datenträgern in Berührung kommen können.[51]

Die **Speicherkontrolle** zielt auf den unmittelbaren Umgang befugter Personen mit Daten ab. Die Maßnahmen zur Speicherkontrolle sollen jede unbefugte Nutzung und Transformation der

---

[48] Vgl. dazu auch THORMANN, P.: Konzepte zur Wahrung der Ordnungsmäßigkeit in Informationssystemen, Thun/Frankfurt 1984, S. 56.
[49] Der Gesetzgeber hat die zu ergreifenden Maßnahmen dem Verhältnismäßigkeitsprinzip unterstellt, d.h. sie müssen nur dann ergriffen werden, wenn "ihr Aufwand in einem angemessenen Verhältnis zum angestrebten Schutzzweck" (§ 6, Abs. 1, Satz 2) steht. Vgl. SIMITIS, S. et al.: a.a.O., S. 315.
[50] Vgl. GROCHLA, E., WEBER, H., WERHAHN, T.: Kosten, a.a.O., S. 45.
[51] Vgl. SIMITIS, S. et al.: a.a.O., S. 328.

Daten verhindern. Es ist dabei unerheblich, ob sich die Daten im Hauptspeicher oder auf externen Speichern befinden.[52] Die **Benutzerkontrolle** ist eingeschränkt auf DV-Systeme mit selbsttätigen Einrichtungen zur Datenübermittlung (Datenfernverarbeitung im On-line-Betrieb). Für die speichernde Stelle besteht seitens des BDSG lediglich die Verpflichtung, die Benutzungsberechtigung für die Funktionskomponenten Benutzer, Hardware, Software und Daten zu überprüfen.
Erst im Rahmen der **Zugriffskontrolle** werden die berechtigten Personen überprüft, ob sie auch im Rahmen ihrer Befugnisse handeln. Ihre Zugriffsberechtigung auf die Daten wird geprüft. Diese kann sich auf eine bestimmte Art von Daten und/ oder auf spezielle Tätigkeiten wie etwa Lesen, Ändern, Speichern oder Löschen beziehen. Das BDSG schränkt den Geltungsbereich der Zugriffskontrolle jedoch auf den Online-Betrieb ein.[53]
In engem sachlichen Zusammenhang mit den beiden letztgenannten Kontrollen steht die **Übermittlungskontrolle**. Sie betrifft die Weitergabe von Daten an Dritte. Das Gesetz verlangt nur die Nachprüfbarkeit der Übermittlungsmöglichkeiten durch interne und externe Kontrollinstitutionen und nicht die Protokollierung aller Übermittlungsvorgänge, was durchaus im Interesse des Unternehmens liegen kann.
Die **Eingabekontrolle** hat ebenso wie die Übermittlungskontrolle nur eine ex post-Funktion.[54] Es muß lediglich überprüfbar und nachvollziehbar sein, wer zu welchem Zweck welche personenbezogenen Daten eingegeben hat. Sofern an dem Eingabevorgang mehrere Personen beteiligt sind (z.B. der Sachbearbeiter als Veranlasser der Eingabe, Datentypisten und Operator), sind diese in die Dokumentation mit aufzunehmen. Der Kreis aufzuzeichnender Personen ist unter Berücksichtigung des Verhältnismäßigkeitsprinzips abhängig von der Sensibilität der einzugebenden Daten.[55]

---

[52] Vgl. SIMITIS, S. et al.: ebenda, S. 330-333.
[53] Vgl. GROCHLA, E., WEBER, H., WERHAHN, T.: Kosten, a.a.O., S. 49/50 und SIMITIS, S. et al.: a.a.O., S. 336-338.
[54] Die Eingabekontrolle dient nicht der Verhinderung unbefugter Eingaben; dieser Aspekt fällt unter die Maßnahmen zur Speicherkontrolle. Vgl. SIMITIS, S. et al.: ebenda, S. 341.
[55] Vgl. GROCHLA, E., WEBER, H., WERHAHN, T.: Kosten, a.a.O., S. 52/ 53.

Im Rahmen der **Auftragskontrolle** hat der Auftraggeber eigenverantwortlich auf die Zulässigkeitsvoraussetzungen für die Datenverarbeitung außer Haus zu achten. Der Auftragnehmer ist verantwortlich, daß die Datenverarbeitung nur im Rahmen der Weisungen des Auftraggebers erfolgt; dies schließt eine Identifizierung des Auftraggebers bzw. seiner Bevollmächtigten ein. Die einzelnen Aufträge sind bei der Verarbeitung streng voneinander zu trennen und dürfen sich nicht wechselseitig beeinflussen, d.h. die verarbeitende Stelle hat für die Einhaltung aller Kontrollen nach dem BDSG zu sorgen.

Die **Transportkontrolle** umfaßt sowohl den Transport von Datenträgern als auch die Wege der Datenübertragung. Dabei sind die übertragenen und transportierten Daten vor jeglicher unbefugter Nutzung oder Transformation durch nicht berechtigte Personen zu schützen. Die Transportkontrolle hat im wesentlichen präventiven Charakter. Überschneidungen gibt es mit der Abgangskontrolle, der Übermittlungskontrolle und der abschließend betrachteten **Organisationskontrolle**. Diese ist vom Gesetzgeber allgemein gehalten und so weitgehend gefaßt, daß sie die Realisierung der anderen neun Kontrollen unterstützt. Somit kommt der Organisationskontrolle eine lückenfüllende Funktion im Rahmen der Mindestanforderungen an den betrieblichen Datenschutz zu.[56] Sie enthält den Auftrag zur Gestaltung der gesamten DV-Organisation und ihres Umfeldes im Sinne des Datenschutzes. Darunter fallen sowohl aufbau- als auch ablauforganisatorische Maßnahmen wie umfassende Funktionspläne, konkrete personenbezogene Regelungen und alle Maßnahmen, die unter dem Stichwort "Dokumentation" zusammengefaßt werden, um Gefährdungen an den Schnittstellen zwischen Benutzer und dem DV-System auszuschließen.[57]

---

[56] Vgl. SIMITIS, S. et al.: a.a.O., S. 349.
[57] Vgl. SIMITIS, S. et al.: ebenda, S. 343-352.

5.4.2 Einteilung und Gliederung der Datensicherungsmaßnahmen

Die Maßnahmen zur Datensicherung lassen sich je nach dem Standpunkt des Betrachters recht unterschiedlich gliedern. Eine Grundgliederung findet man beispielsweise bei Herrmann et al. Orgware-Sicherungen umfassen Maßnahmen, welche durch eine besondere Gestaltung der Aufbau- und Ablauforganisation gegeben sind. Als Hardware-Sicherungen werden alle maschineninternen Sicherungen der DV-Anlagen verstanden. Software-Sicherungen sind alle in Betriebs- und Programmsystemen eingebauten Sicherungs- und Schutzmaßnahmen.[58]
Auf der Basis dieser Grundgliederung nach der Art der Maßnahmen erfolgt ihre Einteilung in der Literatur jedoch mehr oder weniger vollständig. Zudem werden sie auch unterschiedlich zusammengefaßt.[59] Bezieht man alle für ein Datensicherungssystem in Frage kommenden Maßnahmen in eine Betrachtung ein, so ist folgende Einteilung zu wählen:

- Organisatorische Maßnahmen
- Technische Maßnahmen
  * Hardware-technische Maßnahmen[60]
  * Software-technische Maßnahmen
- Personelle Maßnahmen
- Schulungsmaßnahmen
- Baulich/räumliche Maßnahmen
- Versicherungstechnische Maßnahmen.

---

[58] Vgl. HERRMANN, G., LINDEMANN, P., NAGEL, K.: Datenschutz 1, a.a.O., S. 761.
[59] Vgl. dazu bspw. WECK, G.: a.a.O., Kap. 2.2; ALBERS, F.: Datensicherheit, a.a.O., S. 293f.
[60] Die Hardware-technischen Maßnahmen umfassen in dieser Arbeit mehr als nur die maschineninternen Datensicherungen. Darunter fallen zusätzlich alle in einem Datensicherungssystem eingesetzten Geräte wie bspw. Notstromaggregate, Identifizierungsgeräte, Aufbewahrungsbehältnisse etc..

5.4.3 Zuordnung der Datensicherungsmaßnahmen zu den Anforderungen nach dem Bundesdatenschutzgesetz

Die einzelnen Gruppen von Datensicherungsmaßnahmen bilden nur durch ihr Zusammenwirken ein adäquates Sicherungssystem, das alle Risiken und Gefährdungen in den verschiedenen Einflußbereichen der Datenverarbeitung abdeckt. Da jedes Unternehmen die Datenverarbeitung speziell für seine Bedürfnisse einsetzt, also individuell betreibt, können keine allgemeingültigen Aussagen darüber existieren, welche Sicherungsmaßnahmen im einzelnen ergriffen werden müssen oder nicht. Da die Datenverarbeitung der Betriebe bekanntlich den Datenschutzvorschriften und -gesetzen unterliegt, ergibt eine zusammenfassende Zuordnung einzelner Maßnahmengruppen zu den in der Anlage zu § 6, Abs.1, Satz 1 BDSG vorgeschriebenen Kontrollbereichen einen ersten Überblick über unbedingt zu ergreifende Maßnahmen.

	Zugangs-kontrolle	Abgangs-kontrolle	Speicher-kontrolle	Benutzer-kontrolle	Zugriffs-kontrolle	Übermittl.-kontrolle	Eingabe-kontrolle	Auftrags-kontrollle	Transport-kontrolle	Organisat.-kontrolle
Technisch-Organisator. Maßnahmen	*	*	*	*	*	*	*	*	*	*
Hardware/ Software- Maßnahmen	*		*	*	*	*				
Baulich- Räumliche Maßnahmen	*	*	*							

Abb. 18: Möglichkeiten der Realisierung von Datensicherungsmaßnahmen in den verschiedenen Kontrollbereichen

Quelle: verändert nach PAWLIKOWSKY, G. J.: Punktuation von Grundsätzen der Datensicherung, in: DuD: 2/1985, S. 105-112, hier S. 109.

6 Übertragbarkeit existierender DuD-Konzepte und -Maßnahmen großer Betriebe auf die kleinen und mittleren Betriebe

In diesem Kapitel werden die bereits seit Jahren existierenden und in großen Betrieben eingesetzten DuD-Maßnahmen bezüglich ihrer Eignung für den Einsatz in der Datenverarbeitung kleiner und mittlerer Betriebe untersucht. Dabei ist es wenig sinnvoll, sich an der im vorangestellten Kapitel beschriebenen Grundeinteilung der Maßnahmen bzw. den zehn, im BDSG aufgeführten, Kontrollbereichen auszurichten. Im ersten Fall würde es sich lediglich um eine Auflistung der möglichen Sicherungsempfehlungen handeln. Erfolgte die Ausrichtung an den Kontrollbereichen des BDSG, müßten einzelne Maßnahmen, die nicht nur in einem Kontrollbereich einsetzbar sind, mehrfach betrachtet werden. In Anlehnung an den Gedanken von Grochla und Schackert, die in ihrer systematischen Darstellung von DuD-Maßnahmen diese auf ihren jeweiligen Einsatzbereich beziehen[1], werden in diesem Kapitel folgende Themenbereiche behandelt:

- Allgemeine betriebsumfassende Maßnahmen
- Hardwarebezogene Maßnahmen
- Software-technische Maßnahmen in Betriebssystemen
- Daten- und programmbezogene Maßnahmen
- Datenträgerbezogene Maßnahmen
- Maßnahmen bei DV außer Haus
- EDV-Versicherungen als Ergänzung zum Schutzkonzept.

Zuvor werden im ersten Abschnitt dieses Kapitels allerdings die Voraussetzungen für die Einrichtung eines umfassenden Datenschutz und -sicherungssystems in kleinen und mittleren Betrieben behandelt.

---

[1] Vgl. GROCHLA, E., SCHACKERT, H. R.: a.a.O., Gliederung Teil B, S. VIII-X.

6.1 Voraussetzungen für die Einrichtung eines Datensicherungssystems in kleinen und mittleren Betrieben

Die Datensicherung befaßt sich nach der Definition in Kapitel 5.1 mit der Frage "Wie sind die Daten zu schützen?". Zur Beantwortung dieser Frage ist zunächst die Schutzwürdigkeit der Daten im einzelnen zu bestimmen. Desweiteren gehört ein Erkennen und Klassifizieren der möglichen Gefährdungen, denen die Daten auf ihrem "Lebensweg" ausgesetzt sind, zu den notwendigen Vorarbeiten für die Datensicherung. Wesentlichen Einfluß auf die Gestaltung eines Datensicherungssystems haben außerdem eine Reihe vorgegebener Faktoren der Datenverarbeitung im Betrieb. Erst nachdem diese Voraussetzungen genauestens untersucht bzw. diese Vorarbeiten abgeschlossen wurden, kann, falls gewünscht, eine Zuordnung konkreter Datensicherungsmaßnahmen zu den durch das BDSG vorgegebenen Kontrollbereichen erfolgen, die nicht nur für den personenbezogenen Datenschutz Gültigkeit haben, sondern darüberhinaus allgemein dem ordnungsmäßigen Ablauf der Datenverarbeitung mit dem Ziel der Datensicherheit dienen.

6.1.1 Ermittlung der Schutzwürdigkeit der Daten

Die Bestimmung der schutzbedürftigen Tatbestände, als erste Voraussetzung für die Organisation und den Aufbau eines Datensicherungssystems, setzt eine Katalogisierung und eine eindeutige definitorische Abgrenzung der Bedeutung der Datenkategorien voraus.
Die Daten haben aufgrund ihrer Personenbezogenheit einen Anspruch auf vertrauliche Behandlung, und wegen ihrer Sachbezogenheit muß ihre Sicherheit gewährleistet sein. Lindemann wählt daher für die Klassifizierung die Kriterien Vertraulichkeit und Sicherheit.[2] Die in der folgenden Abbildung dargestellte Klassenbildung nach diesen Kriterien eignet

---
[2] Vgl. LINDEMANN, P.: Datenschutz und Datensicherheit, in: HÜLCK, K., MRACHACZ, H.-P., SOLF, H., (Hrsg.): EDV-Leiter-Handbuch, München 1976, S. 649-675, hier S. 665.

sich nicht nur für einzelne Datenfelder, sondern hat ohne
Einschränkungen auch für Datensätze und Dateien Gültigkeit.

KRITERIEN KLASSEN	VERTRAULICHKEIT	SICHERHEIT
Stufe 0	keine besondere Vertraulichkeit	keine besonderen Sicherheitsmaßnahmen (normale Sorgfalt)
Stufe 1	nur für internen Gebrauch	einfache Sicherheitsmaßnahmen
Stufe 2	vertraulich	verstärkte Sicherheitsmaßnahmen
Stufe 3	geheim	hohe Sicherheitsmaßnahmen

Abb. 19: Klassifizierung der Daten nach Vertraulichkeit
und Sicherheit

Quelle: verändert nach HERRMANN, G., LINDEMANN, P., NAGEL,
K.: Datenschutz und Datensicherung, Teil 2, Organisation des
Datenschutzes, in: IBM Nachrichten: Jg. 23/1973, Nr. 218,
S. 836-840, hier S. 837; (im folgenden zitiert als HERRMANN,
G., LINDEMANN, P., NAGEL, K.: Datenschutz 2).

Für jedes Datum sind beide Kriterien zu betrachten, d.h.,
gleiche Daten können sowohl personen- als auch sachbezogen
sein. Herrmann nennt als Beispiel die Daten zur Gehaltsfindung. Als personenbezogene Daten fallen sie beispielsweise
unter die Vertraulichkeitsstufen 2 oder 3, und als Prozeßdaten bei der Errechnung des Gehalts haben sie einen Anspruch
auf Sicherheit nach der Stufe 2.[3] Die Schutzbedürftigkeit
der in Dateien gespeicherten Daten ist außerdem von der
zeitlichen Dauer der Speicherung und der Änderungshäufigkeit, der die Daten unterliegen, abhängig.

---

[3] Vgl. HERRMANN, G., LINDEMANN, P., NAGEL, K.: Datenschutz 2, a.a.O., S. 837.

DATEI	SPEICHERUNGS-DAUER	ÄNDERUNGEN
Arbeitsdateien	kurz	---
Stammdateien	lang	gering
Bewegungsdateien	kurz-mittel	häufig
Systemdateien	lang	gering

Abb. 20: Kategorien von Dateien[4]

Mit der Ermittlung der Schutzbedürftigkeit der Daten und Dateien sind die Vorarbeiten für die Einrichtung eines Datenschutz- und -sicherungssystems jedoch nicht abgeschlossen.

6.1.2 Gefährdungen der Daten

Die Betrachtung des "Lebensweges"[5] der Daten im Betrieb ist dabei eine unabdingbare Voraussetzung. Auf ihrem Lebensweg, der mit der Datenentstehung beginnt und mit der Vernichtung der Daten endet, sind diese bekanntlich einer Reihe von Gefährdungen ausgesetzt:[6]
- Versehentliche oder
- absichtliche Fehlverarbeitung
- Datenverfälschung
- Datenverlust
- Datenzerstörung
- Datenentwendung
- Datenmißbrauch.[7]

---

[4] Vgl. HAHNE, B., KASSEL, H.: Datensicherung, Berlin/München 1983, S. 116.
[5] Vgl. CROCHLA, E., SCHACKERT, H. R.: a.a.O., Abb. 15, S. 58.
[6] Die eingesetzte Technik und die Organisation der Datenverarbeitung können allerdings auch Gefährdungen ausgesetzt sein. Vgl. dazu die Ausführungen in Kapitel 4.
[7] Vgl. LINDEMANN, P., NAGEL, K., HERRMANN, G.: Ausbildung, a.a.O., Folie 1.

Betroffen von Gefährdungen können sowohl der Datenverarbeiter selbst als auch diejenigen, deren personenbezogene Daten im Sinne des BDSG verarbeitet werden, sein. Daraus lassen sich vier Zielrichtungen der Datensicherheit gegen Verletzungen ableiten:

- Verletzung der Datensicherheit beim Anwender ohne Vorsatz
- Verletzung der Datensicherheit beim Anwender mit Vorsatz
- Verletzung der Datensicherheit für den Bürger ohne Vorsatz
- Verletzung der Datensicherheit für den Bürger mit Vorsatz[8]

Sofern bereits im Rahmen einer Systemanalyse in der Phase "Entwicklung eines Gesamtsystems" die Aufbau- und Ablauforganisation der Datenverarbeitung und damit der Datenfluß im Unternehmen dokumentiert wurde[9], helfen diese Unterlagen auch dem Datenschützer, mögliche Gefährdungen zu lokalisieren und entsprechende Maßnahmen zu ergreifen.

6.1.3 Vorgegebene Einflußgrößen für ein Datensicherungssystem

Die in diesem Abschnitt betrachteten Einflußgrößen bestimmen zum einen die Gefahren, denen die Daten ausgesetzt sind, bzw. bieten Ansatzpunkte für mögliche Gefährdungen. Andererseits eröffnen diese Größen aber auch Möglichkeiten, durch ihren gezielten Einsatz und ihre sinnvolle Gestaltung die Daten vor den möglichen Gefährdungen zu schützen. Sie sind sowohl für manuelle oder maschinelle Datenverarbeitung als auch für deren Mischformen von Bedeutung und werden größtenteils unter anderen als datensicherungstechnischen Gesichtspunkten ausgewählt. In dieser Arbeit werden sie daher als externe vorgegebene Bedingungen für die Datensicherung angesehen. Grochla unterscheidet folgende Einflußgrößen, die für die betriebliche Datenverarbeitung und damit gleichzeitig für den Komplex Datensicherung relevant sind:

---
[8] Vgl. WEYER, H., PÜTTER, P. S.: a.a.O., S. 7.
[9] Vgl. FUTH, H.: a.a.O., S. 34-36.

- die Technik der DV
- die Organisation der DV
- die Organisation der Datenbestände
- die räumlichen Gegebenheiten.[10]

6.1.3.1 Die Technik der Datenverarbeitung

Auf die Auswahl der Technik haben eine Reihe von Faktoren Einfluß, die somit auch im Hinblick auf Datenschutz- und -sicherungsfragen von Bedeutung sind. Dazu zählen die Art und die Menge der zu verarbeitenden Daten, die Anzahl der an der Verarbeitung beteiligten Personen sowie deren Ausbildungsstand. Diese Größen sind wiederum von der Branchenzugehörigkeit, der Unternehmensgröße und ähnlichem abhängig.

Aufgrund der Vielzahl unterschiedlicher inhaltlicher als auch umfangmäßiger Schwerpunkte der Informationsverarbeitung in den Unternehmen ist das ganze Spektrum der eingesetzten DV-Technik zu betrachten; d.h. es sind auch die angeschlossene Peripherie, die eingesetzten Datenträger[11] und die Zusatzgeräte, die Teilaufgaben der betrieblichen Datenverarbeitung übernehmen[12], in ein Datensicherungssystem miteinzubeziehen. Für die Einflußgröße Technik sind letztendlich auch softwaretechnische Sicherungsmöglichkeiten (im Rahmen

---

[10] Vgl. CROCHLA, E., SCHACKERT, H. R.: a.a.O., S. 62ff.
[11] Je nach Größe der EDVA werden große (z.B. Magnetplattenstapel, Magnetbänder) und/oder kleinere Datenträger (z.B. Magnetbandkassetten, Disketten) eingesetzt. Allein deren Größe birgt unterschiedliche Risiken der Gefährdung. Kleine Datenträger sind im Gegensatz zu großen bspw. leichter zu entwenden und ggf. auf privaten DV-Anlagen zu manipulieren. Vgl. dazu die Ausführungen in Kapitel 4.
[12] Hierzu zählen Fördermittel (Rohrpost- oder Förderbandanlagen, Botenwagen, spezielle Taschen, etc.), Identifizierungsgeräte (Personen- oder Raumüberwachung) und Hilfsmittel, die auch in der manuellen Datenverarbeitung eingesetzt werden (Karteikästen, -schränke). Vgl. GROCHLA, E., SCHACKERT, H. R.: a.a.O., S. 73/74.

der in Betriebssystemen implementierten Sicherungsmaßnahmen) von bestimmender Bedeutung.[13]

6.1.3.2 Die Organisation der Datenverarbeitung und der Datenbestände

Die unternehmensindividuelle Organisation der DV und die ihrer Abläufe bestimmt die Kombination der verschiedenen DV-Phasen, die die Datenträger und damit die Daten durchlaufen. Gleichermaßen sind dabei für die Gestaltung eines Datensicherungssystems Fragen der Aufbauorganisation mit Unterstellungs- und Kompetenzregelungen und der Ablauforganisation zu berücksichtigen. Die in der Datenverarbeitung eingesetzte Technik ist auch von der jeweiligen Organisationsstruktur abhängig. Zwei Organisationsprinzipien für die Gestaltung der betrieblichen Strukturen und der Abläufe im Bereich der Datenverarbeitung kommt große Bedeutung zu:
- dem Prinzip der Zentralisation[14]
- dem Prinzip der Integration von Teilaufgaben[15].

In der Datenverarbeitung wird im allgemeinen zwischen technischer, räumlicher und organisatorischer Zentralisierung/Dezentralisierung unterschieden.[16] Das Prinzip der Zentralisierung/Dezentralisierung kann im Betrieb in vielen Ausprägungsformen in allen Phasen der Datenverarbeitung vorkommen. Häufig findet man eine dezentrale Datenerfassung, kombiniert mit zentraler Verarbeitung und Ausgabe sowie dezentralem Datenverbleib, vor. Bei einer räumlichen und/oder organisato-

---

[13] Auf diese Weise realisierte Kontrollen sind durch ihre permanente Präsenz effektiv. Sie sind nur dann zu unterlaufen, wenn ihre Funktion bekannt ist, d.h. wenn Benutzer über detaillierte Systemkenntnisse verfügen und dadurch entsprechende Manipulationen vornehmen können. Vgl. zu dieser Thematik die Ausführungen in Kapitel 6.4.1.
[14] Zentralisation ist als Zusammenfassung von Aufgaben, Kompetenzen (Verrichtungszentralisation) und/oder Geräten (Objektzentralisation) nach einem bestimmten Kriterium zu verstehen. Vgl. GROCHLA, E.: Organisation, Sp. 2848.
[15] Vgl. GROCHLA, E., SCHACKERT, H. R.: a.a.O., S. 82.
[16] Eine rein organisatorische Zentralisierung liegt bspw. vor, wenn die DV-Aufgaben einer bestimmten Abteilung zugeordnet sind, die einzelnen Arbeitsplätze dabei aber nicht auch räumlich zusammengefaßt sind.

rischen Dezentralisierung der Datenverarbeitung sind, nur um
an dieser Stelle ein Beispiel zu nennen, die Daten und Datenträger häufigen Transporten ausgesetzt. Dies hat unmittelbare Auswirkungen auf das Datensicherungskonzept im Unternehmen, denn Kontroll- und Sicherungsmaßnahmen müssen
nicht nur an verschiedenen Stellen, sondern u.U. auch mehrfach eingesetzt werden. Die Integration betrieblicher Teilaufgaben[17] zu einem Gesamtkonzept verringert zwar die Redundanz der für die unterschiedlichen Aufgabenbereiche gespeicherten Datenbestände und damit die bereits genannten, für
jeden isolierten Datenbestand zu realisierenden Kontroll-
und Sicherungsmaßnahmen, jedoch vergrößert sich dadurch das
Risiko weitreichender Manipulationen oder Datenzugriffe. Wie
bereits ersichtlich, ist mit dem Prinzip der Integration von
Teilaufgaben der DV eine gleichzeitige Integration (dadurch
Redundanzfreiheit) und eine Konzentration der Datenbestände
verbunden. Die größte Integration und Konzentration der Daten des Unternehmens ist durch den Einsatz von Datenbanksystemen erreichbar. Bezüglich der Datensicherung sind somit an
Datenbanksysteme weit höhere Anforderungen zu stellen als an
herkömmliche Dateiverwaltungssysteme.

6.1.3.3 Die räumlichen Gegebenheiten der Datenverarbeitung

Die Räumlichkeiten, eine ebenfalls extern vorgegebene Einflußgröße für die Datensicherung, können im allgemeinen
nicht oder kaum verändert werden, da sie bereits dem Betrieb
zur Verfügung stehen bzw. angemietet werden. Notwendige vorzunehmende bauliche Veränderungen für die Datenverarbeitung
sind mit sehr hohen Kosten verbunden, und daher wird in den
seltensten Fällen der Aspekt des Datenschutzes und der Da-

---
[17] Faßt man Aufgaben gleichen Ranges wie z.B. die Fakturierung, die Debitoren- und/oder Lagerbuchhaltung zu einer Aufgabenlösung zusammen, liegt eine horizontale DV-Integration vor. Integriert man in diese Lösung bspw. noch die Bereiche der Fertigungs- und Absatzplanung, dies wäre als eine Zusammenfassung von Aufgaben verschiedenen Ranges anzusehen, so spricht man von einer vertikalen DV-Integration. Vgl. KELLERWESSEL, P.: Probleme, a.a.O., S. 229.

tensicherung in die Raumplanung miteinbezogen. Wesentlichen Einfluß auf die Datensicherung haben zum einen die Größe der Räumlichkeiten, und in Abhängigkeit davon, die Zugangsmöglichkeiten zu ihnen. Durch die Größe der Räume wird die Anzahl der Personen festgelegt, die in ihnen mit unterschiedlichen Aufgaben beschäftigt sind. In Bezug auf die zur Aufgabenerfüllung benötigten Daten bedeutet dies, daß z.B. in einem Großraumbüro eine sehr starke räumliche Konzentration vorzufinden und damit eine Kontrolle bzw. Überwachung besonders nach Feierabend oder an Wochenenden kaum möglich ist. Zugänge (Türen, Fenster und sonstige Öffnungen) zu Räumen sind unter generellen Raumschutzgesichtspunkten auch für die Datensicherung von Bedeutung. Die Art und Anzahl der Öffnungen eines Raumes werden im Sinne einer Sicherung nach außen, d.h. unter dem Aspekt der Leichtigkeit, mit dem in sie eingedrungen werden kann, eine große Rolle spielen. Ein dritter zu beachtender Gesichtspunkt für ein Datensicherungssystem ist die Lage der Räume.[18]

6.2 Betriebsumfassende DuD-Maßnahmen

In diesem Abschnitt werden Maßnahmen behandelt, die für die Datenverarbeitung eines jeden Betriebes, unabhängig von ihrer Organisation, gültig sind. Nach dem Aufzeigen der Einsatzmöglichkeiten eines bDSB in kleinen und mittleren Betrieben folgt die Beschreibung allgemeiner personalbezogener Maßnahmen zum Erreichen von Datensicherheit. Betriebsumfassend sind zudem einige organisatorische Datenschutz- und sicherungsmaßnahmen zu treffen, die beispielsweise die Erfassung und Eingabe von Daten regeln. Weiterhin sind, um Gefährdungen der Datenverarbeitung von außen vorzubeugen, bauliche und technische Maßnahmen gegen Intrusion vorzunehmen.

---

[18] Vgl. STADLER, N.: Datensicherung durch Organisation: Voraussetzung des Datenschutzes, 2. Aufl., Freiburg 1980, S. 92, GRAEF, M., GREILLER, R.: a.a.O., S. 408ff. und GROCHLA, E., SCHACKERT, H. R.: a.a.O., S. 95.

6.2.1 Einsatz eines betrieblichen Datenschutzbeauftragten in kleinen und mittleren Betrieben

Kleine und mittlere Betriebe stehen vielfach vor dem Problem, wie sie der gesetzlichen Verpflichtung, einen bDSB zu bestellen, nachkommen können. Eine geeignete Person, die den in Kapitel 5.2.3 beschriebenen Anforderungen entspricht, in einem kleinen oder mittleren Betrieb zu finden, dürfte schwerfallen. Die Freistellung eines geeigneten Mitarbeiters von seinen bisherigen Aufgaben für diesen Zweck oder eine Neueinstellung dürfte zudem für die Unternehmen nicht in Frage kommen[19], da die Führungs- und Personalprobleme sowie die finanzielle Situation der Betriebe dies nicht zulassen.[20] Die Lösung, falls überhaupt ein bDSB existiert, einen "Nebenbei"-Beauftragten zu bestellen, wie z.B. den Leiter des Rechnungswesens oder gar den für die Organisation oder DV verantwortlichen Mitarbeiter des Betriebes, ist von vornherein abzulehnen, da diese die Entwicklungen des Datenschutzrechts und die daraus resultierenden neuen Anforderungen an die Sicherstellung des Datenschutzes kaum oder nur am Rande mitbekommen würden.[21] Sicherlich spielt auch die Nichtakzeptanz einer Führungskraft als bDSB seitens der Mitarbeiter eine gravierende Rolle bei einer solchen Entscheidung, da sie beispielsweise in Bezug auf die Verarbeitung von Personaldaten ihre Interessen kaum gewahrt sehen dürften und so dem bDSB ihre Unterstützung bei seiner Arbeit verweigern würden. Die "Nebenbei"-Beauftragten müßten sich außerdem in ihrem Funktionsbereich selbst kontrollieren und würden so in einen Interessenkonflikt kommen.[22]
Der Gesetzgeber regelt in den §§ 28 und 29 BDSG zwar die Voraussetzungen zur Bestellung eines bDSB, legt seine Aufgaben fest und äußert sich zu seiner Qualifikation und Stellung, läßt aber die Möglichkeit offen, eine natürliche oder auch juristische Person als externen bDSB zu bestellen.[23]

---

[19] Vgl. FEHLHABER, R. F. G.: Datenschutzbeauftragte - extern oder intern?, in: DuD: 5/1987, S. 238-240, hier S. 238.
[20] Vgl. dazu die Ausführungen in Kapitel 3.5.
[21] Vgl. FEHLHABER, R. F. G.: a.a.O., S. 239.
[22] Vgl. PEEZ, L.: a.a.O., S. 31.
[23] Vgl. SIMITIS, S. et al.: a.a.O., S. 831-840.

Für die Bestellung eines externen bDSB sprechen seine Neutralität und Unabhängigkeit[24] gegenüber der Geschäftsleitung sowie seine Fachkenntnisse. Um den Nachteil unzureichender Kenntnisse der Betriebsorganisation auszugleichen, bietet es sich an, ihm einen geeigneten Ansprechpartner im Betrieb zur Verfügung zu stellen, der nicht nur in angemessenen Zeitabständen mit dem externen bDSB in Kontakt tritt, sondern auftretende Fragestellungen ad hoc mit ihm klärt.

Auch kleine und mittlere Betriebe, die nicht der Verpflichtung der Bestellung eines bDSB nachkommen müssen, sollten aus Eigeninteresse von Zeit zu Zeit die Beratung eines externen Fachmanns für Datenschutz in Anspruch nehmen, einerseits, um sich im Rahmen der Forderungen des BDSG zu bewegen, andererseits, um den vielfältigen Gefahren, denen die Datenverarbeitung ausgesetzt sein kann, wirkungsvoll zu begegnen.

6.2.2 Betriebsumfassende personenbezogene Maßnahmen

In diesem Abschnitt werden DuD-Maßnahmen behandelt, die sich direkt auf die Mitarbeiter beziehen. Diese Maßnahmen sind nicht nur seitens des DV-Bereichs durchzuführen, sondern müssen zum Teil bereits von der Personalabteilung ergriffen werden. Es handelt sich überwiegend um organisatorische personenbezogene Schutz- und Sicherungsvorkehrungen für alle Mitarbeiter des Betriebes, die in irgendeiner Weise mit der betrieblichen Datenverarbeitung in Berührung kommen.

6.2.2.1 Allgemeine personelle Maßnahmen

Bereits bei der Auswahl eines geeigneten Mitarbeiters aus dem Betrieb bzw. einer Neueinstellung ist an die Problematik Datenschutz und Datensicherung zu denken. Anhand der Bewerbungsunterlagen und des Einstellungsgesprächs sollten neben

---

[24] Die Unabhängigkeit eines externen bDSB ist unter anderem dadurch gegeben, daß er i.d.R. noch weitere Kunden hat.

den Qualifikationen des Mitarbeiters die persönlichen Voraussetzungen für seinen Einsatz und den Umgang mit der DV analysiert werden. Unter dem Aspekt der Gefahrenabwehr ist besonders darauf zu achten, ob häufige Stellenwechsel ohne laufbahnmäßige bzw. finanzielle Verbesserungen vorgenommen wurden oder ungeklärte Lücken im Beschäftigungsnachweis bestehen. Desweiteren ist festzustellen, inwieweit sich der Stellenbewerber in finanziellen Schwierigkeiten befindet.[25]

Kommt es zu einer Einstellung, so ist jeder Mitarbeiter, der im Rahmen seiner Tätigkeit personenbezogene Daten verarbeitet, nach § 5 BDSG schriftlich auf das Datengeheimnis zu verpflichten.[26] Sinnvollerweise sollte diese Geheimhaltungsverpflichtung auf den Umgang mit allen Daten, Programmen und Tätigkeiten im DV-Bereich ausgedehnt werden und auch für die Zeit nach der Beendigung des Beschäftigungsverhältnisses Gültigkeit haben.

Während der Probezeit sollten dem Mitarbeiter zwar Aufgaben übertragen werden, die die gleichen Anforderungen an seine Fähigkeiten stellen, wie sie seine spätere Tätigkeit erfordert, jedoch darf er, um sie im Fall einer Nichteinstellung nicht mißbräuchlich benutzen zu können, während der Probezeit keine umfassenden Kenntnisse der sensiblen DV-Bereiche erwerben.[27]

Nach § 29, Satz 3, Ziffer 3 BDSG ist der bDSB verpflichtet, "alle am Verarbeitungsprozeß beteiligten Personen mit Ziel und Inhalt des Datenschutzes vertraut zu machen"[28], d.h., daß der Gesetzgeber die Schulung der Mitarbeiter bezüglich der Thematik Datenschutz und Datensicherung vorschreibt. Dieser Mitarbeiterschulung ist im Schutz- und Sicherungskonzept der Betriebe ein hoher Stellenwert einzuräumen, da neben dem Bewußtwerden der gesetzlichen Verpflichtung zum Datenschutz gleichzeitig das Verständnis für die Notwendigkeit des Einsatzes von Datensicherungsmaßnahmen geweckt wird. Selbst Maßnahmen, die auf den ersten Blick lediglich das Ar-

---

[25] Die Liste weiterer möglicher Gründe, einen Bewerber für den Einsatz im DV-Bereich abzulehnen, ist zu umfangreich, um sie an dieser Stelle zu diskutieren. Vgl. dazu die Ausführungen und besonders Tabelle 9.3 in: COMER, M. J.: Betrug im Unternehmen, Hamburg/New York 1987, S. 385-396.
[26] Vgl. SIMITIS, S. et al.: a.a.O., S. 297.
[27] Vgl. GROCHLA, E., SCHACKERT, H. R.: a.a.O., S. 156.
[28] Vgl. SIMITIS, S. et al.: a.a.O., S. 902.

beiten und den Umgang mit der DV-Anlage erschweren, sind von den Beschäftigten leichter zu akzeptieren und werden daher auch durchgeführt bzw. eingehalten.

Bei Beendigung des Beschäftigungsverhältnisses von Mitarbeitern der Datenverarbeitung sind eine Reihe weiterer DuD-Maßnahmen zu ergreifen, um zu verhindern, daß im Betrieb erworbene Kenntnisse und Fähigkeiten dazu verwendet werden, der Datenverarbeitung Schaden zuzufügen.[29] Bei einer Kündigung -unabhängig, von welcher Seite diese erfolgt - ist die Abteilung oder der Vorgesetzte sofort davon in Kenntnis zu setzen, um zu verhindern, daß weiterhin vertrauliche Informationen an eine nicht mehr berechtigte Person weitergegeben werden. Bei Tätigkeiten in besonders sensitiven Bereichen der DV stellt sich die Frage, ob eine Versetzung des Mitarbeiters bis zu seinem Ausscheiden in einen weniger sensitiven Bereich sinnvoll ist. Eine rechtzeitige Übergabe und die genaue Einarbeitung des Nachfolgers sollte ergo nicht nur unter dem Aspekt des reibungslosen Fortbestehens der Tätigkeit gesehen werden, sondern dient auch einer gleichzeitigen Revision dieser Stelle. Es steht zudem außer Frage, daß die ausscheidenden Mitarbeiter alle ihnen anvertrauten Unterlagen, Ausweise, Schlüssel, etc. zurückzugeben haben."[30]

6.2.2.2 Klassifizierung des Personals und Vergabe von Berechtigungen

Die Ausführungen dieses Abschnittes beschreiben das organisatorische Vorgehen zur Vergabe von Berechtigungen, die sich aus der Anlage zum § 6 BDSG ableiten lassen.[31]
Die Basis jeglicher Berechtigungen für den Umgang mit der Datenverarbeitung eines Betriebes bildet eine Klassifikation des Personals, hinsichtlich ihres Zugangs und des Zugriffs

---

[29] Beispielhaft sei an dieser Stelle die Installation "logischer Bomben" genannt. Denkbar sind jedoch alle Handlungen der ausscheidenden Mitarbeiter, die zu den in Kapitel 4 aufgeführten Gefährdungen der DV führen können.
[30] Vgl. BREUER, R.: Computer-Schutz, a.a.O., S. 204ff..
[31] Die konkrete Umsetzung, Realisation und Kontrolle der Berechtigungen wird an geeigneter Stelle in den nachfolgenden Abschnitten und Kapiteln behandelt.

zu den einzelnen zu sichernden Komponenten eines DV-Systems.
Die berechtigten Funktionsträger können beispielsweise anhand der in der o.g. Anlage zum § 6 BDSG aufgeführten Kontrollbereiche ermittelt werden.[32] Zu beachten ist dabei, daß nicht nur das DV-Personal, sondern auch die Mitarbeiter der Fachabteilungen, das Reinigungspersonal und alle weiteren Personen, auch Außenstehende in die Klassifikation einbezogen werden.
Anhand dieser Klassifikation und den von den Mitarbeitern wahrzunehmenden Aufgaben sowie den in Kapitel 6.1.1 beschriebenen Sicherheitsstufen der Daten sind sodann die Berechtigungen und Befugnisse der einzelnen Personen für den Zugang zur Datenverarbeitung und den Zugriff auf Daten und Programme festzulegen. Zugangs- und Zugriffsberechtigungen werden in dieser Arbeit als Oberbegriffe für eine Vielzahl genauer zu spezifizierender Befugnisse verwendet, die alle Kontrollen der Anlage zum § 6 BDSG abdecken müssen. Zugangsberechtigungen umfassen somit nicht nur den Zugang zu den räumlichen Gegebenheiten und Bereichen der Datenverarbeitung, sondern regeln auch die Benutzung der verschiedenen DV-Geräte (Operationsberechtigung) sowie den Empfang, den Abgang bzw. die Rückgabe von Datenträgern. Die Zugriffsberechtigungen erlauben den einzelnen Mitarbeitern das Arbeiten mit den diversen Programmen und Daten. Besonders genau festzulegen ist, wer mit welchen Anwendungsprogrammen arbeiten darf und welche Betriebssystemoperationen dabei ausgeführt werden dürfen. In Abhängigkeit davon sind weiterhin die Zugriffe der Mitarbeiter auf die zur Durchführung ihrer Aufgabe benötigten Datenbanken, Dateien, Datensätze und sogar die einzelnen Datenfelder zu regeln und dabei Rechte, wie Lesen, Schreiben, Verändern, Einfügen und Löschen, zu vergeben, d.h. welche Operationen den Mitarbeitern mit den Daten erlaubt sind.[33]
Der besseren Übersichtlichkeit wegen schlagen Grochla und Schackert vor, die Zuordnung von Berechtigungsarten zu Mit-

---

[32] Vgl. GROCHLA, E., SCHACKERT, H. R.: a.a.O., S. 111.
[33] Vgl. WECK, G.: a.a.O., S. 205. Detaillierte Ausführungen zu den diversen Berechtigungen folgen in den nachfolgenden Abschnitten und Kapiteln.

arbeitern und DV-Objekten mittels einer Matrixdarstellung vorzunehmen.[34] Alle Berechtigungen dürfen generell nur zeitlich beschränkt vergeben werden und sollten nach Ablauf einer bestimmten Frist einer erneuten Beurteilung unterliegen. Desweiteren sind von vornherein Berechtigungen für Ausnahmesituationen, wie Urlaub und Krankheit von Mitarbeitern, zu vergeben. Mit der Klassifizierung des Personals und der Vergabe der Berechtigungen ist ein erheblicher organisatorischer Aufwand verbunden, da laufend Anpassungen, wie Versetzungen, Neueinstellungen oder Kündigungen des Personals, berücksichtigt werden müssen. Neben den Vorschlägen der Fachabteilungsvertreter sind zur Durchführung dieser grundlegenden Sicherungsmaßnahme vorhandene Organisationsmittel mit Anweisungscharakter, dazu gehören beispielsweise der Organisationsplan, der Stellenplan und die Stellenbeschreibungen, heranzuziehen. Auch Funktions- und Kommunikationsdiagramme oder der Aufgabengliederungsplan, also Übersichten mit graphischen Darstellungen, die im wesentlichen eine Dokumentationsfunktion haben, sind zur Lösung dieser Aufgabe geeignet.[35]

6.2.2.3 Identifizierungsmaßnahmen

Die Erteilung von Berechtigungen allein bietet noch keinen Schutz vor unerwünschten und unerlaubten Benutzeraktivitäten. Maßnahmen zur Identifizierung der Benutzer sind ein notwendiger Schritt, um die Einhaltung der erteilten Zugangs- und Zugriffsberechtigungen zu kontrollieren. Dies bedeutet, daß zunächst die Identität einer Person angegeben (Identifikation) und diese durch ein geeignetes Verfahren zweifelsfrei verifiziert werden muß (Authentifikation).[36] Die Identifizierung einer Person kann durch Sachmittel, Er-

---

[34] Vgl. GROCHLA, E., SCHACKERT, H. R.: a.a.O., S. 117ff.
[35] Vgl. STEINBUCH, P. A.: Organisation, 6. Aufl., Ludwigshafen 1987, Kap. 5.1.
[36] Vgl. WECK, G.: a.a.O., S. 38 und Kapitel 8.3.4.1.

innerungswerte [37] und physiologische Merkmale der Person
vorgenommen werden.

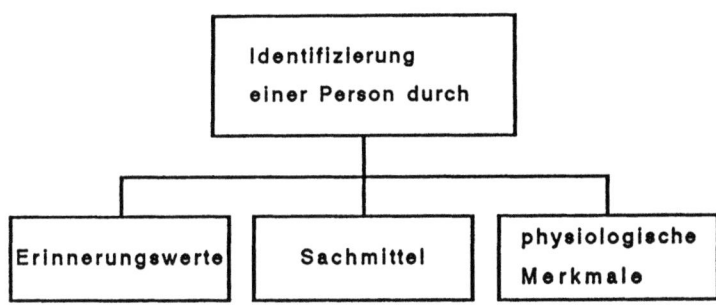

Abb. 21: Möglichkeiten der Identifizierung einer Person [38]

In kleinen und mittleren Betrieben sind zur Identifizierung einer Person überwiegend die Erinnerungswerte[39] und Sachmittel[40] heranzuziehen. Eine Identifikation mittels physiologischer Merkmale[41] kommt für die in dieser Arbeit betrachteten Unternehmen kaum in Frage, da die räumliche, personelle und organisatorische Struktur der Datenverarbeitung einer Installation der dazu nötigen technischen Geräte entgegensteht.[42]

---

[37] Ein Erinnerungswert oder gedanklicher Schlüssel ist ein Merkmal, das nur der Benutzer kennt und im Gedächtnis behält.
[38] Die in der Abbildung aufgeführten Identifikationsmöglichkeiten sind detailliert beschrieben in GROCHLA, E., SCHACKERT, H. R.: a.a.O., S. 157-165.
[39] Bei Erinnerungswerten kann es sich um feste oder variable gedankliche Schlüssel, programmierte Fragen oder die Transformation von Vorgabegrößen handeln.
[40] Unter Sachmitteln werden in dieser Arbeit Schlüssel, Ausweise mit offener oder verdeckter Codierung, Codesender und Chipkarten verstanden. Bei Ausweisen mit offener Codierung ist das Identifizierungsmerkmal visuell erkennbar. Verwendet werden dazu die Strich-, Loch- Präge- und Gravurcodierung. Verdeckte Codierung kann bspw. als Magnetstreifen-, Induktions- oder Interferenzcodierung erfolgen.
[41] Die Identifizierung einer Person durch physiologische Merkmale kann mittels einer Stimmanalyse, einer Fingerabdruckprüfung, der Extremitätenvermessung sowie der Analyse der Augennetzhaut, der sogenannten Eye-Identifikation, erfolgen.
[42] Vgl. dazu die Ausführungen in Kapitel 3.

6.2.3 Organisation des Belegwesens

Ein Bereich, der in den seltensten Fällen unter datenschutz- und -sicherungstechnischen Aspekten betrachtet wird, ist das Belegwesen der Betriebe. Der zunehmende Einsatz von Anwendungsprogrammen in allen Betriebsbereichen, als Beispiel sind die Abrechnungssysteme, wie EDV-Buchführungen und Lohn- und Gehaltsabrechnungssysteme in kleinen und mittleren Betrieben zu nennen, sowie die diversen Möglichkeiten der Erfassung und Eingabe von Daten[43] nehmen wesentlichen Einfluß auf die Belegorganisation. Betrachtet man die verwendeten Belegformulare, so ist ihr Aufbau häufig unübersichtlich, es werden oft sogar Mehrzweckformulare verwendet, die Erfassungs- und Eingabefehler geradezu provozieren. Zudem liegen durch die Beleggestaltung begründete Fehlerquellen bereits im Vorfeld der Datenerfassung, nämlich bei der Datenaufnahme. Durch sinnvolle organisatorische Maßnahmen im Belegwesen können jedoch Fehlerquellen, die letztlich zu Verarbeitungsfehlern führen, vermindert, wenn nicht gar ausgeschaltet werden.

Aus diesen Aussagen lassen sich einige Anforderungen an die Gestaltung und Bearbeitung von Belegen ableiten. Die wichtigste Forderung ist die an einen übersichtlichen und erfassungsgerechten Aufbau der Formulare. Dies bedeutet, daß die Belege in der Reihenfolge der zu erfassenden Daten aufgebaut und die Bezeichnungen der Felder eindeutig sind.[44] Aus Datenschutzgründen sollten weiterhin die erläuternden Angaben auf Belegen mit personenbezogenen Daten minimiert werden. Die Belegdurchschläge sind aus Kontroll- und Abstimmungsgründen zu reduzieren und so zu gestalten, daß nur Daten, die der Empfänger benötigt, für ihn einsichtbar sind. Hilfreich kann auch die Verwendung farbiger Belegformulare für unterschiedliche Datenkategorien sein.
Der Belegfluß ist als Grundlage einer Rekonstruktion aufgetretener Fehler und aus Kontrollgründen zu dokumentieren. Anweisungen und Richtlinien zur Belegbearbeitung, ein-

---

[43] Es sei an dieser Stelle lediglich auf die Möglichkeit der direkten Dateneingabe und die indirekte Erfassung auf Datenträgern hingewiesen.
[44] Vgl. HAHNE, B., KASSEL, H.: a.a.O., S. 99/100.

schließlich der Vorgehensweise bei Änderung und Entwertung
von Belegen, verhindern unkontrollierte Manipulationen. Der
jeweilige Bearbeiter sollte generell durch Namenszeichen und
Datumsangabe die Bearbeitung und Weitergabe des Beleges
quittieren. Auf diese Weise können Unregelmäßigkeiten in der
Bearbeitung überprüft und abgestellt werden. In Abhängigkeit
von der Organisation des Betriebes sind weitere Maßnahmen
zur Belegverwendung zu ergreifen:
- die Formularvordrucke sind zentral unter Verschluß zu
  lagern
- Belegmuster der in der Stelle bearbeiteten Formulare, ein
  Belegverzeichnis und ein Belegartenplan machen eine
  leichtere Fehlererkennung möglich
- eine fortlaufende Belegnumerierung und Begleitzettel
  dienen einer einfachen Vollständigkeitskontrolle
- bearbeitete und nicht mehr verwendete Belege sind zentral
  im Archiv gemäß den gesetzlichen Fristen zu lagern.[45]

6.2.4 Maßnahmen gegen Intrusion

Die in diesem Abschnitt behandelten DuD-Maßnahmen haben
überwiegend präventiven Charakter. Sie dienen in erster Linie der Sicherung gegen jegliches unbefugte Eindringen in
den DV-Bereich von außen, sind aber zum Teil auch gegen
sonstige externe Einflüße, wie Brand-, Wasser- und ähnlich
geartete Schäden, einsetzbar. Neben Überwachungssystemen,
Alarmanlagen und Schließsystemen für eine wirksame Gebäude-
und Objektsicherung werden einzelne bauliche Sicherungen unter dem Gesichtspunkt der Zugangskontrolle zum DV-Bereich
angesprochen. Von der Organisation der Datenverarbeitung her
kommen diese Maßnahmen für mittlere Betriebe mit einer DV-
Abteilung in Frage. Einzelne sicherungstechnische Einrichtungen und bauliche Vorkehrungen sind aber auch in kleinen
und mittleren Betrieben mit anderen Organisationsformen der
Datenverarbeitung sinnvoll einsetzbar, da alle aufgeführten
Maßnahmen darüberhinaus der Gebäude- und Objektsicherung des
gesamten Betriebes dienen.

---
[45] Vgl. GROCHLA, E., SCHACKERT, H. R.: a.a.O., S. 123-125.

Bezieht man das Firmengelände in den Intrusionsschutz ein, so lassen sich drei Überwachungs- und Sicherungszonen festlegen. Möglichst weit vor den zu schützenden Objekten setzt die Perimeterüberwachung ein. Die Gebäude selbst, ihre Gebäudeaußenflächen, Zugänge und sonstigen Öffnungen werden durch eine Außenhaut- und Zugangsüberwachung gesichert. Besonders gefährdete Bereiche und Objekte im Gebäudeinneren unterliegen einer Innenraum- und Objektüberwachung.[46]

6.2.4.1 Perimeterüberwachung

Auf der Grundlage einer Verwundbarkeitsanalyse, die die Schutzziele und darauf aufbauend die möglichen Intrusionsarten beinhaltet, kann das Erkennen, Erschweren oder Verhindern eines unbefugten Eindringens auf das Firmengelände und in das Firmengebäude mittels des sinnvollen Einsatzes der Intrusionsschutztechnik vorgenommen werden. Unter Einbeziehung bereits vorhandener Hindernisse, wie Zäune, Mauern und langer Wege zu dem Gebäude, in dem die Datenverarbeitung untergebracht ist, können je nach Notwendigkeit Fernsehüberwachungs-, Einbruch- und Überfallmeldeanlagen sowie Perimeterschutzanlagen installiert werden.
Perimeterschutzanlagen, die auf der Basis einer Infrarot-Barriere, nach der Mikrowellen-Richtstreckentechnik oder als drahtgebundenes Volumenüberwachungssystem[47] arbeiten, melden Eindringlinge in Abhängigkeit von der vorherrschenden Außentemperatur in einer Entfernung zwischen 10 und maximal 200 Metern und verfügen selbstverständlich über einen differenzierten Sabotageschutz.[48] Der Einsatz derartiger Systeme kommt für kleine und mittlere Betriebe selten in Frage. Sie sind zu teuer und daher eher für Großbetriebe und Rechenzentren geeignet. Dennoch müssen auch kleine und mittlere

---
[46] Vgl. ABEL, H., SCHMÖLZ, W.: a.a.O., S. 35.
[47] Ein drahtgebundenes Volumenüberwachungssystem baut mit der Luft eine bestimmte Kapazität zwischen Sende- und Empfangsdrähten eines Zaunes als Dielektrikum auf, welches durch die von der Luft abweichende Dielektrizitätskonstante eines Eindringlings verändert wird und Alarm auslöst.
[48] Vgl. ABEL, H., SCHMÖLZ, W.: a.a.O., S. 36.

Betriebe dem Perimeterschutz ihre Aufmerksamkeit widmen. Vielfach erschweren bereits mechanische Hindernisse und eine ausreichende Beleuchtung auf dem Firmengelände ein Eindringen und lassen in Verbindung mit Alarmanlagen eine ausreichende Reaktionszeit, um größeren Schaden abzuwenden.

6.2.4.2 Außenhautsicherung

Weit größere Bedeutung kommt der Außenhautsicherung des Gebäudes bezüglich eines Eindringens zu. Dabei werden Raumöffnungen, wie Fenster und Türen, dahingehend überwacht, daß sie sich in ge- und verschlossenem Zustand befinden. Zudem wird auch die Umhüllung des Raumes auf Unversehrtheit durch Flächenschutzeinrichtungen[49], Glasbruchmelder, Erschütterungskontakte und Körperschallmelder kontrolliert.

Eine Außenhautüberwachung ist allerdings ohne eine Sicherung der Gebäudeöffnungen durch zusätzliche bauliche Maßnahmen sinnlos.

Fensterrahmen sollten aus Stahl oder durch Stahlbänder geschützt sein, die Beschläge sind einzulassen und sollten mindestens drei Zuhaltungen besitzen. Die Wahl der Verglasung ist vom Schutzzweck abhängig. Auf jeden Fall sollte Spezialglas verwendet werden, das den Widerstandsklassen der DIN 52290 entspricht.[50]

Bei allen Außentüren, auch den Notausgängen, sollten folgende Ansatzpunkte für die Sicherung beachtet werden:[51]

- Die Türrahmen und Zargen sollten fest mit dem Mauerwerk verbunden sein.
- Das Türblatt sollte aus Metall, Vollholz oder Spezialglas bestehen.

---
[49] Als Flächenschutzeinrichtungen kommen Alarmdrahttapeten, Folienstreifen oder kupferkaschierte Platten in Betracht.
[50] Diese Norm unterscheidet die Widerstandsklassen A bis E, wobei die einzelnen Klassen weiter untergliedert sind. Die Wirkung des Spezialglases reicht von einer Durchwurf-Durchbruch-, Durchschuß- bis hin zu einer Sprengstoffhemmung. Vgl. ABEL, H., SCHMÖLZ, W.: a.a.O., S. 37.
[51] Vgl. GROCHLA, E., SCHACKERT, H. R.: a.a.O., S. 126-128; DuD Checklist: Sicherung durch bauliche Maßnahmen, in: DuD: 3/1981, S. 215-222, hier S. 217.

- Die Türbänder sollten nicht von außen demontiert und die Tür nicht aus den Angeln gehebelt werden können.
- In alle Außentüren sind Schließsysteme mit einem Sicherheitsschloßzylinder nach DIN 18252 einzubauen.

Ohne flankierende Maßnahmen allerdings nützen die sichersten Schließsysteme nichts. Ein regelmäßiges Überprüfen, ob die Schließvorrichtungen defekt sind, ein sicheres Aufbewahren der Schlüssel in einem absperrbaren Schlüsselkasten oder einem Schlüsseltresor sowie ein regelmäßiges Absperren der Türen sind notwendig, um beispielsweise ein Kopieren der Schlüssel oder ihren Diebstahl zu verhindern.
Von besonderem Interesse sind neben Fenstern und Türen alle sonstigen Öffnungen[52] am Gebäude mit einer lichten Weite von mindestens 25 cm. Für diese Mauerdurchbrüche sind eingelassene bzw. eingemauerte Gitter oder ähnliche Schutzvorrichtungen als eine Mindestforderung anzusehen.

6.2.4.3 Innenraumsicherung und Zugangskontrolle

Eine wirksame Innenraumsicherung umfaßt neben der Überwachung von Räumen, Fluren und Treppenhäusern die Objektsicherung und die Zugangskontrolle.
Die Sicherung von Objekten durch elektromechanische, elektronische oder kapazitive Melder kommt für kleine und mittlere Betriebe kaum in Frage. Auch die Installation von Infrarot-Schranken und Bewegungsmeldern zur Raumüberwachung ist für die in dieser Arbeit betrachteten Betriebe nur selten notwendig.
Von Interesse kann jedoch die Installation eines Zugangsüberwachungssystems sein, welches mindestens die Überprüfung der Zugangsberechtigung nach Ort und Zeit und eine Protokollierung aller Vorgänge und Bewegungen in den DV-Bereichen vornimmt, in denen besonders sensitive Daten verarbeitet

---
[52] Vielfach werden diese Öffnungen, dazu gehören Licht- und Klimaschächte, Müll- und Kellerschächte, Dachluken und Glaseinsätze zur Tageslichtbeleuchtung, in ein Schutz- und Sicherungskonzept nicht einbezogen. Vgl. DuD Checklist: Sicherung durch bauliche Maßnahmen, a.a.O., S. 215.

werden und im Falle eines unberechtigten Zugangsversuchs diesen abweist bzw. Alarm auslöst. Aufgrund der räumlichen Gegebenheiten in kleinen und mittleren Betrieben sind darüberhinausgehende Funktionen, wie das Ansteuern eines Türöffnungsmechanismusses, die automatische Überwachung der Türöffnungszeiten und der zeitlichen Legitimierung im geschützten Bereich, kaum durchführbar.

Die Identifizierung einer Person wird bei Zugangsüberwachungssystemen anhand von Sachmitteln oder physiologischen Merkmalen durchgeführt. Wie bereits in Kapitel 6.2.2.3 erwähnt, sind Identifizierungen anhand physiologischer Merkmale aufgrund der Struktur der Datenverarbeitung kleiner und mittlerer Betriebe kaum einsetzbar, zudem befinden sich die auf diesen Verfahren beruhenden neuen Techniken teilweise noch im Entwicklungsstadium.[53] Die Überprüfung der Zugangsberechtigung wird heute überwiegend mittels Ausweiskarten[54] und Eingabe eines Codes über eine Tastatur vorgenommen. Bei den Ausweiskarten spielt die Fälschungssicherheit eine große Rolle. Es sollten also nur Ausweiskarten mit verdeckter Codierung Verwendung finden. Eine hohe Packdichte der Zeichen auf diesen Karten ermöglicht längere Zeichenfolgen und bietet damit mehr Kombinationsmöglichkeiten, so daß ein Entschlüsseln des Codes erschwert wird. Zur Verhinderung des Mißbrauchs einer verlorenen oder gestohlenen Ausweiskarte sollte diese ein neutrales Aussehen haben und keine Informationen über ihre Zugangsmöglichkeiten enthalten.

6.3 Hardwarebezogene Schutz- und Sicherungskonzepte

Einfluß auf die Qualität des betrieblichen Schutz- und Sicherungskonzeptes kann bereits mit der Auswahl und der Aufstellung der Hardware, sowie den damit verbundenen räumlichen und organisatorischen Gestaltungsmöglichkeiten genommen werden. Die in diesem Zusammenhang stehenden Aspekte und Probleme sind Gegenstand der Betrachtung in Abschnitt 6.3.1.

---

[53] Vgl. ABEL, H., SCHMÖLZ, W.: a.a.O., S. 38.
[54] Als Ausweiskarten werden häufig Magnetstreifenausweise und Induktivkarten verwendet. Vgl. auch Fußnote 40 auf S. 131.

Im darauffolgenden Abschnitt (Kapitel 6.3.2) werden die Möglichkeiten hardwaretechnischer Zusatzeinrichtungen dargestellt, die dem EDV-Betreiber ein einwandfreies Arbeiten des DV-Systems auch unter Datenschutz- und -sicherungsgesichtspunkten ermöglichen. Abschnitt 6.3.3 greift nochmals die Thematik der kompromittierenden Abstrahlung unter dem Gesichtspunkt der Abschirmung auf.

6.3.1 Geräteaufstellung, Raumausstattung und -gestaltung

Mit der Entscheidung für eine bestimmte EDV-Anlage ist gleichzeitig die Problematik des Standorts und die Gestaltung der Räumlichkeiten zu betrachten. Unabhängig von der organisatorischen Einbettung der EDV im Unternehmen[55] sind bei der Installation einer mittleren DV-Anlage die Aufgabenstellung und die vorgesehene Mitarbeiterzahl von Bedeutung für die Standortwahl.
Keller- und Bodenräume sollten als Rechnerraum generell nicht in Frage kommen, da in diesen Räumen die klimatischen Bedingungen i.d.R. nicht den für einen einwandfreien Rechnerbetrieb notwendigen Anforderungen entsprechen. Während Kellerräume zu feucht sind und zudem die Gefahr eines Wassereinbruchs infolge von Unwettern und Rohrbrüchen gegeben ist, sind Räume im Dachgeschoß bei lang andauernder Sonneneinstrahlung klimatisch ungeeignet. Bei Stürmen, Gewittern und anderen Unwettern besteht gleichermaßen die Gefahr, daß die DV-Anlage zu Schaden kommt. Um ein Eindringen externer Täter zu erschweren, sollte sich der Rechnerraum auch nicht im Erdgeschoß hinter einer großen Glasfront befinden.
Der EDV-Raum selbst ist mit einem Installationsboden und einer untergehängten staubfreien Leichtmetalldecke auszustat-

---

[55] Betrachtet wird in diesem Abschnitt sowohl die Organisation einer DV-Abteilung, als auch das Konzept der abteilungsorientierten Datenverarbeitung. Vgl. dazu Kapitel 3.3.1 und 3.3.2.

ten. Je nach Anlagentyp ist der Raum in einen klimatisierten[56] und nichtklimatisierten Bereich zu teilen.[57] In mittleren Betrieben mit einer DV-Abteilung empfiehlt sich die Einrichtung von Sicherheitszonen, damit ist zum einen die räumliche Abtrennung der Datenverarbeitung von den übrigen Abteilungen gemeint, zum anderen sind zur Durchführung der im BDSG geforderten Kontrollen auch in der DV-Abteilung selbst interne closed-shops für die verschiedenen Funktionsgruppen einzurichten. Da in den seltensten Fällen ausreichend Räume dafür zur Verfügung stehen, sollten die einzelnen Funktionen zumindest durch das Mobiliar und Trennwände in erkennbare Zonen, zu denen jeweils nur die berechtigten Mitarbeiter Zugang haben, voneinander abgetrennt werden.[58] Erfolgt die Datenerfassung dezentral oder wird als Organisationsform die Datenverarbeitung abteilungsorientiert durchgeführt, können bereits mit der Aufstellung der Geräte die Einsichtmöglichkeiten Unbefugter bzw. der Kollegen an anderen Arbeitsplätzen verhindert werden. Als einfache, aber sehr wirksame Maßnahme ist hier beispielsweise das Aufstellen der Datensichtgeräte zur Wand hin zu nennen. Im Falle der Nichtbenutzung eines Terminals bietet dessen Abschließbarkeit einen wirksamen Schutz. Für Tastaturen, Bildschirme und CPU's diverser Größen bieten mehrere Zubehörfirmen zudem separate bzw. in Büromöbel integrierte verschließbare Tastaturschubladen und Gehäuse an, die die DV-Anlage während und außerhalb der Arbeitszeit vor Zugriffen Unbefugter schützt.[59]

---

[56] Auf eine detaillierte Darstellung der Klimatisierung von DV-Anlagen wird verzichtet, da diese in Abhängigkeit vom Anlagentyp herstellerseitig verlangt wird. Vgl. zu dieser Thematik bspw. BREUER, R,: Computer-Schutz, a.a.O., S. 75f. und GRAEF, M., GREILLER, R.: a.a.O., S. 420ff.
[57] Vgl. GRAEF, M., GREILLER, R.: a.a.O., S. 408/409.
[58] Das in Rechenzentren praktizierte offene Tragen von Sichtausweisen oder das Anbringen von Photos der Berechtigten sind in den kleinen und mittleren Betrieben wohl über das Ziel hinausgehende Maßnahmen. Vgl. GROCHLA, E., Schackert, H. R.: a.a.O., S. 139f.
[59] Für PC's existieren auch bereits Schließsysteme, die den Ausbau von Erweiterungskarten durch Unbefugte verhindern sollen. Nur durch die Benutzung von Werkzeugen ist ein gewaltsamer Ausbau möglich. Als Beispiel sei das Produkt PC-Lok der Firma MISCO genannt. Vgl. MISCO-KATALOG: Mörfelden-Walldorf, Oktober/November 1987, S. 15.

6.3.2 Zusatzeinrichtungen gegen externe Störquellen

Gegen Einwirkungen über die Versorgungsleitungen sind EDV-Anlagen aller Größenklassen noch immer sehr empfindlich. Zu den am häufigsten auftretenden externen Störungen zählen Stromausfälle, Mikrounterbrechungen, Netzschwankungen, Störimpulse auf dem Versorgungsnetz, elektrostatische Aufladungen, Blitzeinwirkungen über die Netzzuleitungen und Überspannungen auf Datenleitungen.[60] Bereits Störungen im Millisekundenbereich können zu Datenverlusten und sogar Hardwareschäden, besonders bei Plattenlaufwerken, führen. Durch entsprechende Maßnahmen kann derartigen Störungen weitestgehend begegnet werden.

Als Mindestforderung ist ein eigener Anschluß der DV-Anlage anzusehen. Der Anschluß weiterer Stromverbraucher, wie z.B. von Steckdosen, der Raumbeleuchtung und anderer Geräte, bei denen Schaltstromstöße entstehen, muß unterbleiben.[61] Eine regelmäßige Überprüfung der Versorgungsleitungen kann möglichen Schäden vorbeugend entgegenwirken.

Trotz der weitgehend zuverlässigen Stromversorgungsnetze[62] ist die Überlegung anzustellen, inwieweit eine zusätzliche Unterbrechungsfreie Stromversorgung (USV)[63], je nach Auslegung, die angeschlossene EDV-Anlage kurzzeitig oder vollständig unabhängig vom Netz versorgen soll. Auch bei Mikrounterbrechungen und Netzschwankungen schützt eine USV den Betreiber und seine Anlage vor Schäden.[64] Erheblich preiswerter sind dagegen die Spannungskonstanter, deren Einsatz bei Mikrounterbrechungen zwar nicht immer ausreicht, die jedoch in der Lage sind, Netzschwankungen zu unterdrücken.

---

[60] Vgl. SCHOLL, G.: Hardware-Schutz für EDV-Systeme, in: Markt&Technik: Nr. 35 vom 28.8.1987, S. 22-26, hier S. 22.
[61] Vgl. GRAEF, M., GREILLER, R.: a.a.O., S. 416.
[62] Statistisch betrachtet tritt ca. sechsmal im Jahr ein Stromausfall auf. Die Ausfallhäufigkeit in Industriebetrieben liegt jedoch weit höher. Vgl. SCHOLL, G.: a.a.O., S. 22.
[63] Man unterscheidet dynamische und statische USV's. Die statischen USV-Anlagen laufen meist im Dauerbetrieb, ihre Überbrückungsdauer richtet sich nach der Batteriekapazität. Vgl. GRAEF, M., GREILLER, R.: a.a.O., S. 419/420.
[64] USV-Anlagen gibt es für Rechner aller Größenklassen, auch für Personal Computer.

Gegen Störimpulse, dies sind kurze Hochfrequenz-Spannungsimpulse, die durch das Ein- und Ausschalten von Geräten bzw. Maschinen mit Elektromotoren und Magneten hervorgerufen werden[65], hilft der Einbau von HF-Filtern und Überspannungsschutzeinrichtungen. Dieselben Einrichtungen, allerdings mit einer Impulsfestigkeit von mindestens 10 Kiloampere und einer externen Ableitung versehen, sind in der Lage, Blitzeinwirkungen[66] zu kompensieren.

Sind Datenleitungen parallel zu Netzleitungen verlegt, können durch die bei Ein- und Ausschaltvorgängen erzeugten Feldänderungen induktive oder kapazitive Kopplungen entstehen, die die gleichen Auswirkungen wie Blitzeinwirkungen im Netz hervorrufen können. Bei vernetzten PC's und mittleren EDV-Anlagen, deren Peripherie weiter entfernt aufgestellt ist, sollten daher Datenleitungsschutzgeräte zum Einsatz kommen.[67]

Sehr häufig anzutreffen sind elektrostatische Aufladungen, die fast immer durch Reibungselektrizität in Verbindung mit einer zu geringen Luftfeuchtigkeit auftreten. Dabei können Spannungen bis zu 30.000 Volt, bei zwar nur geringer Stromstärke, entstehen, die Halbleiterchips zerstören können. Das Verlegen eines leitfähigen Teppichbodens, unter dem geerdete Kupferbänder mit einem leitfähigen Klebstoff verklebt werden, zählt zu den teureren Lösungen. Preiswerter und für PC-Arbeitsplätze ausreichend ist das Auslegen von Antistatikmatten um Geräte und Arbeitsplätze. Zudem ist eine regelmäßige Luftbefeuchtung zu empfehlen.[68]

Aufgrund der vielfältigen technischen Details sollten diese Zusatzeinrichtungen, bis auf das Auslegen von Antistatikmatten und das Anbringen von Luftbefeuchtern, von Fachfirmen installiert werden.

---

[65] Als Verursacher von Störimpulsen sind beispielsweise elektrische Schreibmaschinen und Kopiergeräte zu nennen. Nicht selten führt deren Benutzung zum Systemabsturz.
[66] Selbst wenn sie in einiger Entfernung einschlagen, erzeugen Blitzeinschläge auf dem Wege der elektromagnetischen Induktion Spannungen von mehreren tausend Volt im Netz, die sich mehrere hundert Meter weit ausbreiten können. Vgl. KRÖGER, S.: a.a.O., S. 66.
[67] Vgl. SCHOLL, G.: a.a.O., S. 24.
[68] Vgl. o.V.: Gefährlicher Funkenschlag, a.a.O., S. 202.

6.3.3 Schutzmaßnahmen gegen kompromittierende Abstrahlung

Das Risiko einer Abhörgefahr, verursacht durch die kompromittierende Abstrahlung, ist in der überwiegenden Zahl der kleinen und mittleren Betriebe bislang vernachlässigt worden oder sogar unbekannt. Man wird sicherlich argumentieren können, daß die in diesen Betrieben verarbeiteten Daten für eine Ausspähung kaum lohnenswert sind. Diesem Argument ist jedoch entgegenzuhalten, daß beispielsweise eine durch Abhören erlangte Kundendatei eines Immobilienmaklers seinen Konkurrenten einen enormen Wettbewerbsvorteil bringen wird. Dieses Beispiel verdeutlicht die Tatsache, daß jeder Betrieb für sich entscheiden muß, inwieweit seine Daten schützenswert und gegen welche Gefahren sie zu sichern sind. Bedingt durch die einfachen technischen Möglichkeiten, die kompromittierende Abstrahlung zu empfangen und aufzuzeichnen, sollten Schutzmaßnahmen gegen eben diese in ein Sicherungskonzept einbezogen werden.

Der Einsatz aktiver Schutzmaßnahmen, nämlich das Feststellen und Orten von Lauschangriffen, kommt für die Betriebe aus Kosten- und Zeitgründen nicht in Frage. Ihnen bleiben die Möglichkeiten der passiven Schutzmaßnahmen, d.h., daß die Abstrahlung an ihrem Entstehungsort durch Abschirmung verhindert wird.[69] Aus Sicherheitsgründen dürfen ablauschsichere Computer[70] in der Bundesrepublik nur Behörden geliefert werden.[71] Herstellerangaben über die Abstrahlsicherheit ihrer auf dem Markt für kommerzielle Anwender angebotenen Geräte sind nur in den seltensten Fällen erhältlich.[72] Daher empfiehlt es sich zunächst, die kompromittierende Abstrahlung der einzelnen Objekte, insbesondere der Bildschirme, mit denen besonders schutzwürdige Daten verarbeitet werden, und der Leitungen zu messen. Die Abschirmung eines Gerätes kann in Form eines Faraday'schen Käfigs erfolgen, indem ein

---

[69] Vgl. ABEL, H., SCHMÖLZ, W.: a.a.O., S. 312.
[70] Dies sind mit dem Tempest-Zertifikat (CESG) der Zentralstelle für das Chiffrierwesen (ZfCH) in Bonn versehene DV-Geräte.
[71] Vgl. BRAUNISCH, L.: Lauschangriff auf unbekannte Schwachstelle, in: COMPUTERWOCHE: 13. Jg., Nr. 34 vom 22.8.1986, S. 27.
[72] Vgl. ABEL, H., SCHMÖLZ, W.: a.a.O., S. 307.

zweites Gehäuse mit einem Metallnetz, das sich auch über die
Mattscheibe des Bildschirms zieht, verwendet wird. Sicherer
ist jedoch die teurere Lösung der Raumabschirmung, bei der
ein Auskleiden des Raumes mit einem Metallgitter, einer Alu-
folie oder Kupfergaze erfolgt. Schwachstellen dieser Lösung
sind jegliche Raumöffnungen, die ebenfalls verkleidet werden
müssen.[73] Für die Abschirmung von Kabeln und Leitungen benutzt man wegen der guten Dämpfungseigenschaften Kupfer bzw.
verwendet von vornherein Glasfaserkabel, die als äußerst ab-
strahlsicher gelten.

6.4 Software-technische Schutz- und Sicherungsmaßnahmen

Als software-technische Schutz- und Sicherungsmaßnahmen werden in dieser Arbeit die Maßnahmen verstanden, die in den
Betriebssystemen und teilweise auch in Anwendungsprogrammen
implementiert sind. Gerade durch diese Maßnahmen kann ein
Teil der in der Anlage zu §6 BDSG geforderten Kontrollen auf
die DV-Anlage übertragen werden. Rechnerseitig unterstützbar
sind die Speicher-, Zugriffs- und Eingabekontrolle.[74]
Zwangsläufig müssen die dazu nötigen Kontrollmechanismen auf
der Ebene des Betriebssystems verfügbar sein. In Ergänzung
zu den Schutz- und Sicherungsmechanismen im Betriebssystem
sollten in sehr komplexen Anwendungssoftwaresystemen, mit
denen mehrere Benutzer arbeiten, unterstützende Maßnahmen
gegen das unbefugte Eindringen in die individuellen Benutzerbereiche sowie weitere, für alle berechtigten Benutzer
geltende Sicherungen gegen bewußtes und unbewußtes Fehlver-

---

[73] Fensterscheiben aus "Aachener Glas" sind nicht nur feuer-
und beschußfest, sie schirmen auch hochfrequent ab. Detailliertere Beschreibungen zur Geräte- und Raumabschirmung findet man in **ABEL, H., SCHMÖLZ, W.**: a.a.O., S. 312-
314; **BRAUNISCH, L.**: a.a.O., S. 27 und **NACHTMANN, L.**: Gegen den Datenklau, in: CHIP: 12/1986, S. 84-87, hier
S. 85f.
[74] Im weiteren Sinne können auch die Benutzer- und Übermittlungskontrolle mit Hilfe von Betriebssystemroutinen
durchgeführt werden. Diese beiden Mindestforderungen des
BDSG betreffen die Kontrolle der Übermittlung personenbezogener Daten aus oder in Datenverarbeitungssysteme durch
selbsttätige Einrichtungen. Vgl. auch die Ausführungen in
Kapitel 5.4.1.

halten, vorhanden sein. Mit diesen Maßnahmen darf aber keinesfalls eine Verlagerung der Schutz- und Sicherungsmaßnahmen aus dem Betriebssystem in die Anwendungssoftware vorgenommen werden. Nur auf der in der Hierarchie eines DV-Systems obersten und damit zentralen Stelle kann ein Unterlaufen der installierten Kontrollmechanismen weitestgehend verhindert werden.[75]

Das Kapitel 6.4.1 gibt zunächst eine Übersicht der in Betriebssystemen üblicherweise implementierten Standardsicherungseinrichtungen. Mit der am weitesten verbreiteten Form der Benutzeridentifikation, der Problematik der Paßworte, befassen sich die anschließenden Ausführungen in Kapitel 6.4.2. Das anschließende Kapitel 6.4.3 zeigt, anhand von Beispielen, im Betriebssystem UNIX vorhandene Schwachstellen auf und gibt Hinweise, inwieweit in UNIX vorhandene Schutz- und Sicherungsmöglichkeiten dagegen wirken können.

6.4.1 Standardsicherungseinrichtungen in Betriebssystemen

Die Sicherheitsfunktionen auf Betriebssystemebene lassen sich unabhängig von jedweder konkreten Realisierung als ein dreistufiges Schutzkonzept darstellen. Zunächst ist durch geeignete Maßnahmen die generelle Benutzung des DV-Systems zu sichern. Auf einer zweiten Sicherheitsebene muß durch das Betriebssystem die berechtigte Benutzung der speziellen Anwendungsprogramme mit den dazugehörigen Daten sowie die Nutzung der Systembibliothek gewährleistet werden. Letztlich sind innerhalb der Anwendungen die Funktionsberechtigungen der Anwender zu prüfen, und im Falle des Versuchs, eine

---

[75] An dieser Stelle muß auf die offensichtliche Schwachstelle aller im Betriebssystem verfügbaren Schutz- und Sicherungsmaßnahmen hingewiesen werden. Der Systemverwalter, der neben seinen anderen Aufgaben jedem Benutzer seine individuellen Rechte zuteilt und somit Zugang zu allen Betriebssystemfunktionen besitzen muß, ist aufgrund seiner Kenntnisse in der Lage, Aktivitäten im DV-System mit Hilfe der Systemverwaltungsprogramme vorzunehmen, die im nachhinein nicht mehr überprüfbar und nachvollziehbar sind. Die Position des Systemverwalters ist daher eine absolute Vertrauensstellung. Vgl. dazu auch ABEL, H., SCHMÖLZ, W.: a.a.O., S. 56.

nicht zulässige Operation auszuführen, muß diese verhindert werden.

Auf der ersten Sicherheitsebene muß sich der Benutzer im DV-System anmelden, d.h., es wird betriebssystemseitig die LOGIN-Prüfung bei Dialogverarbeitung bzw. die Job-Control-Prüfung bei Stapelverarbeitung durchgeführt. Der Benutzer gibt sich dem System mittels seiner Account-Nummer, seiner User-ID, seiner Projekt-ID oder einer Kombination dieser Identifikationsmerkmale zu erkennen.[76] In einem zweiten Schritt wird als wesentlichster Bestandteil des LOGIN's ein persönliches Kennwort[77] abgefragt bzw. seitens eines Kennwortalgorithmus eine von diesem Algorithmus abhängige Eingabe verlangt. Diese Eingabe erfolgt bei den meisten LOGIN-Prozeduren in Form einer Blindeingabe; die Wiedergabe der eingegebenen Zeichen wird dabei auf dem Bildschirm unterdrückt.[78] Anhand der vom Systemverwalter vorab gespeicherten Identifikationsdaten und der Kennwortdatei wird die Benutzeranmeldung verifiziert. Stellt die Verifikationsroutine keine Übereinstimmung der eingebenen mit den gespeicherten Identifikationsdaten fest, wird die Anmeldung abgewiesen. Aus Revisionsgesichtspunkten wird zudem jeder Anmeldungsversuch in einem LOG-Protokoll festgehalten.

Der Schutz auf der zweiten und dritten Sicherheitsebene beinhaltet die Autorisierung der Benutzer. Es wird hier festgelegt, auf welche Programme, Dateien, Datensätze und Datenfelder sie in welcher Form zugreifen dürfen. Diese Autorisation erfolgt durch Vergleiche der Programmaufrufe und Transaktionen mit dem Benutzerprofil.[79] Zur Festlegung des Benutzerprofils existieren eine Reihe von Verfahren, wie z.B. die

---

[76] Gegebenenfalls muß der Benutzer an dieser Stelle der Anmeldung noch die von ihm benötigten Betriebsmittel (Massenspeicher, Drucker, etc.) angeben.
[77] Zur Problematik der Paßworte siehe auch Kapitel 6.4.2
[78] Bei Stapelbetrieb mittels Jobsteuerkarten ist der Einsatz eines persönlichen Kennwortes unsinnig, da die Geheimhaltung nicht gewährleistet ist.
[79] Ebenfalls zum Benutzerprofil gehört die Festschreibung, welche Betriebsmittel der Einzelne im Rahmen seiner Verarbeitung in welchem Umfang nutzen darf. Vgl. ABEL, H., SCHMÖLZ, W.: a.a.O., S. 65 und WECK, G.: a.a.O., S. 166ff.

Bildung von Benutzerklassen und -gruppen[80], die Verwendung von Zugriffslisten oder Benutzertabellen.[81] In Benutzertabellen, den Zugriffsmatrizen, werden den Benutzern bezüglich der o.g. Objekte Zugriffsrechte wie (R)ead, (W)rite, (E)xecute, (I)nsert, (U)pdate, (D)elete und (O)wn[82] zugewiesen. Die Nachteile von Zugriffsmatrizen, zum einen, daß die Zugriffsrechte i.d.R. sehr ungleich in der Matrix verteilt sind[83], zum anderen, daß die Anzahl der zu schützenden Objekte um bis zu drei Größenordnungen höher ist, als die Anzahl der Benutzer, haben vielfach dazu geführt, daß derartige Verfahren nicht angewendet werden.

Neben der Benutzeridentifikation und der Verwaltung und Kontrolle der Zugriffsrechte existieren in Betriebssystemen eine Reihe weiterer Schutz- und Sicherungsmaßnahmen. Beispielhaft sind folgende Maßnahmen aufzuführen:

- Der Umfang der Kommandosprache des Betriebssystems für bestimmte Anwendungen kann eingeschränkt werden.
- Privilegierte Dienstprogramme stehen lediglich dem Systemverwalter zur Verfügung.
- Erfolgt an einem Terminal eine bestimmte Zeit lang keine Benutzeraktivität, wird seitens des Betriebssystems die Verbindung unterbrochen (timed-log-out).
- Datenträger werden durch Kennzeichnung vor unberechtigter oder unbeabsichtigter Löschung geschützt.

---

[80] Im Betriebssystem UNIX beispielsweise werden die Zugriffsrechte nur noch für "Eigentümer", "alle Benutzer derselben Benutzergruppe" wie dieser und die "sonstigen Benutzer" unterschieden. Vgl. **WECK, G.**: a.a.O., S. 206.
[81] Eine detaillierte Beschreibung aller Verfahren, einschließlich der Diskussion ihrer Vor- und Nachteile, würde den Rahmen dieser Arbeit sprengen. Als Beispiel wird daher der Aufbau von Benutzertabellen zur Verwaltung von Zugriffsrechten beschrieben. Vgl. zu den diversen weiteren Verfahren **WECK, G.**: ebenda, S. 198-215.
[82] Das Recht "Own" besagt, daß der Benutzer als Eigentümer des betreffenden Datenobjektes auftritt. Nur dieser kann mit dem Datenobjekt Operationen durchführen, die zu Änderungen des Schutzzustandes, z.B. dem Entzug des Zugriffsrechts "Update" für einen zweiten Benutzer führen. Vgl. **WECK, G.**: ebenda, S. 205.
[83] Einige Objekte müssen allen Benutzern zugänglich sein. Die meisten haben jedoch privaten Charakter, so daß in der entsprechenden Martrixspalte nur ein Eintrag erfolgt. In der Praxis sind die Zugriffsmatrizen daher nur dünn besetzt.

- Die maximale Dateigröße wird dem Anwender vorgegeben.
- Neben dem LOG-Protokoll können weitere Protokollierungen vorgenommen werden und diese im Anschluß durch Auswertungssoftware im Sinne einer Revision ausgewertet werden.[84]

Für die Programmerstellung im eigenen Haus hat der DV-Anwender oftmals die Möglichkeit der Auswahl eines Interpreters oder Compilers. Aus Datenschutz- und -sicherungsgründen ist dem Einsatz eines Compilers stets Vorrang vor einem Interpreter einzuräumen, da bei letzterem immer der Quellcode der Programme gespeichert wird.

Mit der Größe der DV-Anlage nimmt gleichermaßen der Umfang der im Betriebssystem implementierten Sicherungsmaßnahmen ab. Vielfach führt der Einsatz aller im Betriebssystem vorhandenen Schutz- und Sicherungsroutinen auch zu Performanceverlusten, so daß aus diesem Grunde anwenderseitig auf viele Maßnahmen verzichtet wird.

Bevor im übernächsten Abschnitt kurz auf die im Betriebssystem UNIX implementierten Schutz- und Sicherungsfunktionen eingegangen wird, ist es notwendig, auf die Problematik der Paßworte und Kennwortalgorithmen einzugehen, da diese Schutzmechanismen auf allen software-technischen Sicherungsebenen Verwendung finden.

6.4.2 Paßworte und Kennwortalgorithmen

Persönliche Kennworte, sogenannte Paßworte, gehören wegen ihrer leichten Implementierbarkeit, ihrer einfachen Anwendbarkeit und ihrer Flexibilität in Bezug auf Veränderungen der Einsatzbedingungen zum technischen Standard. Nicht nur zur Benutzererkennung und Zugriffskontrolle, sondern auch zur Sicherung von Geräten, zur Nutzung von Programmen und Dateien, kurz, überall in der Datenverarbeitung werden sie

---

[84] Vgl. ABEL, H., SCHMÖLZ, W.: a.a.O., S. 57-72; GROCHLA, E., SCHACKERT, H. R.: a.a.O., S. 137/138; WECK, G.: a.a.O., S. 139f.

zur Identifikation und Authentifikation eingesetzt.[85] Bei sorgfältiger Benutzung durch den Anwender bieten sie ein ausreichendes Maß an Sicherheit, gerade in diesem Punkt liegt aber eine große Gefahr. Die Paßworte sind, von vielen Anwendern unerkannt, aufgrund eines leichtfertigen Umgangs mit ihnen die eigentliche Schwachstelle im Sicherungssystem.[86] Verschafft sich ein nicht autorisierter Benutzer das Paßwort und "maskiert" sich damit, kann er u.U. lange Zeit Manipulationen unbemerkt durchführen. Die Gründe, warum immer wieder derartige Fälle vorkommen, sind vielfältig. Oftmals besitzen Paßworte eine zu lange Lebensdauer, sind zu kurz oder werden von den Benutzern, um nicht vergessen zu werden, so gewählt, daß sie leicht von Dritten erraten werden können.[87] Zudem werden Paßworte aufgeschrieben und an Orten aufbewahrt, die anderen Personen ebenfalls zugänglich sind.[88]

Weitere Gefahren existieren,

- wenn die Paßworte unverschlüsselt[89] in der Paßwortdatei gespeichert sind und diese Datei von einem Eindringling gelesen wird
- wenn ein Anwender mehreren Personen den Zugriff auf eine seiner durch ein Paßwort gesicherten Dateien erlaubt, indem er es bekannt gibt
- wenn von vornherein Gruppenpaßworte vergeben werden.[90]

---

[85] Systemseitig dienen Paßworte nur der Identifikation. Erst in Verbindung mit anderen Identifikationsmitteln, z.B. Chip-Karten oder der Spracherkennung, ist eine Authentifikation möglich. Vgl. ABEL, H., SCHMÖLZ, W.: a.a.O., S. 78.
[86] Vgl. DIERSTEIN, R.: Sichere Paßwortverfahren, in KES: 3/1986, S. 115-118, hier S. 115 (im folgenden zitiert als DIERSTEIN, R.: Paßwort).
[87] Nicht selten wird als Paßwort der Name eines nahestehenden Angehörigen, ein Geburtstag, das Kfz-Kennzeichen oder der Name eines Haustieres gewählt. Allein durch unverfängliche Gespräche kann ein solches Paßwort ausspioniert werden.
[88] Aufbewahrungsorte für derartige Merkzettel sind Schreibunterlagen bzw. teils unverschlossene Schubladen. Manchmal werden Paßworte sogar unter die Tastatur oder unmittelbar neben dem Terminal an die Wand geklebt. Vgl. HEIDINGER, J. L., ANDRICH, R.: a.a.O., S. 183.
[89] Vgl. zum Thema Verschlüsselung auch Kapitel 6.5.2
[90] Vgl. WECK, G.: a.a.O., S. 202.

Eine zentrale Zuteilung der Paßworte, z.B. durch den Systemverwalter, beinhaltet die Gefahr der Mitwisser. Daraus folgt, daß der Benutzer die Möglichkeit besitzen muß, sein Kennwort im Nachhinein zu verändern. Die automatische Generierung der Kennworte durch den Rechner führt im allgemeinen zu vom Benutzer nur sehr schwer im Gedächtnis zu behaltenden Zeichenkombinationen, die dieser nicht selten notiert und damit einer Ausspähung Vorschub leistet. Außerdem sollte der Paßwortfluß stets nur von der Peripherie zum Rechner stattfinden, da im umgekehrten Fall die bereits genannten Gefahren der Einsichtnahme Unbefugter bestehen.[91]

Neben den aus den beschriebenen Schwachstellen von Paßworten leicht ableitbaren Anforderungen an ihre Auswahl und Verwendung[92] existieren einige weitere Möglichkeiten, Paßwortverfahren sicherer zu gestalten. Dierstein beispielsweise bezeichnet sein Vorgehen als "Verfahren der systematischen Verfremdung".[93] Ausgehend von den Anforderungen, daß das Paßwort mindestens acht Zeichen lang sein soll, sollte zur Bildung des Paßwortes auch ein dem Anwender vertrauter Begriff zugrunde liegen. Dieser Begriff, Dierstein zeigt sein Verfahren am Begriff "Johann Sebastian Bach", wird immer wieder anhand einer oder mehrerer nur dem Benutzer bekannter Regeln verfremdet. Bei diesem Verfahren handelt es sich somit um eine nur teilweise Eingabe eines Erinnerungswertes.[94] Die Vorteile der systematischen Verfremdung eines Begriffes liegen darin, daß erstens dieser Begriff dem Benutzer vertraut ist, zweitens, daß aufgrund der Verfremdung das Paßwort häufig gewechselt werden kann, ohne den grundlegenden Begriff zu ändern, und drittens, daß durch die Verfremdung eine Art "Einweg-Verschlüsselung" des Paßwortes erzielt wird. Allein bei Verwendung eines Begriffes auf der Basis des Alphabets der Großbuchstaben lassen sich 26^8 Kombinationen von Zeichenfolgen generieren.

Eine weitere, dem Paßwortverfahren sehr ähnliche Möglichkeit der Benutzeridentifikation, bieten die sogenannten Kennwortalgorithmen. Es kann sich dabei entweder um vorprogrammierte

---
[91] Vgl. ABEL, H., SCHMÖLZ, W.: a.a.O., S. 81.
[92] Auf die Darstellung dieser offensichtlichen Anforderungen wird in dieser Arbeit verzichtet.
[93] Vgl. DIERSTEIN, R.: Paßwort, a.a.O., S. 116-118.
[94] Vgl. auch GROCHLA, E., SCHACKERT, H. R.: a.a.O., S. 160.

Fragen handeln, aus denen der Rechner eine oder mehrere dem
Benutzer angibt und dessen anschließende Eingabe mit der
ebenfalls vorab gespeicherten Antwort vergleicht, oder um
eine vom Rechner zufällig erzeugte Zeichenfolge, aus der der
Benutzer anhand einer nur ihm bekannten Transformationsvor-
schrift sein Ergebnis ermittelt und dieses zur Identifikation eingibt.[95]
Rechnerseitig sollte nach spätestens drei Fehlversuchen bei
der Eingabe des Paßworts bzw. des Ergebnisses eines Kennwortalgorithmus der Identifikationsprozeß abgebrochen und
ein Neustart des Systems veranlaßt werden. Die fehlgeschla-
genen Identifikationsversuche sind genauestens zu protokollieren. Durch Rücksprache mit dem Anwender ist festzustellen, ob er selbst die fehlgeschlagene Identifikation verursacht hat oder ob es sich um etwaige Penetrationsversuche
unberechtigter Personen gehandelt hat. In letzterem Fall ist
schnellstens das Paßwort dieses Benutzers zu wechseln.

Hat ein Benutzer einmal sein Kennwort vergessen, so muß eine
Möglichkeit zumindest für den Systemverwalter existieren,
diesem Benutzer den Zugriff auf seine Dateien zu eröffnen.
Für diesen Fall und auch für die Situation, daß im Urlaubs-
oder Krankheitsfall eine Vertretung mit den Programmen und
Daten des Benutzers arbeiten muß, bietet es sich an, die
Paßworte aller Systembenutzer in einem verschlossenen Um-
schlag im Tresor des Betriebes aufzubewahren.[96]

6.4.3 Sicherungsfunktionen in UNIX

Bei der Entwicklung des Betriebssystems UNIX stand das Ziel
im Vordergrund, den Mitgliedern eines Entwicklungsteams eine
"freundliche" Umgebung zu schaffen, in der sie zwar unge-
stört von anderen Entwicklern ihrer Arbeit nachgehen, aber
auch Daten auf einfache Weise austauschen konnten.[97] So
gesehen beinhaltet UNIX von vornherein ein Mittelmaß zwi-

---
[95] Vgl. GROCHLA, E., SCHACKERT, H. R.: a.a.O., S. 160.
[96] Vgl. ABEL, H., SCHMÖLZ, W.: a.a.O., S. 80.
[97] Vgl. MEYER, W.: Auch UNIX ist nicht gegen Hacker gefeit, in: COMPUTERWOCHE: 14. Jg., Nr. 40 vom 2.10.1987, S. 11-14, hier S. 11.

schen restriktiven und offenen Charakteristika. Bedenkt man
weiter, daß UNIX in den Anfängen seiner Entwicklungsgeschichte überwiegend an Universitäten eingesetzt, getestet
und weiterentwickelt wurde, wird deutlich, daß für diese Benutzer die in UNIX vorhandenen Sicherheitsroutinen ein "offenes Buch" waren.[98] Tatsache ist, daß mit jeder neuen UNIX-Version zusätzliche Sicherheitsmechanismen in das mächtige
Betriebssystem implementiert wurden.[99]
Mit dem Vordringen von UNIX auf dem kommerziellen Markt
häuften sich die Stimmen, die UNIX wegen seines offenen Designs als unsicheres Betriebssystem anprangerten. Diese Aussagen resultieren einerseits aus den tatsächlich vorhandenen
Schwachstellen, andererseits aber aus der Unkenntnis der
Schutzmechanismen und aus der Tatsache, daß bei der Systemplanung und -gestaltung in den Betrieben die Schutz- und Sicherungsaspekte seitens der Systemadministration nur unzureichend berücksichtigt werden. Die mittlerweile existierenden Schutzmechanismen bieten ausreichend Möglichkeiten, das
System für den Endbenutzer so restriktiv zu gestalten, daß
es als relativ sicher angesehen werden kann. Gefordert ist
in diesem Punkt der Systemverwalter, der besonders seine Bereiche sicher gestalten muß. Anhand von ausgesuchten Beispielen werden im folgenden einige Schwachstellen in UNIX
und dagegen wirkende Schutzmechanismen aufgezeigt.
Als größte Sicherheitsschwachstelle des UNIX-Betriebssystems
ist die Macht des sogenannten Superusers mit der user id "0"
anzusehen. Im hierarchischen UNIX-Dateiensystem besitzt der
übergeordnete User die Rechte auf die untergeordneten Dateien.[100] Es existieren in UNIX somit keine Möglichkeiten, die
"allmächtigen" Rechte des Superusers einzuschränken und zu
kontrollieren. Das folgende Beispiel verdeutlicht dieses
Problem.
Zu jeder Datei gehört ein Eigentümer (owner) oder eine Owner-Gruppe, der oder die die Zugriffsrechte auf eine Datei

---
[98] Vgl. FILIPSKI, A., HANKO, J.: Making UNIX Secure, in:
BYTE: Vol. 11, 4/1986, S. 113-128, hier S. 113.
[99] Vgl. MEYER, W.: a.a.O., S. 11.
[100] In UNIX wird keine Unterscheidung zwischen Programmen und
zugehörigem Datenbestand vorgenommen, beides wird als Datei angesehen.

in der UNIX file permission[101] festlegt. Diese besteht aus 12 bits, gegliedert in vier Gruppen und dargestellt als Oktalzahl. Von großer Bedeutung ist die erste Gruppe[102] der file permission: das erste bit bedeutet "set user id" (setuid), das zweite "set group id" (setgid), und das dritte bit ist das sogenannte "sticky bit".[103] Ein Setzen des "sticky bit" in Verbindung mit gesetztem Eigentümerbit führt dazu, daß "während der Ausführungszeit des Programms die effektive Benutzer-Identifikation des Prozesses auf den Eigentümer der Datei gesetzt"[104] wird, d.h. der Prozeß hat, unabhängig davon, wer ihn startet, die gleichen Rechte wie der Eigentümer. Hat ein Benutzer vor, Manipulationen vorzunehmen, muß er lediglich ein Programm dafür schreiben, anschließend das sticky bit setzen und setuid auf "root" abändern. Sein Programm hat dann zur Ausführungszeit die Rechte des Superusers. Durch Einbau eines weiteren setuid-Aufrufs in sein Manipulationsprogramm kann er dann die Identität eines jeden Benutzers annehmen. Diese Schwachstelle in UNIX ist bekannt und bereits in fast allen UNIX-Systemen behoben[105]. Sie zeigt aber deutlich, daß nur durch kontrollierten Umgang mit den Zugriffsrechten seitens der Eigentümer und des Systemverwalters derartigen Manipulationsversuchen begegnet werden kann.

Eine weitere Schwachstelle in allen UNIX-Systemen ist derzeit noch der Paßwortmechanismus. Zwar werden alle beim LOGIN eingegebenen Kennworte verschlüsselt und dann mit den in der Datei /etc/passwd gespeicherten, ebenfalls verschlüsselten Paßworten[106] verglichen, so daß es für einen Eindringling, der noch keinen Zugang zum System gefunden hat, schwer ist, in das UNIX-System zu gelangen. Jeder Benutzer, der sich im System befindet, kann jedoch die Datei /etc/passwd

---

[101] Vgl. zum Aufbau der UNIX file permission Abbildung 1 in: FILIPSKI, A., HANKO, J.: a.a.O., S. 114.
[102] Die zweite bis vierte Gruppe der file permission beinhalten die Zugriffsrechte für den Owner, die Gruppe und sonstige Benutzer.
[103] Vgl. FILIPSKI, A., HANKO, J.: a.a.O., S. 114.
[104] MEYER, W.: a.a.O., S. 14.
[105] Vgl. MEYER, W.: ebenda, S. 14.
[106] Selbst der Superuser hat keine Möglichkeit, ein von einem Benutzer vergessenes Paßwort zu entschlüsseln. Er muß diesem Benutzer ein neues Paßwort zuteilen.
Vgl. FILIPSKI, A., HANKO, J.: a.a.O., S. 120.

lesen und kopieren. Es besteht somit die Möglichkeit, ggf. mit einem anderen Rechner, solange zu probieren, bis man ein triviales Paßwort herausgefunden hat und sich damit maskieren kann.[107] Der Systemverwalter sollte also bei Einrichten eines neuen Benutzers sogleich ein Paßwort mit festlegen und den Benutzer anhalten, ein neues, nicht triviales Paßwort nach dem ersten LOGIN zu verwenden. Weitaus sinnvoller wäre es allerdings, wenn die Datei /etc/passwd in einem geschützten, nicht jedem Benutzer zugänglichen Bereich gespeichert wäre.

Ebenfalls von jederman lesbar sind die dem Hauptspeicher zugeordneten Dateien /dev/mem und /dev/kmem, aber nur Benutzer, die spezielle Kenntnisse der Systemstruktur besitzen, können auf diesem Wege an für sie ansonsten nicht zugängliche Informationen kommen. Gleiches gilt für die mit dem Kommando rm (remove) gelöschte Dateien, da durch dieses Kommando nicht physisch gelöscht wird, sondern im Directory-Eintrag der "i-node" (Identifikation der Datei) der Datei auf Null gesetzt wird. Abhilfe schafft in diesem Fall eine eigene Löschroutine, die die Programmdaten vor dem Löschen mit rm mit Nullen überschreibt.

Sicherlich kann nach diesen Ausführungen nicht geleugnet werden, daß UNIX in Bezug auf die Erfordernisse des Datenschutzes und der Datensicherung noch Schwachstellen besitzt, und daher weitere Anstrengungen zu unternehmen sind, UNIX durch Systemerweiterungen und den Einsatz bereits vorhandener Sicherheits-Software-Pakete noch sicherer zu machen.[108] Das in diesem Abschnitt vorgenommene Aufzeigen einiger Schwachstellen in UNIX sollte beim Leser jedoch nicht den Eindruck erwecken, daß andere Betriebssysteme keine Schwächen mehr besitzen; Spezialisten finden immer einen Weg, existierende Schutzmechanismen zu umgehen oder sie auszuschalten.

---

[107] Vgl. FILIPSKI, A., HANKO, J.: a.a.O., S. 120 und MEYER, W.: a.a.O., S. 12.
[108] Vgl. SCHLENZ, H.: UNIX - quo vadis?, in: MARKT&TECHNIK: Nr. 39 vom 25.9.1987, S. 88.

6.5 Daten- und programmbezogene Schutz- und Sicherungsmaßnahmen

Ziel aller Kontrollen des Zugriffs ist das Verhindern unberechtigter Einsichtnahmen, Manipulationen, und sonstiger Gefährdungen wie versehentliches Löschen und Verfälschen der Datenobjekte und der zu ihrer Verarbeitung notwendigen Programme. Die in den Betriebssystemen implementierten Schutz- und Sicherungsmechanismen reichen zwar im allgemeinen aus, nur authorisierten Benutzern den Zugriff und damit die ordnungsmäßige Anwendung und Verarbeitung der Programme zu gestatten. Ohne weitere ergänzende Maßnahmen, z.B. eine sinnvolle Organisation der Programmerstellung, -pflege und Dokumentation, ist der Datenschutz in den kleinen und mittleren Betrieben nicht zu gewährleisten.

In diesem Abschnitt werden daher zusätzliche, über den Zugriffsschutz hinausgehende, daten- und programmbezogene Schutz- und Sicherungsmaßnahmen behandelt. Verzichtet wird auf die Darstellung der im o.g. Beispiel angesprochenen Maßnahmen im Bereich der Programmerstellung, -pflege und Dokumentation, da diese in der Literatur bereits hinreichend diskutiert wurden. Notwendiger erscheint es, in dieser Arbeit den Bereich der Datenhandhabung (Kapitel 6.5.1) und die Möglichkeiten des Schutzes der Daten durch Verschlüsselung (Kapitel 6.5.2) zu betrachten.

6.5.1 Schutz- und Sicherungsmaßnahmen bei der Datenhandhabung

Betrachtet man den Verarbeitungsprozeß von Daten, so sind gerade die Daten während dieses Prozesses einer Reihe von Gefährdungen ausgesetzt. Exakte Funktionstrennungen im Sinne einer Arbeitsteilung, ein bewährtes Mittel zur Verhinderung jeglicher Manipulationen in der Datenverarbeitung und auch in den anderen Abteilungen, lassen sich in den kleinen und mittleren Betrieben aufgrund ihrer personellen Gegebenheiten nicht in dem Umfang realisieren wie in Großbetrieben. Maßnahmen, z.B. ein periodischer Stellenwechsel (job rotation)[109] oder das Prinzip "need-to-know"[110], kommen für die Klein- und Mittelbetriebe kaum in Frage. Bereits bei der Dateneingabe kann es zu den in Kapitel 4.2.1 erwähnten Inputmanipulationen oder auch zu unbewußten, nicht beabsichtigten Falscheingaben kommen. Die vom Gesetzgeber in der Anlage zu § 6 BDSG geforderte Eingabekontrolle verpflichtet die kleinen und mittleren Betriebe zur Ergreifung entgegenwirkender Maßnahmen verschiedenster Art, deren Einsatz allerdings auch im Eigeninteresse der Unternehmen liegt.

Von der software-technischen Seite her gesehen ist es notwendig, die Forderung zu erheben, daß alle Eingaben durch in Anwendungsprogrammen eingebaute semantische Integritätsprüfungen, die sogenannten Plausibilitätsprüfungen, abgesichert werden.[111]

Darüberhinaus sind Maßnahmenkombinationen organisatorischer und personenbezogener Art wie das Aufstellen von Regelungen und Richtlinien zu treffen, deren Einhaltung besonders genau zu kontrollieren ist. Im Rahmen der Erteilung von Eingabeberechtigungen ist schriftlich zu dokumentieren, wer welche Daten, ggf. zu welcher Zeit und von welchem Eingabegerät aus eingeben darf und welche Personen berechtigt sind, diese Aufgaben in Vertretung durchzuführen. Alle Dateneingaben

---

[109] Für einen periodischen Stellenwechsel (job-rotation) sprechen aus Datenschutz- und -sicherungsgründen zwei Argumente: Kein Stelleninhaber kann in kurzer Zeit so viel Spezialwissen in seinem Aufgabenbereich erwerben, um dieses für Manipulationen zu nutzen. Ein mißbräuchliches Handeln eines Stelleninhabers würde mit großer Wahrscheinlichkeit von seinem Nachfolger erkannt und aufgedeckt werden. Vgl. BREUER, R.: Computer-Schutz, a.a.O., S. 204.
[110] Das Prinzip "need-to-know" steht dem der "job-rotation" entgegen. Der einzelne Funktionsträger erhält nur die Informationen, die er zur unmittelbaren Erfüllung seiner Aufgabe benötigt. Ein Gesamtüberblick, den der Mitarbeiter bei periodischem Stellenwechsel zwangsläufig bekommt, fehlt ihm und erschwert ihm somit das Vornehmen mißbräuchlicher Eingriffe in die Datenverarbeitung. Vgl. GROCHLA, E., SCHACKERT, H. R.: a.a.O., S. 134.
[111] Vgl. SCHLAGETER, G., STUCKY, W.: a.a.O., S. 288f.

sind aus Gründen der Nachvollziehbarkeit manuell[112] bzw. automatisch zu protokollieren. Eine lückenlose Erfassung aller Eingabevorgänge wird durch den Einsatz spezieller Protokoll-Erfassungsprogramme erreicht. Auswertungen der erstellten Protokolle sollten in kurzen Zeitabständen, aber doch unregelmäßig durchgeführt werden, da derartige Kontrollen die Gefahr der Entdeckung einer Inputmanipulation für den Täter unkalkulierbar machen. Desweiteren sind Kontrollen in Abhängigkeit bestimmter Parameter, etwa dem Erreichen einer festgelegten Zahl an Fehlermeldungen, vorzunehmen.[113]

Unbedingt zu trennen sind, wie aus den Ausführungen hervorgeht, die Funktionen der Durchführung und der Kontrolle der Dateneingabe, beispielsweise durch die Einhaltung des "Vier-Augen-Prinzips"[114].

Um geeignete Schutzmaßnahmen bei der Datenausgabe zu ergreifen, ist zu unterscheiden, ob diese zentral, d.h. in der DV-Abteilung, oder dezentral in den Fachabteilungen erfolgt. Generell ist zu fordern, daß eine Druckausgabe erst nach der Identifizierung des berechtigten Benutzers veranlaßt wird. Paßworte, Schlüssel sowie Datensatz-/-feldbezeichnungen sind durch Überdrucken unkenntlich zu machen bzw. sollte ihr Ausdruck gänzlich unterbleiben (Non-Print-Mode). Ergänzende Maßnahmen, wie beispielsweise eine genaue Terminierung der Ausgabe und das Vorliegen einer Übersicht über befugte Empfänger, geben dem Operator zusätzliche Sicherheit. Im Falle einer zentralen Druckausgabe sollten die Ausgabelisten direkt übergeben oder in Schließfächern aufbewahrt werden, zu denen nur der berechtigte Empfänger einen Schlüssel besitzt. Besonders schutzwürdige Daten sind im Schablonenblinddruck auszudrucken. Der Ausdruck enthält bei diesem Verfahren lediglich Zahlen- und Zeichenfolgen ohne Bezeichnungen und Di-

---

[112] Das Anbringen von Bestätigungsvermerken auf den Urbelegen oder die Verpflichtung zur Eintragung eines jeden Eingabevorgangs in ein Eingabebuch ist bei nur geringem Datenvolumen durchführbar.
[113] Vgl. GROCHLA, E., SCHACKERT, H. R.: a.a.O., S. 173-178.
[114] Nach diesem Prinzip wird jede Aufgabe durch einen zweiten Mitarbeiter überprüft. Es sollte unbedingt bei der Verarbeitung sensibler Daten angewendet werden. Das Vier-Augen-Prinzip beinhaltet ein gleichzeitiges Verbot, Aufgaben zu Hause zu erledigen. Vgl. HEIDINGER, J. L., ANDRICH, R.: a.a.O., S. 125 und DREWS, H.-L., KASSEL, H., STRNAD, P.: a.a.O., S. 259.

mensionierungen; er kann vom Sachbearbeiter nur mittels einer aufgelegten Schablone bearbeitet werden. In den Fachabteilungen sind die dezentral installierten Drucker durch geeignete Aufstellung gegen die Einsichtnahme Unbefugter abzuschirmen, ansonsten können je nach Bedarf und Notwendigkeit die bereits genannten Schutzvorkehrungen getroffen werden.[115]

Neben den in Kapitel 6.4 beschriebenen Maßnahmen des Zugriffsschutzes findet man in der Literatur eine Reihe weiterer, mehr oder weniger sinnvoller Maßnahmen, individuelle Dateien zu sichern. So verweist Grochla auf die Möglichkeit, den Dateien willkürliche Namen zuzuordnen, um es zu erschweren, daß durch Probieren die richtige Bezeichnung herausgefunden werden kann.[116] In Analogie zu den Ausführungen über die automatische Generierung von Paßworten ist dieses Verfahren abzulehnen, da dadurch zwar die Transparenz abgebaut wird, der Benutzer aber Schwierigkeiten haben wird, sich die Namen zu merken.

Zur besseren Übersicht empfiehlt es sich, eine zentrale Dokumentation aller Dateien, ihrer Benutzer mit Namen, Account- und Projekt-Nummer, ihrem Inhalt sowie des verwendeten Speichermediums und der Zugriffsart zu führen. Desweiteren sollten alle Änderungen von Datensatz- und -feldbezeichnungen protokolliert werden. Zu bestimmten Zeitpunkten, bzw. bei zu hohem Zeitbedarf für den Suchprozeß oder bei häufig auftretenden Überläufen müssen die Datenbestände reorganisiert werden. Entsprechende Routinen oder Dienstprogramme werden mit dem Betriebssystem geliefert. Eine tägliche Sicherung der aktuellen Daten nach dem "Drei-Generationen-Prinzip"[117], auch als "Großvater-Vater-Sohn-Prinzip" bekannt, ist ebenfalls notwendiger Bestandteil eines guten Schutz- und Sicherungskonzeptes, da mit diesen Sicherungskopien im Falle eines Datenverlustes der Schaden relativ gering gehal-

---
[115] Vgl. zu den Ausführungen über die Druckausgabe: GROCHLA, E., SCHACKERT, H. R.: a.a.O., S. 135/136 und S. 150/151.
[116] Vgl. GROCHLA, E., SCHACKERT, H. R.: ebenda, S. 197.
[117] Die jeweils älteste Generation der Sicherungskopie wird mit dem aktuellen Datenbestand überschrieben. Vgl. ALEANAKIAN, G., KÜHNAU, W.: a.a.O., S. 54.

ten wird, und die Wiederaufnahme der Arbeit schnellstmöglich erfolgen kann.[118]

6.5.2 Kryptographie als Methode des Datenschutzes in kleinen und mittleren Betrieben

Bislang wurde der Einsatz kryptographischer Verfahren[119] zum Schutz von Daten gegen Einsichtnahme und Mißbrauch durch Unbefugte "zumeist als etwas für den allgemeinen Gebrauch zu Außergewöhnliches betrachtet"[120], da Methoden zur Datenverschlüsselung bis vor einem Jahrzehnt fast ausschließlich zur Geheimhaltung im militärischen und diplomatischen Bereich eingesetzt wurden. Zunehmend finden diese Verfahren auch Verwendung im Bereich der kommerziellen Datenverarbeitung und sind somit auch für die kleinen und mittleren Betriebe als Datenschutz- und -sicherungsmaßnahme von Interesse. Die Methoden der Kryptographie wurden in der Literatur bislang auch noch nicht hinreichend unter dem Aspekt ihres Einsatzes in Klein- und Mittelbetrieben untersucht. Daher erfolgt die Behandlung dieser Thematik an dieser Stelle der Arbeit in etwas breiterem Rahmen. Das Kapitel 6.5.2.1 gibt zunächst eine Übersicht der diversen kryptographischen Verfahren, und im folgenden Kapitel 6.5.2.2 erfolgt die Beurteilung ihrer kryptoanalytischen Sicherheit. Abschließend werden in Kapi-

---

[118] Vgl. zu dieser Thematik auch die Ausführungen in Kapitel 7.5.
[119] Kryptographische Verfahren (Kryptosysteme, Kryptoverfahren bzw. -systeme, Chiffresysteme) bestehen aus einem Ver-/Entschlüsselungsalgorithmus, der durch einen Schlüssel, für jede Kommunikationsbeziehung, parametrisiert ist. Verschlüsselung (Chiffrierung) und Entschlüsselung (Dechiffrierung) sind grundsätzlich informationsumformende Prozesse. Durch die Verschlüsselung wird ein Klartext (Nachricht, plaintext) in einen Chiffretext (Geheimtext, Chiffrat, Schlüsseltext, Kryptogramm, ciphertext) transformiert. Der dazu inverse Vorgang wird als Entschlüsselung bezeichnet. Vgl. HORSTER, P.: Kryptologie, Mannheim/Wien/Zürich 1985, S. 13f. und RIHACZEK, K.: Datenverschlüsselung in Kommunikationssystemen, Braunschweig/-Wiesbaden 1984, S. 17 (im folgenden zitiert als RIHACZEK, K.: Datenverschlüsselung).
[120] RIHACZEK, K.: Verschlüsselung ohne Vorurteile, in: DuD: 3/1981, S. 169-173, hier S. 169 (im folgenden zitiert als RIHACZEK, K.: Vorurteile).

tel 6.5.2.3 ihre Einsatzmöglichkeiten bei der Datenverschlüsselung, insbesondere bei Verwendung von Datenbanksystemen, behandelt.

6.5.2.1 Darstellung und Sicherheitsaspekte kryptographischer Verfahren

Als Grundlage für die Betrachtung komplexer kryptographischer Verfahren wird zunächst der formale Aufbau eines Kryptosystems dargestellt, ohne eine detaillierte mathematische Präzisierung vorzunehmen.[121]

Klartext/Klartextraum:
$p(i)$: Zeichen des Klartextes
  $p(i) \in A = \{a(1), a(2), a(3), ..., a(N)\}$ $i = 1, 2, 3, ...$
  A : Alphabet mit N Zeichen
  $a(1), a(2), ..., a(N)$
p : Klartext, eine endliche Zeichenfolge
  $p = \{p(1), p(2), p(3)...\}$ $p(i) \in A$
P : Klartextraum, Menge aller möglichen Klartexte p

Schlüssel/Schlüsselraum:
$k(i)$: Schlüssel, Parameter einer Abbildung, $k(i) \in K$
K : Schlüsselraum, endliche Menge aller möglichen Schlüssel

Chiffretext/Chiffretextraum:
$c(i)$: Zeichen des Chiffretextes
  $c(i) \in B = \{b(1), b(2), b(3), ..., b(M)\}$ $i = 1, 2, 3, ...$
  B : Alphabet mit M Zeichen
  $b(1), b(2), ..., b(M)$
  Spezialfall : A = B (monoalphabetisch)

---
[121] Vgl. RYSKA, N., HERDA, S.: Kryptographische Verfahren in der Datenverarbeitung, Berlin/Heidelberg/New York 1980, S. 37ff.; HORSTER, P.: a.a.O., S. 18ff. und HEIDER, F.-P., KRAUS, D., WELSCHENBACH, M.: Mathematische Methoden der Kryptoanalyse, Braunschweig/Wiesbaden 1985, S. 1f.

c : Chiffretext, eine endliche Zeichenfolge
    c = {c(1),c(2),c(3)...}   c(i) ∈ B [122]
C : Chiffretextraum, Menge aller möglichen Chiffretexte c

Ein Kryptosystem besteht aus einer Menge einparametrischer, invertierbarer[123] Transformationen {S(k)} $_{k \in K}$:

$$S(k) : P \rightarrow C,$$

die den Klartextraum P in den Chiffretextraum C überführen. Aus dem Schlüsselraum K wird ein Schlüssel k ausgewählt, der die Transformationsmenge {S(k)} $_{k \in K}$ so modifiziert, daß sich für jeden möglichen Schlüssel eine andere Transformation ergibt.

Es gilt: $P = S(k)^{-1} (S(k)(P)) = S(k)^{-1} (C)$.

Durch die inverse Transformation $S(k)^{-1}$ wird der Chiffretextraum C in den Klartextraum P zurücktransformiert.[124]

Auf der Basis dieses grundlegenden Aufbaus eines Kryptosystems werden die kryptographischen Verfahren untergliedert in die symmetrischen Verfahren, auch klassische Verfahren genannt, und die asymmetrischen Verfahren, die sogenannten Public-Key-Verfahren.

Kennzeichen symmetrischer Verfahren ist ein gemeinsamer geheimer Schlüssel, den beide Kommunikationspartner, sowohl Sender als auch Empfänger, für die Ver- und Entschlüsselungsprozesse verwenden.[125] Lange Jahre stand die Kryptographie dabei vor dem Problem der sicheren Schlüsselübertragung bei den klassischen Verfahren.

Die asymmetrischen Verfahren benötigen hingegen einen Schlüssel für die Chiffrierung, der in einer öffentlichen Schlüsselbibliothek gehalten wird. Ein mit einem solchen pu-

---

[122] HENZE, E.: Kryptographie und Nachrichtenübertragung, in: ENDRES, A., SCHÜNEMANN, C., (Hrsg.): Informationsverarbeitung und Kommunikation, Bad Neuenahr 1979, S.73-91, hier S. 77.
[123] Die eindeutige Invertierbarkeit ist im Hinblick auf neue Kryptoverfahren nicht mehr zwingend notwendig. Vgl. RYSKA, N., HERDA, S.: a.a.O.; S. 39 u. S. 180.
[124] DIFFIE, W., HELLMAN, M. E.: Privacy and Authentication: An Introduction to Cryptography, in: Proceedings of the IEEE: Vol. 67, 3/1979, S. 397-427, hier S. 397 (im folgenden zitiert als DIFFIE, W., HELLMAN, M. E.: Privacy).
[125] Vgl. RIHACZEK, K.: Datenverschlüsselung, a.a.O., S. 12f.

blic key verschlüsselter Text kann mit diesem nicht mehr in den Klartext überführt werden. Zur Dechiffrierung ist dann ein zweiter Schlüssel, den nur der Empfänger kennt, notwendig. Unter der Voraussetzung, daß der Empfänger seinen Schlüssel geheimhält, stellt sich bei den Public-Key-Verfahren das Problem der sicheren Schlüsselübertragung nicht mehr.[126]

Zur besseren Übersicht der Vielfältigkeit existierender symmetrischer und asymmetrischer kryptographischer Verfahren werden diese vor ihrer Beschreibung und Wertung in der folgenden Abbildung systematisiert.

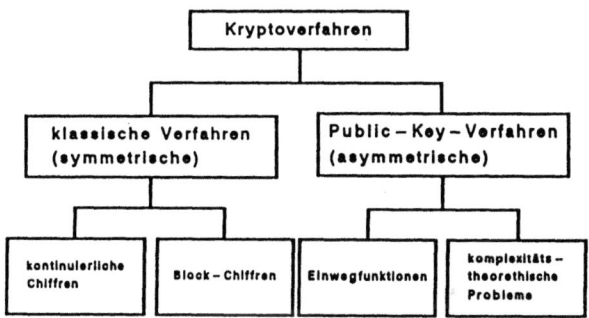

Abb. 22: Systematik der kryptographischen Verfahren

Alle heute eingesetzten algorithmischen kryptographischen Verfahren basieren nach wie vor auf den Elementaroperationen der Substitution sowie der Transposition und Permutation. Eine Substitutionsoperation ersetzt jedes Klartextzeichen durch ein anderes Zeichen, das nicht unbedingt ein Element des Klartextalphabets sein muß. In der Literatur werden Substitutionsverfahren hinsichtlich der Anzahl der benutzten Verschlüsselungsalphabete (mono-/polyalphabetisch) und der Zuordnung von Einzelzeichen oder Zeichenfolgen (mono-/poly-

---
[126] Vgl. RYSKA, N., HERDA, S.: a.a.O., S. 10/11.

graphisch) unterschieden.[127] Diese Elementaroperationen können auf unterschiedlichste Weise miteinander zu komplexen Produktchiffren verknüpft werden, um dadurch eine weitgehende Kompensation der Schwächen der Einzelkomponenten zu erreichen.
Durch Transpositionen im kryptographischen Sinne werden die Zeichen bzw. auf Binärebene die Bits des Klartextes durch bestimmte Ein- und Ausleseroutinen in einer geometrischen Figur oder einem Graphen, wie beispielsweise einer n-dimensionalen Matrix oder Bäumen, untereinander vertauscht.[128]

6.5.2.1.1 Symmetrische kryptographische Verfahren

Grundlegend für die kontinuierlichen Chiffrierverfahren ist das Konzept der Vernam-Chiffre.[129] Damit beide Kommunikationspartner, Sender und Empfänger der Nachricht, über die gleiche Bitfolge verfügen, muß diese, wie bereits erwähnt, dem Empfänger synchron und fehlerfrei über einen sicheren Kanal übermittelt werden. Aufgrund der dabei existierenden datensicherungstechnischen Probleme bei langen und unsicheren Übertragungswegen ist man dazu übergegangen, bei beiden Kommunikationspartnern einen schlüsselgesteuerten Algorith-

---

[127] Substitutionsverfahren können ohne weiteres als Weiterentwicklungen des Codeverfahrens angesehen werden, bei dem Zeichenketten variabler Länge mit Hilfe eines Codebuches durch andere ersetzt und somit verschlüsselt werden. Im Codebuch wird jedes Zeichen oder jede Zeichenkette des Klartextes durch ein Zeichen oder eine Zeichenkette des Codetextes ersetzt. Vgl. RYSKA, N., HERDA, S.: a.a.O., S. 7.
[128] Vgl. dazu DIFFIE, W., HELLMAN, M. E.: Privacy, a.a.O., S. 402.; HORSTER, P.: a.a.O., S. 73; RAUCH, W.: Datensicherung in der Datenfernübertragung durch Verschlüsselung, in: DuD: 4/1979, S. 242-247, hier S. 245 und RYSKA, N., HERDA, S.: a.a.O., S. 52f.
[129] Zunächst werden mit einem Bit-Strom-Generator binäre Ziffern erzeugt. Diese Zeichenfolge wird danach zur Ver/Entschlüsselung mit dem Klar-/Schlüsseltext kombiniert. Als Verknüpfung verwendet die Vernam-Chiffre die mod-2-Addition der generierten Bitfolge zum Schlüssel- oder Klartext. Diese Operation ist besonders unproblematisch, da zur Entschlüsselung keine Umkehrfunktion gebildet werden muß, sondern lediglich die gleiche Operation ausgeführt zu werden braucht. Vgl. BETH, T., HEß, P., WIRL, K.: Kryptographie, Stuttgart 1983, S. 25f.

mus als Bit-Strom-Generator zu installieren.[130] Die kontinuierlichen Chiffren verwenden weitgehend pseudozufällige Zeichenfolgen. Komplexe Bit-Chiffren können grundsätzlich durch Kombination und Variation der Anzahl verschiedener Zufallszahlengeneratoren gebildet werden. Diese Konzepte werden in der Literatur vielfach diskutiert, ihre Betrachtung würde jedoch den Rahmen dieser Arbeit sprengen.[131]
Ein Block-Chiffre-Verfahren von praktischer Relevanz ist der sogenannte Data-Encryption-Standard[132], der vom National Bureau of Standards (NBS) in Zusammenarbeit mit IBM entwickelt und 1977 als US-Verschlüsselungsstandard normiert wurde.[133] Da dieses Verfahren zur Zeit als praktisch sicher gilt, wird die internationale Einführung von der International Standardization Organization (ISO) und die nationale vom Deutschen Institut für Normung (DIN) diskutiert. Vom NBS wurde für die US-amerikanischen Verwaltungen die Hardware-Implementierung, z.B. durch LSI-Chips oder Mikroprozessoren mit ROM-Modus, verlangt. Darüber hinaus ist aber auch eine softwaremäßige Implementierung möglich.[134] Das DES-Verfahren dient der Ver- und Entschlüsselung von binär dargestellten Daten. Der Algorithmus besteht aus einer symmetrischen Block-Produkt-Chiffre, charakterisiert durch Permutationen und nichtlinearen

---

[130] Bit-Ströme können durch natürliche Phänomene wie Impulse zufällig oder durch Zufallszahlengeneratoren, die auf deterministischen Prozessen basieren, erzeugt werden. Die Zufälligkeit der Bitfolgen, die sich aus den deterministischen Prozessen ergeben, müssen jedoch statistisch belegt sein. Durch die Verwendung des gleichen Schlüssels als Startwert des Zufallszahlengenerators erzeugen die Kommunikationspartner die gleiche Bitfolge. Vgl. BETH, T., HEß, P., WIRL, K.: ebenda, S. 186 und MEYER, C. H.: Block Chipher and Stream Chipher - Two different Encryption Concepts, in: DuD: 3/1982, S. 181-188, hier S. 185f.
[131] Eine ausführliche Darstellung ist zu finden bei RYSKA, N., HERDA, S.: a.a.O., S. 86.
[132] Der DES ging aus dem von IBM entwickelten Lucifer-Algorithmus hervor. Vgl. SORKIN, A.: Lucifer, A Cryptographic Algorithm, in: CRYPTOLOGIA: Vol. 8, 1/1984, S. 22-35.
[133] Vgl. NATIONAL BUREAU OF STANDARDS U.S. DEPARTMENT OF COMMERCE: Federal Information Processing Standard (FIPS), Publication 46, Washington D.C., Januar 1977.
[134] RIHACZEK, K.: Der Data-Encryption-Standard, in: DuD: 3/1979, S. 196-201, hier S. 196 (im folgenden zitiert als RIHACZEK, K.: Data-Encryption-Standard).

Substitutionen, die durch einen individuellen Schlüssel modifiziert 16 mal durchlaufen werden.[135] Der zu verschlüsselnde Klartext wird dazu in Blöcke mit jeweils 64 Bit aufgeteilt.[136] Der geheimzuhaltende Schlüssel besteht aus 56 frei wählbaren Bits und 8 Paritätsbits. Bei einer effektiven Schlüssellänge von 56 Bits ergeben sich 2^{56} mögliche Schlüssel, so daß die Chance, den richtigen Schlüssel durch Probieren zu ermitteln, sehr gering ist. Durch die Konzeption des Algorithmus soll außerdem die gleiche Wahrscheinlichkeit aller möglichen Schlüssel gewährleistet sein, damit sich durch systematische Suchmethoden (Trial and Error) der Suchprozeß nicht verkürzen läßt.[137] Der Algorithmus sowie der Gesamtschlüssel K sind bei der Ver- und Entschlüsselung identisch, jedoch werden die Schlüssel K(1), K(2),...,K(16) zur Entschlüsselung in entgegengesetzter Reihenfolge verwendet. Der Algorithmus besteht aus drei Teilalgorithmen. Zuerst werden alle 64 Bits des Eingabeblocks (Input) einer Initialpermutation IP unterworfen. Durch die Anwendung der inversen Initialpermutation IP^{-1} auf den Ergebnisblock der 16-ten Iteration des Verschlüsselungsalgorithmus wird der Schlüsseltextblock (Output) gebildet.[138] Die folgende Abbildung verdeutlicht den prinzipiellen Aufbau des DES.

---

[135] Eine ausführliche Darstellung des DES ist zu entnehmen aus **DIFFIE, W., HELLMAN, M. E.:** Privacy, a.a.O., S. 408ff.
[136] Über den Standardalgorithmus hinaus werden in der Literatur verschiedene Anwendungsmodi des DES vorgeschlagen, die Zeichenblöcke mit weniger als 64 Bit zulassen und auch eine Verkettung der Verschlüsselungsblöcke ermöglichen. Es werden unterschieden: Electronic Code Book Mode (ECB), Cipher Block Chaining Mode (CBC) und Cipher Feedback Mode (CFB). Vgl. **DAVIES, D. W., PRICE, W. L.:** Security for Computer Networks. An introduction to Data Security in Teleprocessing an Electronic Funds Transfer, Chichester/New York/Brisbane/Toronto/Singapore 1984, S. 88ff.
[137] Vgl. **RIHACZEK, K.:** Data-Encryption-Standard), a.a.O., S. 196.
[138] Vgl. **RYSKA, N., HERDA, S.:** a.a.O., S. 71ff und o.V.: Der DES-Algorithmus, in : **Datenschutz-Berater:** 6/1985, S. 1-8.

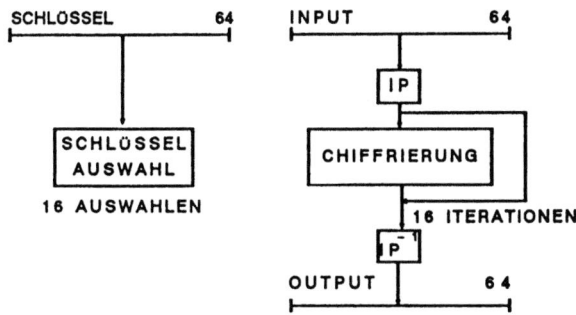

Abb. 23 : Prinzipieller Aufbau des DES[139]

6.5.2.1.2 Asymmetrische kryptographische Verfahren

Ein kryptographisches Verfahren wird als asymmetrisch bezeichnet, wenn zur Ver- und Entschlüsselung unterschiedliche Schlüssel benutzt werden. Die Zuordnung beider Schlüssel muß dabei eineindeutig sein.[140] Im folgenden werden die Verfahren dieser Klasse in ihrer Grundstruktur dargestellt.

Eine Funktion f, deren Funktionswerte zwar relativ leicht berechenbar sind, die Bestimmung der Inversen f^{-1} aber schwierig bzw. zu zeitaufwendig ist, wird als Einwegfunktion (one-way-function)[141] bezeichnet.

---
[139] Die Abbildung wurde entnommen aus HORSTER, P.: a.a.O., S. 115ff.
[140] Vgl. RIHACZEK, K.: Datenverschlüsselung, a.a.O., S. 13.
[141] Einwegfunktionen wurden für Daten entwickelt, die nur ver- aber nicht mehr entschlüsselt zu werden brauchen, wie z.B. zur Sicherung von Paßwortlisten bei der One-Way-Authentikation (einseitige Authentikation). Vgl. DIFFIE, W., HELLMAN, M. E.: New Directions in Cryptography, in: IEEE Transactions on Information Theory: Vol. 22, 6/1976, S. 644-654, hier S. 649ff. (im folgenden zitiert als DIFFIE, W., HELLMAN, M. E.: New Directions).

Formal:

f : X -> Y   x ∈ X (Klartext), y ∈ Y (Schlüsseltext)
y = f(x)   ----> y "leicht" berechenbar
x = f^{-1}(y) ----> x aus y "praktisch nicht berechenbar"[142]

Die Konstruktion von Einwegfunktionen basiert auf komplexen mathematischen Funktionen oder Funktionssystemen, deren Lösungsaufwand bekannt ist. Diese Funktionen können z.B. aus bestimmten Exponential- und ganzzahligen Polynomialfunktionen[143] sowie aus den unterschiedlichsten Kombinationen elementarer Funktionen konstruiert werden.[144] Darüber hinaus bilden spezielle Einwegfunktionen, sogenannte "trap-door"-Einwegfunktionen[145], die Basis für die nachfolgend dargestellten Public-Key-Verfahren.

Durch die zunehmende Dezentralisierung der Datenverarbeitung und den Einsatz von Kommunikationssystemen wird die Erzeugung, Verteilung und Verwaltung von Schlüsseln bei der Anwendung herkömmlicher symmetrischer Verfahren unsicherer und ineffizienter, da für jede Kommunikationsbeziehung über einen unsicheren Kanal ein Schlüssel vereinbart werden muß[146], der den Teilnehmern über einen sicheren Kanal über-

---

[142] Vgl. BETH, T., HEß, P., WIRL, K.: a.a.O., S. 31ff. Die Begriffe "leicht" und "praktisch nicht berechenbar" sind unscharfe Größen, die in der Literatur unterschiedlich quantifiziert werden. Beispielsweise halten Diffie und Hellman die Inverse einer Funktion für "praktisch unberechenbar", wenn mindestens 10^{30} Instruktionen zu ihrer Bestimmung notwendig sind. Vgl. DIFFIE, W., HELLMAN, M. E.: Privacy, a.a.O., S. 650.
[143] Vgl. PURDY, G. B.: A High Security Log-in Procedure, in: CACM: Vol. 17, 8/1974, S. 442-445.
[144] Vgl. RYSKA, N., HERDA, S.: a.a.O., S. 111.
[145] Als "trap-door"-Einwegfunktionen werden solche Funktionen bezeichnet, deren als "praktisch unberechenbar" erscheinende Umkehrung durch Kenntnis eines zusätzlichen geheimzuhaltenden Algorithmus mit zugehörigen Schlüsselparametern ("trap-door"-Information) "praktisch leicht" wird. Vgl. RIHACZEK, K.: Datenverschlüsselung, a.a.O., S. 13f. sowie BETH, T.: Kryptographie als Instrument des Datenschutzes, in: INFORMATIK SPEKTRUM: 7/1982, S. 82-96, hier S. 91.
[146] Bei n Kommunikationsteilnehmern müssen n(n-1)/2 Schlüssel vereinbart werden, bei asymmetrischen Verfahren nur n Schlüsselpaare. Dadurch wird das Schlüsselmanagement für große Teilnehmerzahlen wesentlich vereinfacht.

mittelt wird.[147] Diffie und Hellman lösen das Schlüsselübertragungs- sowie das Schlüsselverwaltungsproblem durch die Konzeption eines Public-Key-Verfahrens.[148] Dazu wird jedem Kommunikationsteilnehmer ein Schlüsselpaar, das zwei zueinander inverse Transformationsalgorithmen modifiziert, zugeordnet. Mit einem öffentlichen Schlüssel e, der in einem Schlüsselregister allgemein zugänglich ist, wird die Verschlüsselungsfunktion E und mit einem privaten geheimen Schlüssel ("trap-door"-Information) d die Entschlüsselungsfunktion D gebildet. Die Algorithmen D und E sind den Kommunikationsteilnehmern bekannt.[149] Außerdem ermöglicht das Public-Key-Verfahren die Authentikation der Kommunikationsteilnehmer durch die Erzeugung einer praktisch unfälschbaren "digitalen" Unterschrift.[150] Nach Rivest, Shamir und Adleman muß ein Public-Key-Verfahren folgende Bedingungen erfüllen:

---

[147] Vgl. HEIDER, F.-P.: Asymmetrische Verschlüsselung in Datennetzen, in: COMPUTERWOCHE: 12.Jg., Nr. 25 vom 21.6.1985, S. 34-36, hier S. 34.
[148] Vgl. DIFFIE, W.; HELLMAN, M. E.: Privacy, a.a.O., S. 644-654.
[149] Ein Kommunikationsprozeß stellt sich folgendermaßen dar: Möchte A an B eine Nachricht M senden, so bildet A mit B's öffentlichem Schlüssel e(B) die Verschlüsselungsfunktion E(B) und verschlüsselt M durch E(B)(M). B entschlüsselt das Chiffrat mit seiner privaten Entschlüsselungsfunktion D(B) und erhält die Nachricht im Klartext. Ein sicherer Kanal ist somit nicht mehr notwendig, da der Schlüsseltausch entfällt.
[150] Möchte A an B eine signierte Nachricht M übermitteln, erzeugt A einen Schlüsseltext S = D(A)(M). B entschlüsselt den Text S durch den ihm zugänglichen öffentlichen Verschlüsselungsalgorithmus E(A). Entsteht dabei die Nachricht M, die z.B. am Textende A's Namen enthält, so kann nur A, unter der Voraussetzung, daß kein Unbefugter A's privaten Schlüssel kennt, der Sender gewesen sein. Bei dieser Form der Übermittlung kann die Nachricht durch den öffentlichen Schlüssel von A allerdings von Unbefugten entschlüsselt werden. Um dem zu begegnen, verschlüsselt A den Schlüsseltext S zusätzlich mit B's öffentlichem Verschlüsselungsalgorithmus E(B). Vgl. RIHACZEK, K.: Datenschutz und Kommunikationssysteme, Braunschweig/Wiesbaden 1981, S. 127 (im folgenden zitiert als RIHACZEK, K.: Datenschutz) und DIFFIE, W., HELLMAN, M. E.: Privacy, a.a.O., S. 401.

(a) Die Entschlüsselung der verschlüsselten Nachricht M ergibt: D (E (M)) = M.
(b) E und D sind leicht ausführbar.
(c) Es ist praktisch unmöglich, in angemessener Zeit d aus e herzuleiten.
(d) Die Verschlüsselung einer zuerst entschlüsselten Nachricht M ergibt auch M: E (D (M)) = M.[151]

"Trap-door"-Einwegfunktionen erfüllen die Anforderungen (a)-(c), denn durch die Anwendung der Inversen der "trap-door"-Einwegfunktion wird aus e d erzeugt. Für den Einsatz eines Public-Key-Verfahrens zur Erzeugung "digitaler" Unterschriften muß zusätzlich die Bedingung (d) gelten. Derartige Funktionen werden auch als "trap-door"-Einwegpermutationen bezeichnet.

Das RSA-Verfahren, benannt nach den Mathematikern Rivest, Shamir und Adleman, wurde von diesen auf der Basis der theoretischen Konzeption von Diffie und Hellman zur Realisierung eines Public-Key-Systems entwickelt.[152] Es beruht auf dem zahlentheoretischen Problem der Faktorisierung eines Produktes großer Primzahlen.[153] Im folgenden wird kurz die grundsätzliche Funktionsweise dieses Ver- und Entschlüsselungsverfahrens, allerdings ohne die Aufbereitung des gesamten mathematischen Hintergrundes[154], dargestellt:
Eine Nachricht M wird mit einem öffentlichen Schlüsselpaar (e,n), e,n ∈ N, verschlüsselt und mit einem geheimen Schlüsselpaar (d,n), d,n ∈ N, wieder entschlüsselt.
Dazu werden die zugehörigen Schlüsselparameter wie folgt generiert:

---

[151] Vgl. RIVEST, R. L., SHAMIR, A., ADLEMAN, L.: A Method for Obtaining Digital Signatures and Public-Key Cryptosystems, in: CACM: Vol. 21, 2/1978, S. 120-126, hier S. 120f.
[152] Vgl. RIVEST, R. L., SHAMIR, A., ADLEMAN, L.: ebenda, S. 122ff.
[153] Rivest, Shamir und Adleman empfehlen eine 200-stellige Zahl n. Die Faktorisierung von n dauert auch mit dem Einsatz modernster Computer mehrere billionen Jahre.
[154] Die zugrundeliegende Mathematik nutzt die speziellen Eigenschaften der Euler'schen Funktion, die hier mit f(n) bezeichnet wird.

(1) Zufällige Auswahl zweier sehr großer Primzahlen p und q, deren Größe sich um einige Stellen unterscheidet; (p-1) und (q-1) haben jeweils eine sehr große Primzahl als Teiler, wobei der GGT beider Zahlen möglichst klein sein sollte.
(2) Bildung von n = p * q
(3) f(n) = (p-1) * (q-1), wobei f(n) geheimzuhalten ist
(4) Wahl einer beliebigen Zahl d, für die gilt:
0 < d < (n-1) und GGT (d, f(n)) = 1
(5) e ergibt sich als multiplikatives Inverses von d mod f(n) durch den Euklid'schen Algorithmus, so daß gilt: e * d = 1 mod f(n)
(6) Vernichtung aller Aufzeichnungen über Hilfsgrößen q, p, n.[155]

Bevor mit der Verschlüsselung begonnen werden kann, muß die Nachricht M zunächst in eine Ziffernfolge überführt werden. Dazu wird M derart in Blöcke aufgespalten, daß jeder Block in Binärdarstellung eine natürliche Zahl zwischen 0 und n-1 ergibt.

Danach kann die Ver- und Entschlüsselung erfolgen:

C = E (M) = M^e (mod n),
D = D (C) = C^d (mod n),
C und D werden dabei in transformierter Form eingesetzt.

Über das RSA-Verfahren hinaus werden unterschiedliche Ansätze diskutiert, deren praktische Bedeutung jedoch u.a. durch Umsetzungs- oder Sicherheitsprobleme wesentlich geringer ist.

So entstanden auf der Grundlage der von Merkle und Hellman vorgeschlagenen "additiven und multiplikativen Knapsack-Probleme" als Basis eines Public-Key-Verfahrens eine Vielzahl unterschiedlicher Ansätze und Varianten. Prinzipiell wird dabei als öffentlicher Schlüssel ein spezieller, schwieriger Knapsack formuliert, für dessen Input n > 100 gelten muß, um Trial and Error auszuschließen. Durch eine geheime Zusatzinformation ("trap-door"-Information) kann der schwierige

---
[155] Vgl. DIFFIE, W., HELLMAN, M. E.: Privacy, a.a.O., S. 413f. sowie HEIDER, F.-P.: a.a.O., S. 36.

Knapsack in einen leicht lösbaren umgeformt werden.[156] Die Optimierung und Entwicklung von Verfahren, sowohl zur Konzeption neuer operationaler Knapsack-Probleme als auch zur Lösung bereits existierender, wird in der Literatur vielfach aufgegriffen.[157] Erwähnenswert sind noch die Ansätze von McEliece, der zur Chiffrierung eine "verschleierte Matrix" verwendet[158], und das von Pohlig und Hellman konstruierte Kryptosystem, welches auf der Zeitkomplexität verschiedener Invertieralgorithmen von Exponentialfunktionen beruht.

Der Einsatz von Polynomialfunktionen als Einwegfunktionen, die höheren Sicherheitsanforderungen genügen sollen, ist bisher leider auf Großanlagen beschränkt, da sich das Laufzeitverhalten bei kleinen und mittleren DV-Systemen unvertretbar verschlechtern würde.[159]

6.5.2.2 Kryptoanalytische Sicherheit der vorgestellten Verfahren

Kryptosysteme können in unterschiedliche Sicherheitskategorien gegliedert werden. Ein Kryptosystem heißt "praktisch sicher" (computationally secure), wenn kein bekanntes Verfahren existiert, das das Kryptosystem mit begrenzt verfügbaren Ressourcen (Speicherkapazität, Rechenzeit) mit vertretbaren Kosten lösen kann; die praktische Sicherheit wird auch als kryptographische Stärke bezeichnet.[160] Ein Kryptosystem heißt "absolut sicher" (unconditional secure), wenn das

---

[156] Die Knapsack-Probleme werden ausführlich dargestellt in HORSTER, P.: a.a.O., S. 211ff.
[157] Vgl. ODLYZKO, A. M.: Cryptanalytic Attacks on the Multiplicative Knapsack Cryptosystem and on Shamir's Fast Signature Scheme, in: IEEE Transactions on Information Theory: Vol. 30, 4/1984, S. 594-600 und DESMEDT, Y. G., VANDEWALLE, J. P., GOVAERTS, R. J. M.: A Critical Analysis of the Security of Knapsack Public-Key Algorithms, in: IEEE Transactions on Information Theory: Vol. 30, 4/1984, S. 601-611.
[158] Vgl. BETH, T.: a.a.O., S. 93f.
[159] Vgl. RYSKA, N., HERDA, S.: a.a.O., S. 172f.
[160] Vgl. HORSTER, P.: a.a.O., S. 83f.

System auch mit unbegrenzten Ressourcen nicht gelöst werden kann.[161]
Die Beurteilung der kryptographischen Stärke erfolgt mittels der Kryptoanalyse, nicht zu verwechseln mit der Kryptoanalysis, die Kryptosysteme untersucht, um Verfahren zur unbefugten Entschlüsselung zu entwickeln.[162] Als Maßstab für den Aufwand, der zur Lösung eines Kryptosystems notwendig ist, kann der "Work Factor" angegeben werden[163], der beispielsweise in notwendigen Mann-Stunden, Anzahl mathematischer Operationen, Speicher- und Rechenkapazität oder Zeitdauer gemessen wird.[164]
Der Einsatz kryptoanalytischer Methoden (methods of attack) ist von der Qualität und Quantität der verfügbaren Informationen abhängig. Man unterscheidet bezüglich des verfügbaren Analysematerials die kryptoanalytischen Angriffsmöglichkeiten "ciphertext-only"-, "known-plaintext"- und "chosen-plaintext" sowie als Spezialfall für Public-Key-Verfahren die "chosen-ciphertext-attacks".[165]
Grundsätzlich ist der Wert eines Kryptosystems um so größer, je mehr Informationen zur Lösung dieses Systems notwendig sind.[166] Zudem wird bei allen kryptoanalytischen Methoden davon ausgegangen, daß das Kryptoverfahren bekannt ist.

Die im folgenden aufgeführten vier grundlegenden Methoden der Kryptoanalysis sind für die Beurteilung der kryptoanalytischen Sicherheit von wesentlicher Bedeutung:

---
[161] Vgl. DIFFIE, W., HELLMAN, M. E.: New Directions, a.a.O., S. 646.
[162] Da die Analysemethoden trotz unterschiedlicher Zweckorientierung gleich sind, wird die Kryptoanalyse im folgenden der Kryptoanalysis zugeordnet. Vgl. DIFFIE, W., HELLMAN, M. E.: Privacy, a.a.O., S. 14.
[163] Kritische Anmerkungen bezüglich der Bestimmung des "Work Factors" sind zu finden in: RIHACZEK, K.: Die Verwendung kryptographischer Verfahren, in: DuD: 2/1980, S. 99-102, hier S. 99 (im folgenden zitiert als RIHACZEK, K.: Verwendung).
[164] Vgl. MEYER, C. H.: Criteria for Designing a Cryptographic Algorithm, in: DuD: 2/1982, S. 104-108, hier S. 106.
[165] Vgl. GROLLMANN, J.: Anwendungen und Verfahren der Kryptographie, in: Online: 5/1983, S. 54-58, hier S. 56 und MEYER, C. H., MATYAS, S. M.: Cryptography: A New Dimension in Computer Data Security, New York/Chichester/Brisbane/ Toronto/Singapore 1982, S. 21ff.
[166] Die Einflüsse von Textqualität und Textquantität auf die Anwendbarkeit kryptoanalytischer Methoden werden untersucht in: RYSKA, N., HERDA, S.: a.a.O., S. 136ff.

- Vollständige Suche (exhaustive search)
  Darunter wird die systematische, tabellarische Sortierung aller möglichen Kombinationen der Kryptoparameter (Klartext, Schlüsseltext und Schlüssel) verstanden.
- Trial and Error Methode
  Dies ist ein nur bedingt systematisches Durchtesten verschiedener Kryptoparameter mit anschließender Plausibilitätsprüfung
- Statistische Methode
  Hierbei erfolgt eine Ermittlung von Gesetzmäßigkeiten durch Sprachstatistiken (z.B. Buchstaben-, Worthäufigkeiten)
- Strukturanalyse des Kryptosystems
  Zum Beispiel durch Gleichungssysteme wird die mathematische Struktur von Schlüsselraum und Chiffre untersucht.[167]

Die Kryptoanalysis kontinuierlicher Verfahren, die auf schlüsselgesteuerten Zufallszahlengeneratoren basieren, versucht anhand der Struktur der erzeugten Zufallszahlenfolgen, den verwendeten Zufallszahlengenerator und den zugehörigen Schlüssel zu ermitteln.[168] Die Sicherheit kontinuierlicher Chiffren ist demnach sowohl von der Periodenlänge der pseudozufälligen Bitfolge im Verhältnis zur Länge des zu verschlüsselnden Klartextes als auch vom Umfang der möglichen Schlüssel abhängig.[169] Generell bieten Bit-Chiffren, die Zufallszahlengeneratoren mit geringer Komplexität verwenden, gegen kryptoanalytische Angriffe wenig Sicherheit. Die Kryptosicherheit komplexer Bit-Chiffren wird von verschiedenen Autoren, deren Aussagen sich stetig durch neue detailliertere Kenntnisse weiterentwikkeln, diskutiert, so daß eine abschließende umfassende Beurteilung im Rahmen dieser Arbeit nicht ohne weiteres möglich ist.

Einfache Substitutions- und Transpositionsverfahren können in den meisten Fällen aufgrund der Redundanz der Sprache durch Häufigkeitsanalysen von Zeichen, Zeichenfolgen oder

---
[167] Prämissen für die Wirksamkeit und die Einsatzmöglichkeiten der kryptoanalytischen Verfahren werden aufgestellt von: RYSKA, N., HERDA, S.: a.a.O., S. 138ff.
[168] RYSKA, N., HERDA, S.: ebenda, S. 164ff.
[169] Vgl. RAUCH, W.: a.a.O., S. 246.

bestimmter Wortformationen gelöst werden. Da sich gezeigt hat, daß die Resistenz dieser Verfahren schon bei relativ wenig Information nicht mehr gegeben ist, wird auf deren Einsatz in der kommerziellen Anwendung in der Regel verzichtet.[170] Komplexe Produktchiffren bieten zwar keine absolute, aber eine größere Sicherheit. So gilt der DES für die kommerzielle Anwendung als kryptographisch sicher, da derzeit keine analytische Lösungsmethode dieses Verfahrens bekannt ist.[171] Seit der Veröffentlichung des Verfahrens bestehen weitgehende Kontroversen über vorhandene und potentielle Schwachstellen. Die widersprüchlichen Meinungen sind durch die Geheimhaltung der Entwurfskriterien des Algorithmus bedingt. Zudem wurden die Ergebnisse kryptoanalytischer Untersuchungen des U.S. National Security Agency (NSA) nicht veröffentlicht, so daß sich die Frage stellt, ob nicht durch die Geheimhaltungsmaßnahmen Schwächen des DES verschleiert werden sollten.[172] Da die Komplexität des Algorithmus strukturbezogene Analysen sehr erschwert, ist es bisher noch nicht gelungen, das DES-Verfahren mit angemessenem Aufwand zu lösen. Allerdings werden Angriffsmöglichkeiten diskutiert, die aber aufgrund unverhältnismäßig hoher Kosten noch unwirtschaftlich sind.[173] Die Sicherheit des Verfahrens steht und fällt ergo mit der verfügbaren Technologie und deren Kosten.[174] Die Tatsache der mehrjährigen Resistenz des Algorithmus kann als beträchtliche Sicherheitsgarantie gewertet werden. Ein kritischer Sicherheitsfaktor, wie bei allen symmetri-

---

[170] Vgl. RYSKA, N., HERDA, S.: a.a.O., S. 157f.
[171] Vgl. WIESNER, B.: Der Schutz von Daten in Computersystemen ist durch Kryptographie allein nicht gewährleistet, in: DuD: 4/1981, S. 265-268, hier S. 268.
[172] Vgl. HEIDER, F.-P., KRAUS, D., WELSCHENBACH, M.: a.a.O., S. 293ff.
[173] Vgl. HELLMAN, M. E.: An Extension of the Shannon Approach to Cryptography, in: IEEE Transactions on Information Theory: Vol. 23, 3/1977, S. 289-294; HELLMAN, M. E.: A Cryptographic Time-Memory Trade off, in: IEEE Transactions on Information Theory: Vol. 26, 4/1980, S. 401-406 und MERKLE, R. C., HELLMAN, M. E.: On the Security of Multiple Encryption, in: CACM: Vol. 24, 7/1981, S. 465-467.
[174] Vgl. DIFFIE, W., HELLMAN, M. E.: Exhaustive Cryptoanalysis of the NBS Data Encryption Standard, in: Computer: 6/1977, S. 74-84.

schen Verfahren, ist die Verwaltung und Verteilung der zugehörigen Schlüsselparameter. Die Gefahr der illegalen Beschaffung der Schlüssel ist deshalb häufig wesentlich größer als die der Rekonstruktion. Eine Lösung des Schlüsselmanagements wird von Diffie und Hellman mit dem Public-Key-Distribution-System vorgeschlagen.[175]

Wie bereits erwähnt, werden zur Konstruktion asymmetrischer Verfahren Probleme (Funktionen), deren Komplexität bekannt ist, so modifiziert, daß die erfolgreiche Kryptoanalyse gerade der Problemlösung entspricht.[176] Somit besteht eher die Möglichkeit, die kryptographische Stärke genau und vollständig zu quantifizieren. Die Stärke eines Public-Key-Verfahrens wird deshalb durch die Schwierigkeit bedingt, das jeweils zugrundeliegende Problem - in Funktionsform - zu lösen. Im folgenden werden nur diese Funktionen betrachtet, ohne ausdrücklich auf die zugehörigen Public-Key-Verfahren Bezug zu nehmen.

Die Kryptosicherheit der Einwegfunktionen kann im Zusammenhang mit komplexitätstheoretischen Überlegungen beurteilt werden. Die bekannten Probleme, die als Einwegfunktionen in die Kryptographie eingehen, werden in die Komplexitätsklassen P (polynomial) und NP (nichtdeterministisch, polynomial) gegliedert. Einer Funktion wird die Klasse P zugeordnet, wenn sie durch einen deterministischen Algorithmus in einer Zeit gelöst werden kann, die durch eine Polynomialfunktion, entsprechend der Inputlänge n, nach oben begrenzt ist.[177] Zur Konstruktion von Public-Key-Verfahren werden Probleme der Komplexitätsklasse NP eingesetzt. Für Funktionen der Komplexitätsklasse NP existiert ein nichtdeterministischer, in polynomialer Zeit lösbarer Algorithmus. Der kryptographische Vorteil besteht darin, daß für alle bekannten Lösungsalgorithmen bei steigendem Input der notwendige Zeitaufwand

---

[175] Das Public-Key-Distribution-System wurde von Diffie und Hellman entwickelt, um die Schlüsselverteilung bzw. den Schlüsseltausch auf einem unsicheren Kanal für symmetrische Kryptoverfahren zu ermöglichen. Vgl. **DIFFIE, W., HELLMAN M. E.:** Privacy, a.a.O., S. 413.
[176] Vgl. **RYSKA, N., HERDA, S.:** a.a.O., S. 166.
[177] Eine Darstellung des komplexitätstheoretischen Hintergrundes ist zu finden in: **KONHEIM, A. G.:** Cryptography: A primer, New York/Chichester/Brisbane/Toronto 1981, S. 249ff.

sehr stark zunimmt. Bei einer Inputlänge n steigt die Anzahl der Lösungsschritte exponentiell auf 2^n an, während sich der Aufwand zur Überprüfung einer möglichen Lösung gemäß einer Polynomialfunktion von n lediglich auf n^2 erhöht. Für entsprechend große n werden diese Algorithmen "praktisch unlösbar".[178]

Im Gegensatz zu den deterministischen Problemen können für die NP-Probleme nur "worst-case"-Aussagen getroffen werden, da es durchaus möglich ist, etwa durch Trial and Error ohne Verwendung des Algorithmus schneller die Lösung zu finden.

"Die Sicherheit von Public-Key-Verfahren beruht also im wesentlichen auf dem Vermögen abzuschätzen, wie zeit-/speicheroptimal verfügbare und voraussehbare Lösungsalgorithmen für eine Problemstellung sind bzw. sein können."[179] Eine Kryptoanalyse des RSA-Verfahrens kann entweder durch Faktorisieren der Größe n oder direkt durch Ermitteln des geheimen Schlüssels d erfolgen. Rivest, Shamir und Adleman dimensionieren ihr Verfahren mit einem der asymptotisch schnellsten Faktorisierungsalgorithmen, dem Algorithmus von Schroeppel.[180] Darüberhinaus existieren weitere alternative Lösungsansätze[181], für die Rivest jedoch gezeigt hat, daß diese Verfahren bei der Verwendung bestimmter p und q nicht schneller zur Lösung führen als die Methode des Faktorisierens von n.[182]

Demnach ist die Sicherheit des RSA-Verfahrens, solange keine wesentlich schnelleren, praktisch einsetzbaren Lösungsmethoden gefunden werden, gewährleistet. Heider, Kraus und Welschenbach äußern sich aus diesem Grund optimistisch: "Das exponentielle Wachstum von T(n) macht Zahlen n mit 512-Bit Länge heute und in Zukunft zu einer unüberwindlichen

---

[178] Vgl. HELLMAN, M. E.: The Mathematics of Public-Key Cryptography, in: SCIENTIFIC AMERICAN: Vol. 241, 2/1979, S. 103-146, hier S. 132ff. u. DIFFIE, W., HELLMAN, M. E.: New Directions, a.a.O., S. 653.
[179] RYSKA, N., HERDA, S.: a.a.O., S. 168f.
[180] Vgl. SATTLER, J., SCHNORR, C. P.: Ein Effizienzvergleich der Faktorisierungsverfahren von Morrison-Brillhart und Schroeppel, in: COMPUTING: Vol. 30, 7/1983, S. 91-110, hier S. 92.
[181] Vgl. bspw. HORSTER, P.: a.a.O., S. 189 und S. 193.
[182] Vgl. RIVEST, R. L.: Critical Remarks on "Critical Remarks on Some Public-Key Cryptosystems" by T. Herlestam, in: BIT: Vol. 19, 4/1979, S. 274-275.

technischen Hürde - eine Hürde, die zudem noch leicht zu erhöhen ist."[183]

6.5.2.3 Einsatzmöglichkeiten der Kryptographie bei der Datenverschlüsselung

Kryptographische Verfahren können zum direkten Schutz gespeicherter und übertragener Daten[184] sowie darüberhinaus im Rahmen der Authentikation als Bestandteil einer wirksamen Zugriffskontrolle eingesetzt werden.
Bei der Integration kryptographischer Verfahren in DV-Systeme müssen grundlegende systembezogene und organisatorische Aspekte berücksichtigt werden. Grundsätzlich haben diese Sachverhalte sowohl für den Schutz gespeicherter als auch übertragener Daten Geltung.[185]
Soll ein Verschlüsselungsverfahren in einem DV-System eingesetzt werden, muß zunächst die Entscheidung für eine Software- oder Hardwareimplementierung des kryptographischen Verfahrens getroffen werden. Außerdem erfolgt die Festlegung der logischen und physikalischen Schnittstellen der Verschlüsselungseinrichtungen mit dem Systemumfeld.[186]
Als Entscheidungskriterien für eine Hard- oder Softwareimplementierung sind allgemeine Aspekte wie Kosten, Wartungs- und Änderungsfreundlichkeit, die Zuverlässigkeit und Standardisierung des Verfahrens sowie, bezüglich des Systemverhaltens, die Laufzeit und der Platzbedarf zu beachten. Hinsichtlich des Laufzeitverhaltens hat sich gezeigt, daß Hardwareversionen, besonders Blockchiffren, um das 10^3-fache schneller sind als entsprechende Softwarerealisierungen.[187]
Die softwaremäßige Implementierung erfolgt durch die Aufnahme der Verschlüsselungsroutinen in die Systembibliothek des mit einem Kryptoverfahren auszustattenden DV-Systems.

---
[183] HEIDER, F.-P., KRAUS, D., WELSCHENBACH, M.: a.a.O., S. 416.
[184] Vgl. STADLER, N.: a.a.O., S. 99.
[185] Bezüglich des Einsatzes der Kryptographie im Rahmen der Authentifizierung und der Datenübertragung vgl. die Ausführungen in Kapitel 8.3.
[186] Vgl. RYSKA, N., HERDA, S.: a.a.O., S. 191.
[187] Vgl. RYSKA, N., HERDA, S.: ebenda, S. 202ff.

Zur hardwaremäßigen Verschlüsselung gespeicherter Daten wird das Verschlüsselungsmodul (V-Modul) zwischen dem Ein-/Ausgabekanal des Speichers und dem eigentlichen Speicher installiert. Dadurch wird erreicht, daß die Daten vor der Speicherung ver- und vor der Bearbeitung wieder entschlüsselt werden.[188]
Die Koordination des Zusammenwirkens von Benutzer und V-Modul wird von einem Steuerprogramm übernommen. Dieses Steuerprogramm kann entweder von einem Anwendungs- oder einem Systemprogramm[189] aufgerufen werden. Daraufhin werden die erhaltenen Anweisungen in einer für das V-Modul verarbeitbaren Form an das Modul, das die Verschlüsselung durchführt, weitergeleitet.[190]
Da die Sicherheit kryptographischer Verfahren nicht auf der Geheimhaltung des Verschlüsselungalgorithmus beruht, sondern auf der Schwierigkeit, diesen zu lösen, ist der Algorithmus in der Regel bekannt. Somit verlagert sich das Sicherheitsproblem des gesamten Verfahrens auf die Sicherung und Verwaltung der Schlüssel, die den Algorithmus modifizieren. Aus diesem Grund ist in komplexen DV-Systemen eine komplizierte Schlüsselverwaltung (Schlüsselmanagement), bestehend aus den Teilbereichen Schlüsselgenerierung, -verteilung und -installation, notwendig.[191]
Um den Schlüsselverwaltungsprozeß einzuleiten, müssen zunächst die Schlüssel generiert werden. Die verwendeten Generierungsverfahren orientieren sich am Sicherheitsbedarf der Schlüssel, den notwendigen Schlüsselwechselintervallen und dem zulässigen Generierungsaufwand.[192]
Schlüssel können deterministisch[193] und nichtdetermini-

---

[188] Vgl. RYSKA, N., HERDA, S.: a.a.O., S. 192ff.
[189] Bei einer systemseitigen Verschlüsselung erfolgt der Aufruf des Steuerprogramms durch ein Systemprogramm, bei einer benutzerseitigen durch ein Anwendungsprogramm.
[190] Vgl. RYSKA, N., HERDA, S.: a.a.O., S. 195.
[191] Vgl. MEYER, C. H., MATYAS, S. M.: The Role of Cryptography in electronic Data Processing, in: DuD: 3/1981, S. 174-180, hier S. 178 (im folgenden zitiert als MEYER, C. H., MATYAS, S. M.: The Role).
[192] Vgl. RYSKA, N., HERDA, S.: a.a.O., S. 224f.
[193] Vgl. MEYER, C. H., MATYAS, S. M.: The Role, a.a.O., S. 126-137.

stisch[194], mit einer anschließenden Transformation der gebildeten Signalfolge in eine binäre Zeichenfolge, generiert werden. Nichtdeterministische Verfahren gewähren, da die erzeugten Zahlenfolgen nicht reproduziert werden können, eine höhere Sicherheit.[195]
Die Schlüsselverteilung kann entweder extern oder intern erfolgen. Extern verteilte Schlüssel werden physisch über "sichere" Transportwege und -medien der Post, beispielsweise durch "Kuriere", übermittelt. Die verschlüsselten Daten hingegen werden über einen anderen unsicheren Kanal übertragen. Bei interner Schüsselverteilung sind Daten- und Schlüsselübertragungsweg identisch. Um die über einen unsicheren Datenkanal übertragenen Schlüssel vor Mißbrauch zu schützen, kann vor ihrer Verteilung eine Chiffrierung mit einem speziellen Verteilungsschlüssel, einem sogenannten "Master-Key", erfolgen. Damit reduziert sich die Geheimhaltung auf die des "Master-Key's". Das Sicherheitsrisiko der externen Verteilung dieses Hauptschlüssels bleibt aber dennoch bestehen.[196]
Nach der Verteilung müssen die Schlüssel installiert, d.h. geladen und gespeichert werden. Extern verteilte Schlüssel können beispielsweise durch die Eingabe des Schlüssels über die Tastatur, durch Einlesen über Magnetkarten (ID-Karten) sowie über sogenannte Chipkarten installiert werden. Wurde eine interne Verteilung durchgeführt, erfolgt die Installation über interne Leitungen des DV-Systems, da die Schlüssel nicht von außen zugeführt zu werden brauchen.[197] Wurde ein Schlüssel über den für ihn bestimmten Zeitraum (Wechsel-

---

[194] Schlüssel, die über einen langen Zeitraum verwendet werden und den Angriffen Unbefugter deshalb verstärkt ausgesetzt sind, wie beispielsweise statische, zeitunabhängige Schlüssel, müssen besonders sicher sein. Dieser hohe Sicherheitsbedarf erfordert in der Regel eine Schlüsselgenerierung über nichtdeterministische Verfahren.
[195] Aufgrund der sich daraus ergebenden Notwendigkeit der Zwischenspeicherung der Zahlenfolgen, gestaltet sich diese Methode jedoch aufwendiger als deterministische Generierungsverfahren. Vgl. CELLER, W.: Mehr Datensicherheit durch Kryptographie, in: IBM Nachrichten: Jg. 34/1984, Nr. 270, S. 31-35, hier S. 33.
[196] Vgl. WONG, K.: The Hackers and Computer Crime, in: DuD: 3/1986, S. 192-195, hier S. 195 und WIESNER, B.: a.a.O., S. 268.
[197] Vgl. CELLER, W.: a.a.O., S. 33 und RYSKA, N., HERDA, S.: a.a.O., S. 238ff.

intervall) benutzt, wird er mit einem neu generierten ausgetauscht, und der Schlüsselverwaltungszyklus setzt von neuem ein.

Beispielhaft wird nun die Einbettung von Verschlüsselungseinrichtungen zum Schutz in Datenbanksystemen gespeicherter Daten dargestellt.[198] Die Datensicherheit ist in Datenbanksystemen besonders gefährdet, da sehr viele sensitive Daten in integrierter, nach vielen Kriterien auswertbarer Form abgespeichert werden können,[199] und der mögliche Vielfachzugriff die Kontrolle über die Datenbank erschwert.[200] Dies bedeutet für die kryptographischen Verfahren, daß diese dem unterschiedlichen Sensitivitätsgrad der Teilbestände der Datenbank anpaßbar sein und auf allen Detaillierungsebenen, z.B. Datenfeldern, Datensätzen oder Dateien, greifen müssen. Über den eigentlichen Datenbestand hinaus sind neben den von einem "Data Dictionary"[201] verwalteten Informationen hinsichtlich der Datenbankorganisation, wie Dateibeschreibungen, Benutzersichten, Datentypdefinitionen, Dateibeziehungen sowie Anwendungsprogramme auch Informationen, die aus dem eigentlichen Datenbestand im Rahmen von Benutzerabfragen gebildet werden, wie Indextabellen und invertierte Dateien, gegen unbefugte Kenntnisnahme zu schützen.[202] Kryptographische Verfahren können in Datenbanken unter der Kontrolle des DBMS zur Authentikation und Autorisierung[203] sowie zur Chiffrierung des Datenbestandes als Schutz vor den

---

[198] Darüber hinaus gelten die Aussagen hinsichtlich des Schlüsselmanagements und der Schnittstellenbetrachtungen auch weitgehend für andere mögliche DV-Anwendungen, in denen Daten gespeichert werden, wie beispielsweise Dateiverwaltungssysteme oder integrierte Anwendungssoftware, die häufig in kleinen und mittleren Unternehmen eingesetzt werden. Die Kryptographie sollte in diesen kleineren Systemen, die als Ein- oder Mehrplatzsysteme gegebenenfalls vernetzt eingesetzt werden, in Zukunft verstärkt zur Anwendung kommen, da der Zugriffsschutz durch das Betriebssystem oder die Anwendungssoftware häufig nur ungenügend realisiert ist.
[199] Vgl. SCHLAGETER, G., STUCKY, W.: a.a.O., S. 335.
[200] Vgl. DITTRICH, K. R., LOCKEMANN, P. C.: Datenbanken und Datenschutz, in: DuD: 2/1983, S. 90-95.
[201] Vgl. SCHEUERNSTUHL, G.: Data Dictionary, in: SCHNEIDER, H.-J., (Hrsg.): Lexikon der Informatik und Datenarverbeitung, München 1983, S. 117f.
[202] Vgl. RYSKA, N., HERDA, S.: a.a.O., S. 265ff.
[203] Vgl. RIHACZEK, K.: Datenschutz, a.a.O., S. 128.

Folgen des Datenträgerdiebstahls und des Abhörens der Kommunikationsleitungen[204] eingesetzt werden.[205] Um diese Aufgaben zu erfüllen, ist ein zuverlässiges Schlüsselmanagement notwendig. Das Schlüsselmanagement in einer Datenbank sowie die Auswahl des Verschlüsselungsverfahrens kann benutzer- oder systemseitig[206] erfolgen.
Wird das Schlüsselmanagement systemseitig realisiert, übernimmt in der Regel das DBMS die Steuerung und Kontrolle der Schlüssel. Darüber hinaus ist es, wenn auch nur selten praktiziert, möglich, daß diese Aufgaben von einer Person, dem Datenbankadministrator, übernommen werden. Daraus resultiert ein zusätzliches Sicherheitsrisiko, da die Schlüssel gespeichert werden müssen und somit den Angriffen Unbefugter ausgesetzt sind.
Dieses Problem entfällt im Rahmen des benutzerseitigen Schlüsselkonzeptes, denn die Benutzer übernehmen die Verantwortung für die Schlüsselverwaltung und die Auswahl des Verschlüsselungsalgorithmus selbst. In diesem Fall besitzen die Benutzer die Schlüssel für die Daten, auf die sie zugreifen dürfen. Die Handhabung der Schlüssel ist dabei schwierig, denn der Vielfachzugriff auf einzelne Datenteilbestände kann zu Überschneidungen von Zugriffsberechtigungen führen und den wirtschaftlichen Einsatz herkömmlicher kryptographischer Verfahren wesentlich erschweren. Dies hatte zur Folge, daß in der Literatur Verfahren zur Lösung dieses Problems entwickelt wurden, etwa durch die Zerlegung der Datenbank in "Sicherheitsatome" oder durch asymmetrische Kryptosysteme mit zwei öffentlichen Schlüsseln.[207]
Weniger problematisch ist die physikalische und logische Einordnung der Verschlüsselungseinheiten zur Sicherung gespeicherter Daten in DV-Systemen. Verschlüsselungseinrichtungen zur Chiffrierung gespeicherter Daten können auf un-

---

[204] Vgl. BAYER, R., ELHARDT, K., KIEßLING, W., KILLAR, D.: Verteilte Datenbanken, in: INFORMATIK SPEKTRUM: 7/1984, S. 1-19.
[205] Vgl. DITTRICH, K. R., LOCKEMANN, P. C.: a.a.O., S. 94 und SCHLAGETER, G., STUCKY, W.: a.a.O., S. 344.
[206] Statt systemseitiges/benutzerseitiges Schlüsselmanagement werden häufig auch die Begriffe geregeltes/ungeregeltes Schlüsselmanagement verwendet.
[207] Diese Ansätze werden ausgeführt bei RYSKA, N., HERDA, S.: a.a.O., S. 305ff.

terschiedliche Art und Weise in DV-Systemen implementiert werden.[208]
Eine Installation der V-Module ist

(1) an peripheren Speichereinheiten,
(2) an intelligenten Terminals,
(3) an Steuereinheiten der peripheren Geräte,
(4) als selbständiges V-Modul oder
(5) im Ein-/Ausgabewerk sowie zur Verschlüsselung der Daten im Hauptspeicher
(6) im Ein-/Ausgabewerk und in der Zentraleinheit oder
(7) direkt im Hauptspeicher möglich.[209]

Mit der Ausnahme der Varianten zur Verschlüsselung der Daten im Hauptspeicher ist neben der systemseitigen auch eine benutzerseitige Schlüsselverwaltung möglich. Der Installationsaufwand der Varianten, die keine Verschlüsselungseinrichtungen an den peripheren Geräten vorsehen, ist wesentlich geringer als bei den Versionen (1) und (2), da weniger Module erforderlich sind. Dem geringen Installationsaufwand stehen allerdings komplizierte Mechanismen zur Steuerung der V-Module gegenüber, die bei Installationen an den peripheren Geräten nicht notwendig sind.[210]
Eine logische Einordnung der Verschlüsselungs- und Zugriffskontrollmechanismen kann anhand der hierarchischen Abstraktionsebenen (externe, interne und konzeptuelle Sicht)[211] der Datenbanksysteme vorgenommen werden. Die eigentliche Datenverschlüsselung ist auf der internen Ebene, die die physische Organisation der Datenbank beschreibt, einzuordnen.
Die Festlegung der mit allen Anwendungen verbundenen Sichten auf die Daten erfolgt durch die zentrale Zuteilung von Be-

---
[208] Vgl. NIEDEREICHHOLZ, J.: a.a.O., S. 208ff.
[209] Vgl. RYSKA, N., HERDA, S.: a.a.O., S. 313-319.
[210] Eine detaillierte Beurteilung der Installationsmöglichkeiten soll in dieser Arbeit nicht erfolgen. Vgl. RYSKA, N., HERDA, S.: ebenda, S. 313-319.
[211] Vgl. BASTIAN, M.: Datenbanksysteme, Königstein 1982, S. 8ff.

nutzersichten im konzeptuellen Schema.[212] Ergo sind auch die mit kryptographischen Verfahren realisierten Zugriffskontrollmechanismen dieser Ebene zuzuordnen.

6.6 Datenträgerbezogene Schutz- und Sicherungsmaßnahmen

Datenträger sind besonders den Gefahren des Diebstahls, der Zerstörung und der Löschung sowie der unbefugten Einsichtnahme[213] ausgesetzt. Aufbewahrungsfristen, die den Betrieben extern vorgegebenen werden, zwingen diese zudem, große Datenbestände über einen längeren Zeitraum sicher zu archivieren. Datenschutzgerechte Anforderungen und Maßnahmen bezüglich der Archivierung von Datenträgern behandelt Kapitel 6.6.1. Unvermeidbar sind aufgrund der Organisation der Datenverarbeitung Transporte von Datenträgern; geeignete Schutzmaßnahmen diesbezüglich werden in Kapitel 6.6.2 beschrieben. Der letzte Abschnitt (Kapitel 6.6.3) befaßt sich mit der Löschung und Vernichtung nicht mehr benötigter Datenträger.

6.6.1 Maßnahmen bei der Aufbewahrung von Datenträgern

Besondere Aufmerksamkeit ist schon aus Gründen der Einsatzbereitschaft und der Lagerung von Datenträgern unter bestimmten klimatischen Bedingungen der Aufbewahrung der Datenbestände zu schenken.[214] Gerade nicht benutzte Magnetbänder, -platten und Disketten sind während des Rechnerbetriebes besonders sorgfältig und staubfrei in verschließbaren Spezialschränken aufzubewahren. Aus Datenschutzgründen ist zudem die Einrichtung eines Datenträgerlagers bzw. eines Archivs notwendig. Anforderungen, wie Abgeschlossenheit des

---

[212] Die Autorisierung und Zugriffskontrolle kann durch die Definition einer durch Chiffrierung geschützten Zugriffsmatrix erfolgen. Vgl. dazu auch die Ausführungen in Kapitel 6.2.2.2.
[213] Die Gefahr der unbefugten Einsichtnahme betrifft alle visuell lesbaren Datenträger, z.B. Drucklisten.
[214] Vgl. GRAEF, M., GREILLER, R.: a.a.O., S. 181.

Raumes, seine alarmtechnische Sicherung[215] und die Forderungen nach Übersichtlichkeit und Erreichbarkeit des Archivs müssen die im BDSG festgeschriebenen Zugangs- und Abgangskontrollen unterstützen. Stehen kleinen und mittleren Betrieben keine separaten Räumlichkeiten als Archiv zur Verfügung, sollten die Datenträger in eingebauten oder fest mit dem Boden verbundenen Datenträger-Archivschränken ggf. im klimatisierten Bereich gelagert werden.[216] Bei der Archivierung selbst, müssen seitens der Archivverwaltung Datenschutzgrundsätze beachtet werden. Ein fester Standort und die fortlaufende Numerierung der archivierten Datenträger erleichtern ihr Auffinden und machen das Fehlen von Datenträgern offensichtlich. Die zusätzliche Bestandsüberwachung sollte mit Hilfe von Datenträger-Identitätskarten[217] und einer Kartei erfolgen. Die Beschriftung der Datenträger darf aus Transparenzgründen keinen Hinweis auf den gespeicherten Datenbestand liefern[218]. Informationen, wie der Benutzername, die Datenträgerkapazität, der Aufbewahrungsort[219], der Inhalt sowie das Kopier- und Freigabedatum sollten lediglich auf den ständig zu aktualisierenden Karteikarten vermerkt sein. Unterstützend sind aperiodische Soll-Ist-Vergleiche im Sinne einer Inventur durchzuführen, bei der das Fehlen eines Datenträgers eine sofortige Kon-

---

[215] Die alarmtechnische Sicherung umfaßt neben der Zugangssicherung auch die Sicherung gegen Feuer. Papier, das Plastikmaterial der Magnetbänder und die Gehäuse der Magnetplatten sind leicht brennbar und entwickeln zum Teil giftige Dämpfe. Schwelbrände werden aufgrund der Abgeschlossenheit des Raumes u.U. erst sehr spät entdeckt und sind dann nur schwer unter Kontrolle zu bringen. Vgl. WECK, G.: a.a.O., S. 80.
[216] Je nach der Organisationsform der Datenverarbeitung kann die Lagerung bzw. Archivierung zentral oder dezentral erfolgen. Vgl. zu diesen Ausführungen u.a.: ABEL, H., SCHMÖLZ, W.: a.a.O., S. 49/50; DROUX, R.: a.a.O., S. 298-302; GRAEF, M., GREILLER, R.: a.a.O., S. 413; GROCHLA, E., SCHACKERT, H. R.: a.a.O., S. 191/192.
[217] Diese Karten werden am Datenträger angebracht. Anderenfalls ist der Datenträger zu beschriften.
[218] Die Beschriftung eines archivierten Datenträgers über die fortlaufende Archivnummer hinaus birgt die Gefahr, daß unnötig viele Personen Kenntnis vom gespeicherten Inhalt erlangen. Vgl. GROCHLA, E., SCHACKERT, H. R.: a.a.O., S. 190.
[219] Bei sehr großen Datenbeständen kann eine Auslagerung in Abhängigkeit von gebildeten Risikoklassen an unterschiedlich stark gesicherten Orten sinnvoll sein. Vgl. BREUER, R.: Computer-Schutz, a.a.O., S. 212.

trolle seines Verbleibs zur Folge hat. Datenträgerentnahmen
dürfen nur gegen einen Entnahmeschein erfolgen; die Ausleihfristen sind unbedingt zu kontrollieren und einzuhalten.
Mittels Statistiken über die Häufigkeit und die Dauer von
Datenträgerentnahmen kann festgestellt werden, ob und wer
über das normale Maß hinaus Datenträger benötigt hat. Der
Archivverwaltung obliegt auch die unbedingte Einhaltung der
vorgeschriebenen Aufbewahrungs-, Löschungs- und Sperrungsfristen der Datenträger. Eine langfristige Planung mit Hilfe
von Zeittafeln, in die diese Fristen eingetragen werden, ist
auch aus Revisionsgründen zu empfehlen.
Da die Magnetisierung von Bändern im Laufe der Zeit nachläßt, sind Magnetbänder von Zeit zu Zeit zu kopieren, um die
jederzeitige Verfügbarkeit der gespeicherten Daten sicherzustellen. Ebenfalls unter dem Gesichtspunkt der Wartung und
Pflege von Datenträgern müssen regelmäßige Kontrollen der
Raumtemperatur, der Luftfeuchtigkeit und der Staubentwicklung durchgeführt werden.
Auch im Vorfeld der Archivierung sind Manipulationen an und
mit Datenträgern zu verhindern. Eine getrennte Speicherung
von Programmen, Stamm- und Bewegungsdaten auf unterschiedlichen Datenträgern sowie deren Aufbewahrung an ggf. drei Orten erschweren jegliche unzulässige Eingriffe, wie beispielsweise die Rekonstruktion des Gesamtdatenbestandes
durch Unbefugte.

6.6.2. Datenschutz- und -sicherungsmaßnahmen beim Transport von Datenträgern

Der neunte Kontrollbereich in der Anlage zu § 6 BDSG betrifft den Transport von Datenträgern. Zu unterscheiden ist
bei der Ergreifung geeigneter Schutz- und Sicherungsmaßnahmen, ob dieser Transport innerbetrieblich erfolgt, oder ob
es sich um den Versand bzw. den Transport von Datenträgern
außer Haus handelt.
Innerbetriebliche Transportwege sollten zur Vermeidung unbefugter Aktivitäten kurz und genau festgelegt sein. Die zeitliche Festlegung des Abhol- und Anlieferungstermins bei ei-

nem Transport durch Boten ermöglichen die Überprüfung, inwieweit Verzögerungen beim Transport aufgetreten sind.[220] Werden Bandförder- oder Rohrpostanlagen zum Transport verwendet, dies ist allerdings in kleinen und mittleren Betrieben höchst selten der Fall, so müssen diese Anlagen gegen mißbräuchliche Zugriffe abgesichert sein. Zur Vermeidung materieller Beschädigungen der Datenträger sind diese in stoßfeste, antimagnetische Behälter zu verpacken. Für den Transport außer Haus bzw. den Versand von Datenträgern sollten Richtlinien bezüglich der Verpackung[221], der Versandart und ggf. für den Versandtermin existieren, deren Einhaltung genauestens zu kontrollieren ist. Auch beim Versand von Datenträgern oder einem Transport außer Haus sollte aus der Beschriftung des Datenträgers nichts über seinen Inhalt hervorgehen. Das Erstellen entsprechender Versandaufträge, die Überprüfung der Abholberechtigung und die Bestätigung des Empfangs sichern den Betrieb gegen allzu große Schäden ab.

6.6.3 Löschung und Vernichtung von Datenträgern

Nicht mehr benötigte Datenbestände auf Platten und Bändern und magnetisierbare Datenträger, deren Aufbewahrungsfrist abgelaufen ist, sind vor ihrer erneuten Verwendung physisch zu löschen. Ein einfaches Überspielen neuer Dateien auf diese Datenträger kann zum Vorhandensein von Datenrestbeständen führen, deren Lesbarkeit durch spezielle Verfahren und Programme noch möglich ist.[222] Drucklisten und sonstige Datenträger aus Papier sind zu verbrennen oder im Reißwolf zu vernichten. Die im Oktober 1985 verabschiedete Sicherheitsnorm über das Vernichten von Datenträgern (DIN 32575, Teil I und II) legt dazu fünf Sicher-

---

[220] Vgl. BREUER, R.: Computer-Schutz, a.a.O., S. 221.
[221] Für Datenträgertransporte sollten spezielle Transportkoffer verwendet werden, deren Schlüssel sich lediglich in den Händen des Absenders und des Empfängers befinden.
Vgl. BREUER, R.: Computer-Schutz, ebenda, S. 222.
[222] Vgl. dazu auch die Ausführungen in Kapitel 7.6.1.

heitsstufen für die Informationsträgervernichtung fest.[223]
Darüber hinaus ist besonders bei Datenträgern mit sensiblen
Datenbeständen eine direkte Kontrolle vonnöten. Beispielsweise kann deren Vernichtung in Protokollen festgehalten
werden, die genaue Angaben zum vernichteten Datenträger, dem
Vernichtungszeitpunkt und dem für die Vernichtung zuständigen Mitarbeiter beinhalten.[224]
Für den Fall, daß mit der Vernichtung von Datenträgern eine
Datenträgerentsorgungsfirma beauftragt wird, ist sicherzustellen, daß die Maßnahmen für den Transport von Datenträgern eingehalten werden. Dazu sind vertragliche Regelungen,
wie sie auch für eine Datenverarbeitung außer Haus gelten,
festzulegen und seitens des Autraggebers zu überwachen.[225]

6.7 DuD-Maßnahmen bei Datenverarbeitung außer Haus

Datenverarbeitung außer Haus liegt dann vor, wenn die Datenerfassung, die Datenverarbeitung oder auch eine Mikrover-
filmung von Daten durch Dritte wahrgenommen wird.[226] Läßt ein
kleiner oder mittlerer Betrieb seine Daten außer Haus durch
ein Rechenzentrum oder eine ähnliche Einrichtung verarbeiten, kann er lediglich präventive Maßnahmen bezüglich des
Schutzes seiner Daten ergreifen. Die Ergreifung von Daten-
schutz- und -sicherungsmaßnahmen obliegt dem Auftragnehmer.
In der Anlage zu § 6 BDSG schreibt der Gesetzgeber im Rahmen
der Auftragskontrolle vor, daß personenbezogene Daten "nur
entsprechend den Weisungen des Auftraggebers verarbeitet
werden"[227] dürfen. Dieser sollte ergo zur Wahrnehmung seines
Kontrollrechtes vorab eine sorgfältige Auswahl der für ihn
in Frage kommenden datenverarbeitenden Stelle treffen, indem

---

[223] Ab Schutzstufe B gelten alle Daten als schutzbedürftig.
Für ihre Vernichtung legt die DIN 32575 Grenzwerte fest,
die ab Schutzstufe C derart hoch angesetzt sind, daß
selbst ein leistungsfähiger Aktenvernichter nicht mehr
eingesetzt werden dürfte. Vgl. ABEL, H., SCHMÖLZ, W.:
a.a.O., S. 382.
[224] Vgl. GROCHLA, E., SCHACKERT, H. R.: a.a.O., S. 196 und
S. 200f.
[225] Vgl. ABEL, H., SCHMÖLZ, W.: a.a.O., S. 386.
[226] Vgl. ABEL, H., SCHMÖLZ, W.: ebenda, S. 377.
[227] Vgl. SIMITIS, S., et.al.: a.a.O., S. 48.

er beispielsweise überprüft, inwieweit in diesem Betrieb die Anforderungen der Anlage zum § 6 BDSG erfüllt werden. Weiterhin bietet es sich an, vertraglich zu vereinbaren, daß er selbst die Überprüfung der Einhaltung der Datenschutzvorschriften übernimmt. Im Vertrag sollte ein außerordentliches Kündigungsrecht des Auftraggebers, gegebenenfalls in Verbindung mit der Zahlung einer Konventionalstrafe, vereinbart werden, falls es seitens des Auftragnehmers zu grob fahrlässigen Vertragsverletzungen kommt.[228]

6.8 EDV-Versicherungen

Selbst ein umfassendes Schutz- und Sicherungskonzept kann nicht in der Lage sein, alle möglichen auftretenden Risiken und die daraus resultierenden Schäden im EDV-Bereich abzuwenden. Es empfiehlt sich daher, eine Kombination von Sicherung und Versicherung zum Schutz von Sach- und Vermögenswerten vorzunehmen.[229] Die in den kleinen und mittleren Betrieben vorhandenen Versicherungen[230] bieten nur eine Ausschnittsdeckung für bestimmte definierte Gefahren, die selten die mit dem DV-Einsatz verbundenen Risiken einschließen.[231] Einen Überblick über das Angebot an speziellen Elektronikversicherungen gibt die folgende Abbildung.

---

[228] Vgl. GROCHLA, E., SCHACKERT, H. R.: a.a.O., S. 131/132.
[229] Vgl. BREUER, R.: Computer-Schutz, a.a.O., S. 275.
[230] Zu nennen sind bspw. die Feuer-, Leitungswasser-, Einbruchdiebstahl- und Maschinenversicherung sowie die Haftpflicht- und die Betriebsunterbrechungsversicherung.
[231] Einen Vergleich herkömmlicher Versicherungen mit der Schwachstromanlagenversicherung bezüglich der versicherten Gefahren macht dies deutlich. Vgl. o.V.: Hilfe für den Ernstfall, in: CHIP: 11/1984, S. 304-309, hier S. 306.

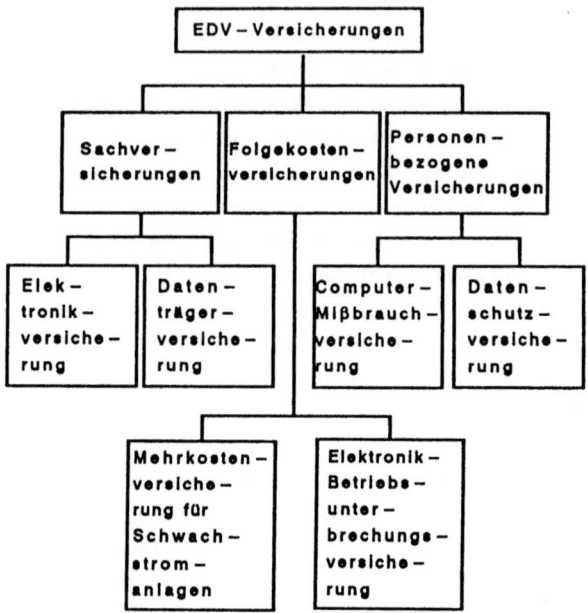

Abb. 24: EDV-Versicherungen als Ergänzung zu Schutz- und Sicherungskonzepten

Die Sachversicherungen für den EDV-Bereich gliedern sich in die Elektronik-Versicherung, entstanden aus der ursprünglich nur für Telefonanlagen vorgesehenen Schwachstromanlagenversicherung[232], die in Form einer All-risk-Deckung Schäden an der Hardware, verursacht durch Bedienerfehler, unsachgemäße Handhabung, Fahrlässigkeit, Diebstahl oder Sabotage versichert[233], und die Datenträgerversicherung, die Kosten beschädigter und entwendeter Datenträger einschließlich der Wiederherstellungskosten darauf gespeicherter Daten abdeckt.

---

[232] Vgl. HEIDINGER, J. L.: EDV-Versicherungen, in: KES: 6/1986, S. 310-317, hier S. 312 (im folgenden zitiert als HEIDINGER, J. L.: EDV-Versicherungen) und HEIDINGER, J. L., ANDRICH, R.: a.a.O., S. 143ff.
[233] Grundlage des Versicherungsschutzes sind die "Allgemeinen Versicherungsbedingungen für Fernmelde- und sonstige elektrotechnische Anlagen" (AVFE 76).

Die Datenverluste müssen dabei allerdings in zeitlichem Zusammenhang mit dem Schaden am Datenträger stehen.[234] Als Ergänzung zu den Elektronik-Sachversicherungen sind die Mehrkostenversicherung für Schwachstromanlagen und die Elektronik-Betriebsunterbrechungs-Versicherung gedacht.[235] Die Mehrkostenversicherung deckt die Kosten, die nach einem Schadensfall entstehen, falls aufgrund einer Lieferzeit für die neue Anlage oder ein Ersatzteil ein Ausweichen auf Fremdanlagen notwendig wird. Ist ein Ausweichen auf eine Fremdanlage nicht möglich und resultiert daraus eine Betriebsunterbrechung, so ersetzt der Versicherer im Falle eines Stillstandes der EDV-Anlage bei Existenz einer Elektronik-Betriebsunterbrechungs-Versicherung den Unterbrechungsschaden, der sich aus entgangenem Gewinn und den fortlaufenden Kosten zusammensetzt.[236]

Zur Risikoverminderung durch Computermißbrauch, darunter wird in dieser Arbeit bekanntlich nur ein bewußtes, zielgerichtetes menschliches Handeln verstanden, stehen dem DV-Betreiber die personenbezogenen EDV-Versicherungen zur Verfügung. Dabei zielt die 1971 von Heidinger als geistigem Urheber[237] eingeführte Computer-Mißbrauch-Versicherung (CMV) auf die Gefahren der Computerkriminalität ab.[238] Allerdings ist die CMV auf die Delikte eingeschränkt, die dem Betrieb durch Vertrauenspersonen vorsätzlich und unerlaubt zugefügt wer-

---

[234] Für die Datenträgerversicherung gilt neben den AVFE 76 zusätzlich die Klausel 638.
[235] Vgl. BREUER, R.: Computer-Schutz, a.a.O., S. 285 und HEIDINGER, J. L.: EDV-Versicherungen, a.a.O., S. 314-316.
[236] Die Elektronik-Betriebsunterbrechungs-Versicherung kann nur dann in Anspruch genommen werden, wenn ein Ausfall als Folge eines Sachschadens an der EDV-Anlage vorliegt. Vgl. BREUER, R.: RZ-Sicherung durch Versicherung, in: Online: 12/1986, S. 30-33, hier S. 32 (im folgenden zitiert als BREUER, R.: RZ-Sicherung).
[237] Vgl. o.V.: Versicherungen: Risikopuffer der Computerkriminalität, in: COMPUTERWOCHE: 12.Jg., Nr. 43 vom 25.10.1985, S. 31/32, hier S. 31.
[238] Zu den Tatbeständen der Computerkriminalität vgl. die Ausführungen in Kapitel 4 sowie die Abbildung 10.

den.[239] Sie leistet Entschädigung nur dann, wenn der Täter bekannt ist und "nach den gesetzlichen Bestimmungen über unerlaubte Handlungen zum Schadenersatz verpflichtet ist".[240] An die Vertrauenswürdigkeit der Mitarbeiter sind daher dementsprechend hohe Anforderungen zu stellen. Da die Versicherungssumme nicht nur von der Betriebsgröße und der Mitarbeiterzahl abhängig ist, sondern auch von den getroffenen Sicherheitsvorkehrungen, muß betriebsseitig genauestens geprüft werden, für welche Risiken ein Versicherungsschutz bestehen sollte.[241]

Der Minderung, der sich aus dem BDSG ergebenden Risiken bei der Verarbeitung personenbezogener Daten dienen die sogenannten Datenschutzversicherungen. Zu unterscheiden ist die Datenhaftpflichtversicherung, die Vermögensschäden bei Betroffenen, verursacht durch Verletzungen ihrer Persönlichkeitsrechte, abdeckt[242] und die Datenrechtsschutzversicherung, die Prozeßkosten übernimmt und Prozeßkostenvorschüsse leistet für alle Verfahren, die im Zusammenhang mit gerichtlichen Ansprüchen aus Auskunft, Berichtigung, Sperrung und Löschung gespeicherter Daten sowie Verfahren wegen des Vorwurfs von Ordnungswidrigkeiten und Straftaten im Sinne des BDSG stehen.

---

[239] Als Vertrauenspersonen werden die Mitarbeiter des Betriebes und betriebsfremde Personen, die durch einen Vertrag in diesem beschäftigt sind, bezeichnet. Die CMV deckt nicht nur Vermögensschäden im eigenen Betrieb, sondern auch die durch seine Mitarbeiter bei Kunden verursachten Schäden ab. Vgl. HEIDINGER, J. L., ANDRICH, R.: a.a.O., S. 154/155 und HEIDINGER, J. L.: EDV-Versicherungen, a.a.O., S. 316/317.
[240] HEIDINGER, J. L.: EDV-Versicherungen, ebenda, S. 316.
[241] Beispielsweise wird ein Teil der Risiken im Zusammenhang mit Datenträgern bereits durch eine Datenträgerversicherung gedeckt. Vgl. BREUER, R.: RZ-Sicherung, a.a.O., S. 33.
[242] Darüber hinaus wehrt sie unberechtigte Schadenersatzansprüche, die von Betroffenen nach dem BDSG geltend gemacht werden, ab.

7. DuD-Maßnahmen bei Einsatz von Personal Computern

Der Einsatz leistungsfähiger Personal Computer als Arbeitsplatzrechner in kleinen und mittleren Betrieben stellt ein immer größer werdendes Risikopotential für schutzwürdige Daten dar.[1] Der PC ist quasi zu einem "Rechenzentrum im Einmann-Betrieb auf dem Schreibtisch"[2] geworden. Der Anwender verfügt allein über die Anlage und alle Datenträger, er aktiviert seinen Rechner mit einem Betriebssystem, das er selbst ausgewählt hat, setzt vorhandene Standardsoftware oder selbsterstellte Programme ein, verarbeitet damit selbst eingegebene bzw. von anderen Rechnern übertragene Daten und verfügt zunächst allein über die Ergebnisse der Verarbeitung.[3] Aus der Sicht des BfD ist der Benutzer eines PC's daher Auftraggeber und -nehmer in einer Person, der somit allein für die Einhaltung des Datenschutzes und der Datensicherung verantwortlich ist.[4]

Die zugrundeliegende Idee des "persönlichen Computing" im Sinne einer individuellen Datenverarbeitung und die aus diesem Grunde offene Struktur der Betriebssysteme[5], die den jeweiligen Benutzern alle Gestaltungsmöglichkeiten mit den Daten ermöglichen müssen, führen bei einem Einsatz der PC's in der betrieblichen Datenverarbeitung durch die Unkenntnis der

---

[1] Vgl. o.V.: Personalcomputer bilden ein großes Risikopotential für schutzwürdige Daten, Interview mit B. Hentschel, in: **PC WELT**: 1/1987, S. 39 (im folgenden zitiert als o.V.: Risikopotential).

[2] **LANG, F.-J.**: Wie sicher sind Daten im PC?, in: **PERSONAL COMPUTER**: 3/1987, S. 112-114, hier S. 112.

[3] o.V.: Datenschutz und Datensicherung bei PC's, in: **RDV**: 1/1986, S. 50-52, hier S. 50.

[4] BfD: Achter Tätigkeitsbericht des Bundesbeauftragten für den Datenschutz, vorgelegt zum 1.1.1986, Bonn, S. 56.

[5] Beispielhaft sei dies anhand des Betriebssystems MS-DOS dargestellt: Die Standarddienstprogramme TYPE, COPY und PRINT genügen, um an jede Datei zu gelangen; z.B. sind mit TYPE auf den Bildschirm gebrachte Texte, obwohl sie leicht verstümmelt bzw. im Anzeigeformat gestört sind, doch gut lesbar. Die Daten sind oft nicht binär, sondern als Ziffernfolgen im DIF- oder Basic ASCII-Format gespeichert. Ein Anzeigen aller Dateien mittels DIR und TREE offenbart zudem die Organisation, die Struktur und die Namen aller Dateien. Vgl. **BERTRAM, G.**: Auch Mikrocomputerdaten sind schützenswert, in: **COMPUTERWOCHE**: 12. Jg., Nr. 24 vom 14.6.1985 S. 14/15.

Benutzer häufiger zu Datenunfällen und Datenverlusten, als bei einer Datenverarbeitung mit größeren Anlagen, die eine diesbezügliche Datenorganisation aufweisen. Zudem erhöhen sich die Risiken der Computerkriminalität durch mangelndes Bewußtsein der Anwender bezüglich der veränderten Arbeitsweise bei Umstellung von manueller auf elektronische Datenverarbeitung.[6] Zimmerman führt daher 95% aller PC-Sicherheitsprobleme auf drei Gründe zurück:

1. Wichtige Daten gehen aufgrund unzureichender Sicherung (Back-Up) verloren.
2. Sensitive Daten sind nicht oder nur ungenügend gegen Diebstahl geschützt.
3. Wegen fehlender Qualitäts- und Plausibilitätskontrollen der Daten sind die darauf basierenden Informationen oft falsch und unzuverlässig.[7]

Zunehmend verbessern sich allerdings die technischen Voraussetzungen für die Gewährleistung der Datensicherheit beim Einsatz von Personal Computern. Seitens vieler Hersteller scheint die Notwendigkeit zum Datenschutz und zur Datensicherung als Marktlücke erkannt worden zu sein. In den vergangenen drei Jahren häuften sich in den Fachzeitschriften die Anzeigen bezüglich verschiedenster Typen von PC-Sicherheitsprodukten. Diese Produkte, unabhängig davon, ob es sich um Hard- oder Software handelt, zielen im wesentlichen auf den Zugriffsschutz, die Datensicherung durch Back Up-Möglichkeiten und die Datenrettung bzw. -wiederherstellung ab. Dieses Kapitel der Arbeit befaßt sich daher speziell mit der Problematik des Datenschutzes und der Datensicherung beim Einsatz von Personal Computern. In Abschnitt 7.1 werden zunächst allgemeine Datensicherheitsaspekte des PC-Einsatzes in kleinen und mittleren Betrieben behandelt. Danach folgt in Kapitel 7.2 die Formulierung von Anforderungen an Sicherheitsprodukte für Personal Computer, deren Umsetzung in

---

[6] o.V.: Risikopotential, a.a.O., S. 39.
[7] Vgl. ZIMMERMAN, J. S.: PC SECURITY: So what's new?, in: DATAMATION: 21/1985, S. 86-92, hier S. 90.

getesteten Sicherheitsprodukten in den Abschnitten 7.3 bis
7.6 untersucht wird. Beispielhaft wird in jedem dieser Abschnitte mindestens ein
Sicherheitsprodukt detailliert vorgestellt. Die Testergebnisse weiterer Produkte werden im Anschluß daran zusammengefaßt, da eine detaillierte Beschreibung aller untersuchten
Sicherheitsprodukte den Rahmen dieser Arbeit sprengen würde.

7.1 Allgemeine PC-Sicherungsmaßnahmen

Da mit Mikrocomputern auch personenbezogene Daten verarbeitet werden, die die Persönlichkeitsrechte der Betroffenen
erheblich gefährden können, sind die kleinen und mittleren
Betriebe in diesem Fall verpflichtet, alle im BDSG vorgeschriebenen DuD-Erfordernisse einzuhalten. Die Zielrichtung
der zu ergreifenden Maßnahmen schreibt § 6 BDSG vor. Darüber
hinaus unterliegen die Betriebe nach den §§ 26 und 34 BDSG
der Benachrichtigungspflicht und müssen auf Anfrage Auskunft
an die Betroffenen erteilen. Die Überwachung der ordnungsgemäßen Anwendung der DV-Programme, das Führen von Übersichten
über die verarbeiteten personenbezogenen Daten und eines Gerätenachweises gehören dabei nach den §§ 28 und 38 BDSG zu
den Aufgaben des bDSB. Die Wahrnehmung dieser Kontrollaufgaben stellt sich besonders beim PC-Einsatz als schwierig
dar.[8] Daher ist es für die Klein- und Mittelbetriebe über
die Pflicht zur Bestellung eines bDSB hinaus sinnvoll, für
jeden PC eine Person zu bestimmen, die für die Einhaltung
der Datenschutzvorschriften verantwortlich ist. Für alle
weiteren Mitarbeiter, die mit dem PC arbeiten, sollte zudem
als ergänzende und begleitende Maßnahme eine regelmäßig
stattfindende Schulung in allgemeinen DuD-Fragen[9] und über

---
[8] Vgl. BfD: 8. Tätigkeitsbericht, a.a.O., S. 57.
[9] Jeder PC-Anwender sollte wissen, welche Auflagen seitens
des BDSG für den Datenschutz existieren und welche Informationen er wann regelmäßig an den Verantwortlichen für
den Datenschutz im Betrieb weiterzugeben hat. Vgl. **ARBEITSGEMEINSCHAFT des ARBEITSKREISES DATENSCHUTZ UND DATENSICHERUNG im G.U.I.D.E.**: Datenschutz und Datensicherung bei individueller Datenverarbeitung (IDV), in: **DuD:**
4/1986, S. 238-247, hier S. 239.

generell durchzuführende Sicherungsmaßnahmen vorgenommen werden.[10] Mittlerweile sind die Anwendungen und Nutzungsmöglichkeiten für PC's zum Allgemeinwissen geworden[11], so daß die Betriebe neben den Erfordernissen des Datenschutzes das breite Spektrum aller möglichen Risiken und Gefährdungen in ihr Datenschutz- und -sicherungskonzept einbeziehen müssen.

Das Risiko des Standortes - der PC ist am Arbeitsplatz des Sachbearbeiters unbefugten Dritten leichter zugänglich - beinhaltet ein Gefährdungspotential, das von unbefugter Benutzung, auch durch sachfremde und neugierige "Besucher", bis hin zum Gerätediebstahl reicht.[12] Durch Mitarbeiter verursachte Risiken wie unbefugte Eingriffe in den Betriebsablauf, Programm-Manipulationen oder nicht nachvollziehbare Veränderungen von Verarbeitungsergebnissen aufgrund der weitgehend aufgehobenen Funktionstrennung sind kaum auszuschließen und zudem auch nicht leicht aufzudecken.[13] Die Sicherung gegen diese Gefahren kann sich nicht nur auf die Bewachung der DV-Geräte beschränken, sondern sollte gleichermaßen die Sicherung der leicht und unauffällig transportablen Datenträger gegen unbefugte Mitnahme umfassen.[14]

Bezüglich der Verhinderung eines Hardwarediebstahls bzw. der unbefugten Benutzung des Personal Computers bietet es sich an, folgende Maßnahmen zu ergreifen:

- Abschließen des Raumes beim Verlassen
- Anbringen eines Schlüsselschalters am PC
- Einsatz einer abnehmbaren Tastatur

---

[10] Vgl. zu diesen Punkten die detaillierten Ausführungen in Kapitel 5 und 6.2.1.
[11] Vgl. BECKER, E. E.: a.a.O., S. 216.
[12] Vgl. KÖMPEL J., SCHÄFER, H.: Der PC aus der Sicht kommunaler Revision, in: online: 11/1986, S. 78-81, hier S. 78 und o.V.: Datenschutz und Datensicherung bei PC's, in: RDV: a.a.O., S. 50.
[13] Vgl. KÖMPEL, J., SCHÄFER, H.: a.a.O., S. 78.
[14] Vgl. zu den genannten Risiken die Ausführungen in Kapitel 6.

- Aufbewahren der Hardware über Nacht, an Wochenenden bzw. während der Urlaubszeit in einem verschließbaren Sicherheitscontainer oder -schrank[15]
- Unterbinden von Manipulationen mittels zusätzlich eingebauter Adapterkarten durch Verplombung des PC-Gehäuses
- Mechanische Verriegelung der Disketteneinheit durch sogenannte Sicherungseisen, um das Einlegen von Disketten und damit ein Starten des Rechnersystems mit Hilfe eines anderen Betriebssystems zu verhindern.[16]

Zur Unterstützung dieser Sicherungsmöglichkeiten für PC's ist es notwendig, organisatorische Maßnahmen wie Ge- und Verbote in Form von Richtlinien - zu erlassen.[17] Die Verpflichtung zur Führung eines LOG-Buches erleichtert dem Systemadministrator oder dem bDSB die Kontrolle über die Einhaltung der erlassenen Vorschriften. In das LOG-Buch sind folgende Vorgänge grundsätzlich einzutragen:

- der Einsatz neuer Geräte
- Reparaturen vorhandener Geräte
- der Einsatz neuer Programme und Programmversionen
- größere Änderungen des Datenbestandes
- die Beschreibung aufgetretener Probleme beim Arbeiten mit dem System[18]

Arbeiten mehrere Benutzer mit einem PC, ist beispielsweise zu fordern, daß jeder Anwender nur mit seiner ihm zugeteilten Datendiskette arbeitet, die inventarisiert, numeriert und etikettiert sein sollte. Alle Datenträger müssen nach Beendigung der Arbeit in besonderen Behältnissen eingeschlossen werden. Ihre Übergabe an den Benutzer sollte nur gegen Quittung bzw. Unterschrift erfolgen. Ein gleichzeitiges Verbot des Einsatzes privater Datenträger unterstützt

---
[15] Vgl. dazu beispielsweise MISCO-KATALOG: a.a.O., S. 47; INMAC-KATALOG: Raunheim/Düsseldorf/München, Oktober 1987, S. 5 und S. 76.
[16] Vgl. zu den genannten Maßnahmen ARBEITSKREIS "DATENSCHUTZ" im SAVE: Datensicherungsmaßnahmen bei Einsatz von Personal Computern, in: DuD: 6/1986, S. 349-352, hier S. 350-351 und ABEL, H., SCMÖLZ, W.: a.a.O., S. 188.
[17] Vgl. ABEL, H., SCMÖLZ, W.: ebenda, S. 189/190.
[18] Vgl. ALEANAKIAN, G., KÜHNAU, W.: a.a.O., S. 58.

diese Maßnahmen - zum einen, um ein nicht gewolltes Kopieren der Datenträger zu unterbinden, zum anderen, um dadurch auch der möglichen Gefahr vireninfizierter Programme zu entgehen.[19] Bei einem mit einer Festplatte ausgestatteten PC empfiehlt sich die Auslagerung sensibler Datenbestände auf Disketten, die dann unter Verschluß zu halten sind. Falls keine sonstigen Sicherungsmaßnahmen ergriffen werden, sind diese Datenbestände auf der Festplatte physisch zu löschen. Bei Benutzung derselben Diskette durch mehrere User ist nach jeder Beendigung der Arbeit das Löschen der temporären Dateien erforderlich.

Selbstverständlich erscheinen die letztgenannten Anforderungen und Sicherungsmaßnahmen dem Leser zunächst trivial und umständlich durchzuführen. Ihre Einhaltung ist in der Tat nur schwer zu überwachen und zu kontrollieren, sie zeigen dennoch besonders für kleine Betriebe kostengünstige Mittel und Wege auf, die gespeicherten Daten zumindest gegen Eingriffe und Manipulationen ohne zusätzliche technische Maßnahmen minimal zu schützen.

Darüber hinaus sollten seitens der kleinen und mittleren Betriebe weitere vorbeugende Sicherungsaspekte beachtet werden:

Beispielsweise ist im Falle einer Eigenerstellung von Anwendungssoftware der Einsatz von Interpretern nur im Testbetrieb zuzulassen, ansonsten sind Compiler vorzuziehen, deren erzeugter Objektcode in der Produktion eingesetzt werden sollte.[20] Der Quellcode ist unter Verschluß zu halten. Damit ein einwandfreies Funktionieren des PC's gewährleistet wird, ist er an einen separaten Stromkreis anzuschließen.[21] Weiterhin darf der Lüfter des Personal Computers niemals zugestellt werden, da ansonsten der Rechner nicht ausreichend gekühlt wird.

Jegliche Flüssigkeiten oder kleine Gegenstände wie metallene Büroklammern sind zur Vermeidung unbeabsichtigt herbeigeführter Schäden von der Tastatur und den Disketten fernzu-

---

[19] Vgl. ABEL, H., SCMÖLZ, W.: a.a.O., S. 187/188 und KÖMPEL, J., SCHÄFER, H.: a.a.O., S. 79.
[20] Vgl. KÖMPEL, J., SCHÄFER, H.: ebenda, S. 80.
[21] Das Einschalten des Kühlaggregats eines Kühlschrankes, der an derselben Steckdose angeschlossen ist, kann zum Ausfall des Rechners führen. Vgl. auch Kapitel 6.3.2.

halten. Um Beschädigungen der Magnetisierung von Disketten zu vermeiden, sollten diese nicht neben Haftmagneten oder dem Telefon gelagert werden. Auch das Einschalten von Halogen-Schreibtisch-Leuchten am PC-Arbeitsplatz kann zu Datenverlusten durch magnetische Einwirkungen führen.[22] Bei Unwettern wie Gewittern etc. sollte das Arbeiten an einem gegen Stromausfall empfindlichen Gerät - wenn möglich - unterbleiben.[23] Die kompromittierende Abstrahlung ist innerhalb eines Faraday'schen Käfigs nicht mehr nachweisbar. Stehen außerdem mehrere Geräte in einem Raum, wird das Herausfiltern einer bestimmten Frequenz durch Überlagerung der Strahlung erschwert.[24]

Gegen die o.g. Gefahren bzw. gegen einen möglicherweise nur unbedachten Fehlgebrauch des PC's oder der darauf installierten Software durch einen befugten Benutzer kann sich ein kleiner oder mittlerer Betrieb, über die Ergreifung der genannten Maßnahmen hinaus, durch den Kauf von zusätzlichen Sicherheitsprodukten schützen.[25]

7.2 Anforderungen an PC-Sicherheitssysteme

Bevor eine detaillierte Darstellung diverser Sicherheitsprodukte für Zugriffskontrollen, Datenverschlüsselung, -sicherung und -rettung erfolgt[26], werden in diesem Abschnitt zunächst Anforderungen an derartige Systeme formuliert. Betrachtet man eine beispielhafte Arbeitssitzung an einem PC, der mehreren Benutzern in einem Klein- oder Mittelbetrieb zur Verfügung steht, so wird die Notwendigkeit deut-

---

[22] Vgl. ALEANAKIAN, G., KÜHNAU, W.: a.a.O., S. 39-40.
[23] Vgl. dazu die Ausführungen über den Einsatz von Zusatzeinrichtungen wie bspw. HF-Filter und USV-Anlagen, gegen externe Störquellen in Kapitel 6.3.2.
[24] Vgl. ABEL, H., SCMÖLZ, W.: a.a.O., S. 188.
[25] Vgl o.V.: Datenschutz und Datensicherung bei PC's, in: RDV: a.a.O., S. 51.
[26] Dankenswerterweise wurden seitens der Hersteller und Distributoren einige Softwarepakete und Hardwaresicherungen zu Testzwecken zur Verfügung gestellt. Diese getesteten Systeme bilden die Grundlage der Ausführungen in diesem Kapitel.

lich, daß jeder dieser Benutzer sich zunächst als berechtigter User dem System gegenüber zu erkennen geben muß. Zu unterscheiden ist dabei, ob es sich um einen privilegierten Benutzer handelt, der uneingeschränkte Rechte in Bezug auf die Programmierung des Systems, die Einrichtung von Dateien, ihren Schutz, den Aufbau von Menüführungen bzw. die Definition und Einrichtung weiterer Benutzungsberechtigungen mit nur eingeschränkten Rechten besitzt, oder ob der Benutzer zum Kreis derjenigen gehört, die Programme und Daten lediglich im Rahmen ihrer definierten Benutzerberechtigung verarbeiten dürfen.[27] Nach erfolgtem LOGIN ist dem Benutzer mit eingeschränkten Rechten sein Benutzerbereich mit den zugehörigen Anwendungsprogrammen und Daten systemseitig zur Verfügung zu stellen. Jegliche Benutzeraktivitäten in diesem Bereich müssen darüber hinaus auf ihre Berechtigung überprüft, zugelassen und ausgeführt bzw., falls der Benutzer kein Recht zu einer Aktivität besitzt, abgewiesen werden. Zur besseren Kontrolle der Benutzer seitens des Systemadministrators und des bDSB sind mindestens alle unerlaubten Aktivitäten zu protokollieren.[28] Nach Beendigung der Verarbeitung sollte der Benutzer die Möglichkeit haben, seine Daten auf dem Datenträger verschlüsselt abzuspeichern, damit "der verstehende Zugriff durch andere als die planmäßigen Programme erheblich erschwert wird".[29] Generell ist weiter die Forderung zu erheben, daß - zur Vorbeugung gegen unnötige Datenverluste - nach jeder Arbeitssitzung am PC die aktuellen Daten im Rahmen eines Back Up's auf externen Datenträgern zu sichern sind. Für den Fall, daß es im Rahmen einer berechtigten Verarbeitung zum zufälligen Löschen eines Programms[30] oder von Datenbeständen kommt, ist es oftmals hilfreich, über die Si-

---

[27] Vgl. BfD: Neunter Tätigkeitsbericht des Bundesbeauftragten für den Datenschutz, vorgelegt zum 1.1.1987, Bonn, S. 71.
[28] Je nach Bedarf sind die Nutzung von Anwendungs- und Hilfsprogrammen sowie die Durchführung weiterer kontrollbedürftiger Aktionen ebenfalls in das Protokoll aufzunehmen, damit sie im nachhinein dem jeweiligen Benutzer zugeordnet werden können.
[29] Vgl. BfD: 9. Tätigkeitsbericht, a.a.O., S. 71.
[30] Die Löschung eines Programms dürfte beim Einsatz eines derartigen Sicherheitsproduktes allerdings weitestgehend ausgeschlossen sein.

cherungskopien hinaus Programme zur Wiederherstellung bzw.
Rettung von Datenbeständen einzusetzen.[31]
Nach dieser Darstellung des Ablaufs der Arbeitssitzung eines
Benutzers sind im folgenden die Anforderungen an Schutz- und
Sicherungssysteme detaillierter zu formulieren.
Folgende Grundfunktionen sollten aufgrund obiger Ausführungen ganz oder teilweise durch eine einheitliche Benutzerund Paßwortverwaltung abgedeckt sein:

- Zugriffskontrolle zum Betriebssystem bzw. Sperren dieser
  Ebene für den Benutzer
- strikte, lückenlose Menü-Steuerung aller planmäßigen Verarbeitungen durch
  * Zugangskontrolle zur PC-Festplatte
  * Zugriffskontrolle auf der Festplatte
  * Zugriffskontrolle auf spezielle Programme und Dateien
    der Festplatte
  * Zugriffsschutz ausgewählter Programmpakete
- maschinelle Protokollierung der Systemaktivitäten durch
  eine optionale Gestaltung der gewünschten Informationen im
  LOG-Buch
- menügesteuerte Verschlüsselung aller Programme und Daten
  auf externen Speichern, die nur im Rahmen einer planmäßigen Verarbeitung aufgehoben werden kann
- automatisches oder benutzergesteuertes Sichern von Daten
- Kopierschutz von auf Disketten gespeicherten Programmen
- Absperren des PC's bei kurzfristiger Abwesenheit des Benutzers
- Tastatursicherung durch Software

Durch die Benutzerverwaltung des Sicherheitssystems sollte
eine ausreichende Anzahl von Usern verwaltet werden können.
Die Implementierung dieser Verwaltung sowie die Vergabe,
Pflege und Überwachung der Benutzungsberechtigungen muß in
der Verantwortung einer Person - dies kann der bDSB oder ein
benannter Systemadministrator sein - liegen, der seitens des

---

[31] Vgl. dazu die Ausführungen in Kapitel 7.5.

Sicherheitssystems diverse Gestaltungsmöglichkeiten zur Verfügung stehen sollten.[32]

Dazu gehören im einzelnen:
- Einrichten neuer Benutzungsberechtigungen
- Entzug der Zugangs- und Zugriffsberechtigungen von Benutzern durch
  * Löschen bzw. Verändern des Paßwortes
  * Einrichten eines neuen Paßwortes, falls der Benutzer sein Kennwort vergessen hat
  * Löschen von Benutzungsberechtigungen
- Beschränkung des Speicherplatzes auf der Festplatte für einzelne Benutzer
- Sperren der Betriebssystemebene bzw. Einschränken der zur Verfügung stehenden Kommandosprache, z.B. durch
  * richtigen und eingeschränkten Einsatz von Hilfsprogrammen wie COPY, DEL, FORMAT, CHDIR, MKDIR, PRINT, usw.
  * Kopier- und Druckkontrolle von Dateien durch Verhinderung der MS-DOS-Befehle PRINT, TYPE und COPY
- Protokollierung aller fehlerhaften LOGIN-Versuche
- Protokollierung aller Versuche, in andere, nicht zugelassene Benutzerbereiche zu wechseln (CHANGE-Directory-Befehl)
- Protokollierung aller nicht zulässigen Benutzeraktivitäten in ihrem User-Bereich
- Protokollierung aller zugelassenen Löschoperationen
- Verhinderung eines Betriebssystemstarts von Diskette
- Verstecken von besonders zu schützenden Programmen auf der Festplatte
- Installation einer automatischen Verschlüsselungsroutine, die bei Beendigung einer Arbeitssitzung die Programme und Daten verschlüsselt
- Installation einer Routine, die vor einer ordnungsgemäßen Beendigung der Arbeit (LOGOFF) den Benutzer automatisch zur Sicherung seiner Daten veranlaßt[33]

---

[32] Vgl. **MENNE, B.**: Passwort-Sicherung gegen PC-Spione, Teil 2, in: **COMPUTERWOCHE:** 14. Jg., Nr. 9 vom 27.2.1987, S. 30-32, hier S. 30.
[33] Auf die Bedeutung der einzelnen Sicherungsmaßnahmen und die Begründung für ihren Einsatz wird in den nachfolgenden Abschnitten detailliert eingegangen.

7.3 Zugangs- und Zugriffsschutz durch Sicherheitsprodukte

Schutzvorkehrungen für Personal Computer sind auf die unterschiedlichste Art und Weise realisierbar. Die kleinen und mittleren Betriebe können sich für die Installation von Sicherheitssoftware[34], den Einbau von Hardwarekomponenten[35] oder die Kombination beider Komponenten entscheiden. Überwiegend handelt es sich bei den auf dem Markt für IBM und IBM-kompatible Personal Computer unter PC-/MS-DOS angebotenen Sicherungssystemen allerdings um Softwaretools. Im Vordergrund steht bei der überwiegenden Zahl dieser Systeme ein Zugangsschutz zum System über eine Paßwortsicherung sowie ein Zugriffsschutz durch eine Benutzerverwaltung. Ergänzt werden die Tools u.U. durch Routinen zur Verschlüsselung, zum Einschränken des Befehlsvorrates des Betriebssystems und zur Behandlung von Dateien.

7.3.1 Beschreibung der vorgenommenen Untersuchungen

Die Grundlage der folgenden Ausführungen bilden Testinstallationen[36] einiger der vorgestellten Sicherheitsprodukte auf einem IBM-kompatiblen UNISYS-Mikro-IT, ausgerüstet einer 40 MB Festplatte, mit einem 360 KB Diskettenlaufwerk und 512 KB Hauptspeicher unter dem Betriebssystem MS-DOS 3.0 von MICROSOFT.

---

[34] Dabei sind die Unterschiede hinsichtlich der Mächtigkeit der Sicherheitsprogramme und ihrer additiven bzw. alternativen Ergänzungsform zu beachten. Vgl. o.V.: Sicherheits-Maßnahmen, in: **PC-WELT**: 3/1987, S. 18-30, hier S. 18.
[35] Für einen hardwaremäßigen Schutz des Personal Computers werden überwiegend zusätzliche Steckkarten und Komponenten, die die Funktion eines elektronischen Schlosses übernehmen, angeboten. Vgl. **MENNE, B.**: Passwort-Sicherung gegen PC-Spione, Teil 1, in: **COMPUTERWOCHE**: 14. Jg., Nr. 8 vom 20.2.1987, S. 64.
[36] Bei einigen getesteten Produkten handelte es sich um Demoversionen mit eingeschränktem Funktions- bzw. Befehlsvorrat.

Zunächst wurde das jeweilige Produkt anhand der mitgelieferten Handbücher bzw. Produktbeschreibungen installiert. Die Vorgehensweise bei der Installation richtete sich strikt nach den Beschreibungen, um eventuelle Probleme, auf die ein Systemadministrator in kleinen und mittleren Betrieben stossen könnte, zu erkennen.

In der ersten Testphase des Sicherheitsproduktes wurde wiederum die Arbeit eines Systemadministrators simuliert. Es handelte sich bei diesem Test um die Einrichtung mehrerer Benutzer mit eingeschränkten Rechten sowie um die Gestaltung und Sicherung ihrer Arbeitsumgebung und der dazu notwendigen Benutzerbereiche. Auch diese Testphase hatte zum Ziel, festzustellen, inwieweit ein Anwender mit nur geringen DV-Kenntnissen das Produkt korrekt installieren und bedienen kann.

Die zweite Testphase simulierte das Anwenderverhalten eines Sachbearbeiters, der, bevor er seine Arbeit mit dem PC aufnehmen konnte, mit dem Sicherheitsprodukt konfrontiert wurde. Bei dieser Arbeit wurden bewußt Fehler gemacht, die das Verhalten des Sicherheitsproduktes in diesen Fällen aufzeigen sollten.

Zunächst wurde der Versuch unternommen, mit einem falschen Paßwort in das System zu gelangen.

In weiterführenden Tests wurden Penetrationsversuche verschiedenster Art vorgenommen, um die Funktionsweise des Produktes während der Anwendung zu testen. Besonderer Wert wurde dabei auf die Problematik des Eröffnens von DOS-Fenstern in Anwendungsprogrammen wie z.B. SIDEKICK gelegt.

7.3.2 SAFE-GUARD und SAFE-GUARD plus mit Noboot-Karte

Dieses Sicherheitsprodukt wurde freundlicherweise von der uti-maco Software GmbH zur Verfügung gestellt. SAFE-GUARD benötigt als Voraussetzung einen IBM-XT, -AT bzw. einen dazu kompatiblen PC unter PC-DOS oder MS-DOS ab Version 2.1 mit einer Festplatte und einem 360 KB Diskettenlaufwerk. Das Programmpaket selbst belegt 62 KB Arbeitsspeicher, so daß eine Hauptspeicherkapazität von mindestens 256 KB anzuraten ist. Die Software ist eine Weiterentwicklung des Produktes

SAFE-MEN, welches bereits von B. Menne ausführlich getestet wurde.[37] Ohne die Noboot-Karte und die Option BACKUP[38] stellt SAFE-GUARD eine Benutzeroberfläche zur Bedienungssicherheit dar. Das Programmsystem sollte in kleinen und mittleren Betrieben unter der Verantwortung eines Systemadministrators stehen, also von diesem installiert und gepflegt werden. Ein 96-seitiges, verständlich geschriebenes Handbuch unterstützt ihn bei dieser Arbeit.

Der Leistungsumfang der SAFE-GUARD Benutzeroberfläche umfaßt:

- eine Benutzeranmeldung mit Username und Paßwort, welches durch den Benutzer jederzeit änderbar ist
- eine optionale Eingabe von Datum und Uhrzeit
- eine Menüsteuerung aller dem Benutzer erlaubten Verarbeitungen
- eine ggf. eingeschränkte Ausführung von DOS-Befehlen
- eine dialogorientierte Dateiverwaltung
- das Verstecken von Dateien durch Verändern der Dateiattributwerte
- eine benutzerabhängige Verschlüsselung von Dateien
- eine Überwachung der Plattenplatz-Inanspruchnahme jedes Benutzers
- ein optionales Verdecken des Bildschirms in Arbeitspausen
- ein optionales Sperren und Schreibschützen von Diskettenlaufwerken
- die Führung eines LOG-Buches mit allen Benutzeranmeldungen und -aktivitäten

SAFE-GUARD wird auf einer Diskette, auf der sich ein Definitions- und ein Ausführungsteil befinden, geliefert. Die Installation der Benutzerverwaltung - es können maximal 30 Benutzer verwaltet werden[39] - beginnt nach dem Aufruf der Installationsroutine mit dem Kopieren der SAFE-GUARD-Dateien in das Haupt-Directory der Festplatte. Zu beachten ist da-

---

[37] Vgl. MENNE, B.: Passwort-Sicherung gegen PC-Spione, Teil 3, in: COMPUTERWOCHE: 14. Jg., Nr. 10 vom 6.3.1987, S. 28/29.
[38] Zur Datensicherung durch SAFE-GUARD mit der Option BACKUP vgl. Kapitel 7.6.1.
[39] Vgl. uti-maco Software GmbH: SAFE-GUARD Handbuch, Frankfurt 1987, S. 19.

bei, daß statt der üblichen AUTOEXEC.BAT-Datei eine Datei SM.BAT eingerichtet wird, welche um die sonst in der AUTOEXEC.BAT-Datei stehenden Befehle ergänzt werden muß. Zur Gestaltung und Pflege der Benutzerverwaltung steht dem Systemadministrator ein umfangreicher Maskengenerator sowie eine volle Menüführung zur Verfügung. Ohne ein vorheriges, genaues Lesen des Handbuches sollte der Maskengenerator allerdings nicht benutzt werden, da ansonsten die vorhandenen Gestaltungsmöglichkeiten nicht deutlich werden. Mit dem Generator können folgende optionale und zwingende Definitionen vorgenommen werden:

- die Gestaltung eines einheitlichen Maskenrahmens
- die farbliche Gestaltung des Bildschirms
- die Gestaltung der Benutzeranmeldung
- die Festlegung der Benutzerprofile mit
  * einer Gestaltung der Benutzermenüs mit
    ** Vorgabe eines Anfangs-Paßwortes
    ** Festlegung eines Unterverzeichnisses, zu dem der Benutzer Zugriff hat
    ** einer Definition von Vor- und Endprogrammen[40]
    ** Vorgabe eines Plattenplatz-Limits[41]
    ** Festlegen von Erlaubnissen bzw. Verboten
  * möglichen Hilfeprogrammen
  * dem Benutzer zur Verfügung gestellten Stapeldateien[42]
- eine optionale Gestaltung des LOG-Buches
- ein Funktionstest
- ein Ausdruck und eine Sicherung der Definitionsdatei auf Diskette

Bei der zum Test vorliegenden Version von SAFE-GUARD arbeiteten alle im obigen Leistungsumfang genannten Funktionen wie das Verändern von Dateiattributen, das Verdecken des

---

[40] Vor- und Endprogramme sind Batch-Programme. Mit ihnen können Dateien versteckt oder ver- bzw. entschlüsselt werden. Diese Stapelprogramme müssen *.BAT Dateien sein, die im Unterverzeichnis des Benutzers stehen.
[41] Bei Erreichen dieses Limits wird dem Benutzer automatisch ein Auslagern seiner Dateien durch das Menü "Kopieren auf Diskette" angeboten.
[42] Insgesamt können 150 Menüs, Hilfsprogramme oder Stapeldateien definiert werden. Vgl. uti-maco Software GmbH: a.a.O, S. 25.

Bildschirms in Arbeitspausen, das Sperren und Schreibschützen von Diskettenlaufwerken sowie das Ver- und Entschlüsseln von Dateien einwandfrei.
Das Arbeiten eines Benutzers unter SAFE-GUARD ist nach einer Schulung bzw. Einweisung in die Funktionen des Programmsystems daher ohne Schwierigkeiten möglich. Nach erfolgreicher Anmeldung - bei dreimaliger Falscheingabe des Paßwortes muß ein Warmstart des Personal Computers vorgenommen werden - befindet sich der Benutzer in dem für ihn definierten Bereich. Innerhalb dieses Bereiches kann er im Rahmen der ihm zugewiesenen Rechte arbeiten, ohne etwas von der Existenz SAFE-GUARD's zu merken.
Als problematisch hat sich der Aufruf des Betriebssystems MS-DOS aus Anwendungsprogrammen heraus erwiesen. Da der Anwender nun auf einer Ebene arbeitet, die aufgrund ihrer offenen Architektur sehr viele Möglichkeiten für Manipulationen bietet, sollte seitens des Systemadministrators von vornherein geprüft werden, ob diese Sprünge überhaupt notwendig sind. Unter Umständen können derartige Benutzeraktionen von den oben erwähnten, automatisch ausgeführten Vor- und Endprogrammen mitübernommen werden. Besteht keine Möglichkeit, eine solche Lösung einzusetzen, so ist in diesen Fällen dem Benutzer eine in den Funktionen reduzierte Version von MS-DOS zur Verfügung zu stellen.
Dieselbe Problematik tritt auf, wenn der Anwender in seinem Bereich mit Softwarepaketen arbeitet, die ein Eröffnen von DOS-Fenstern ermöglichen. Menne verweist auf eine teilweise Penetration der Zugriffsbeschränkungen beim Arbeiten mit MS-WINDOWS und THE 1-DIR unter SAFE-MEN.[43] Für ähnliche Tests mit SAFE-GUARD wurde die Textverarbeitung MS-WORD und der Editor SIDEKICK eingesetzt. SAFE-GUARD reagierte dabei sehr unterschiedlich; Mennes Ausführungen können aber auch für SAFE-GUARD weitgehend bestätigt werden. Beispielsweise gelangen Penetrationsversuche unter SIDEKICK; bei einem Versuch, aus MS-WORD heraus einen Betriebssystembefehl aufzurufen, führte diese Aktion zum Systemzusammenbruch.
Weiterhin wurde ein Booten des Rechners über eine Systemdis-

---
[43] Vgl. **MENNE, B.**: Passwort-Sicherung, Teil 3, a.a.O., S. 28.

kette von Laufwerk A: versucht[44]; dieser Test zeigte, daß die LOGIN-Prozedur zwar umgangen wurde, führte im weiteren jedoch zu einem undefinierten Zustand des Rechnersystems. Dieses ließ sich nur noch mit der Diagnosediskette starten und mußte im Anschluß an den Versuch mit dem Dienstprogramm SETUP neu konfiguriert werden. Käme ein solcher softwaremäßiger Penetrationsversuch in kleinen und mittleren Betrieben an einem PC mit wichtigen Programmen und Daten vor, so könnte es trotz dieser Art von Vereitelung eines unzulässigen Systemstarts durch SAFE-GUARD zu längerfristigen Arbeitsunterbrechungen kommen, da im Handbuch kein Hinweis auf eine Neukonfigurierung des Rechners zu finden ist. Eine Installation von SAFE-GUARD allein birgt daher ein gewisses Risiko. In Verbindung mit dem Einbau der zugehörigen Noboot-Karte können allerdings derartige softwaremäßige Penetrationsversuche unterbunden werden. Alle Versuche, den PC nach dem Einbau der Karte zu booten, wurden ordnungsgemäß vereitelt.

7.3.3 Verhaltensweise weiterer Sicherheitsprodukte

Im Rahmen dieser Arbeit konnten weitere Sicherheitsprodukte zum Zugangs- und Zugriffschutz für Personal Computer untersucht werden. Es handelt sich dabei um die Produkte pc+softlock, pc+master, ELKEY 2E, WATCHDOG und CRYPTO. Die Ergebnisse dieser Tests sind nachfolgend beschrieben. Dabei wird auf eine detaillierte Produktbeschreibung verzichtet, sofern sie sich für die Ausführungen nicht als notwendig erweist.

7.3.3.1 pc+softlock und pc+master

Seitens der PCPLUS GmbH, München wurden für die Tests der Sicherheitsprodukte Demoversionen ihrer Produkte pc+softlock

---

[44] SAFE-GUARD war in diesem Fall ohne die Noboot-Karte installiert.

und pc+master[45] zur Verfügung gestellt. pc+softlock wird herstellerseitig als Datenschutzsystem bezeichnet, es handelt sich dabei aber um eine Benutzerverwaltung über Namen und Paßworte[46], die ab Version 2.1 des Betriebssystems MS- bzw. PC-DOS einsetzbar ist und lediglich 2 KB Arbeitsspeicher resident belegt.

Ebenso wie bei SAFE-GUARD sollte die Installation und Pflege des Programmsystems durch einen Master-User oder Systemadministrator erfolgen.[47] Dieser Master-User vergibt und ändert das Paßwort und erteilt oder entzieht so einem Benutzer die Zugriffsberechtigung.[48] Darüber hinaus verwaltet er Benutzer und Benutzergruppen und ordnet diesen ihre Dateien zu. Eine vom Benutzer erstellte Datei "gehört" nur ihm, kann aber mittels des PERMIT-Befehls anderen Anwendern zugänglich gemacht werden. Im Directory sieht jeder Benutzer lediglich die ihm zur Verfügung stehenden Files. Zugriffsgeschützt sind durch pc+softlock auch nicht die Dateien selbst, sondern ihre Einträge im Directory sind durch einen modifizierten DES-Algorithmus verschlüsselt.[49] Erfolgte ein Aufruf einer nicht zugeordenten Datei, wurde sie bei den durchgeführten Tests als nicht vorhanden deklariert.[50]

Als weitere Funktionen von pc+softlock sind zu erwähnen:

- das mehrstufige Benutzerkonzept zur Verwaltung beliebig vieler Benutzer
- das Festlegen eines Plattenplatz-Limits für Benutzer
- die vollständige Verschlüsselung der File Allocation Table

---

[45] Bei pc+softlock handelte es sich um die Version 2.0, bei pc+master um die Programmversion 3.1.
[46] Vgl. auch **MENNE**, B.: Passwort-Sicherung, Teil 2, a.a.O., S. 32.
[47] Im Handbuch von pc+softlock wird eine Unterscheidung zwischen Master-User und Administrator vorgenommen. Danach installiert der Master-User das Sicherheitsprodukt, und der Administrator ist für die Vergabe von Berechtigungen zuständig. Vgl. **PC-PLUS GmbH**: pc+softlock Handbuch, München 1986, S. 3 - 1.
[48] Der Benutzer kann allerdings sein Paßwort auch selbst verändern. Dieses kann vom Master-User zwar nicht gelesen, aber überschrieben werden.
[49] Vgl. **PC-PLUS GmbH**: pc+softlock Handbuch, a.a.O., S. 2-3.
[50] Vgl. auch **MENNE**, B.: Paßwort-Sicherung, Teil 2, a.a.O., S. 32. Menne untersuchte bereits die Version 1.5 von pc+softlock.

- ein optional physisches Löschen der Ursprungsdatei beim Chiffrieren von Daten
- die Komprimierung der verschlüsselten Datei[51]
- das mögliche Verhindern des Kopierens von der Festplatte auf Disketten
- ein notwendiger Warmstart des PC's nach drei Fehl-LOGIN's, die in der Demoversion allerdings nicht protokolliert wurden[52]
- ein nicht ordnungsgemäß durch "SL logout" abgemeldeter Benutzer bleibt bei einem anschließenden Systemstart gesperrt[53]
- die Kommandos von pc+softlock können um Parameter ergänzt werden.

Der Anwender findet im Anhang des Handbuches eine 14-seitige Dokumentation der Fehlermeldungen von pc+softlock. Die Systembeschreibung selbst ist übersichtlich gegliedert. Über die ausführliche Beschreibung der Statements hinaus findet der Leser an den entsprechenden Stellen Beispiele sowie Anmerkungen und Hinweise bezüglich möglicher auftretender Probleme, die im Zusammenhang mit der Verwendung des beschriebenen Befehls stehen.

Zur Steuerung der Anwendungsumgebung bietet PC-PLUS neben pc+softlock das Softwareprodukt pc+master an, eine Menüoberfläche, die dem Benutzer in deutscher Sprache auch Dateiverwaltungsaktivitäten auf Betriebssystemebene ermöglicht.[54] Aus Datenschutz- und -sicherungsgründen ist zu empfehlen, daß beide Produkte, die sich ergänzen und jeweils eine Schnittstelle zum anderen Programmsystem besitzen, gemeinsam eingesetzt werden.

---

[51] PC-PLUS verweist auf die Komprimierung einer dBASE-Datei von 330 KB auf 170 KB innerhalb von 12 Sekunden. Vgl. PC-PLUS GmbH: pc+softlock Handbuch, a.a.O., S. 2 - 6.
[52] Auflisten lassen sich lediglich die Benutzer und ihre Zugriffsberechtigungen.
[53] Diese Sperre kann nur der Systemadministrator aufheben. Vgl. dazu ABEL, H., SCHMÖLZ, W.: a.a.O., S. 200.
[54] Vgl. PC-PLUS GmbH: pc+master Handbuch, München 1986, S. 4 - 10.

7.3.3.2 Arbeitsweise der ELKEY 2E-Karte

ELKEY 2E ist eine Einsteckkarte mit zugehöriger Software zur Verhinderung der unerlaubten Benutzung eines IBM XT/AT oder kompatiblen Personal Computers.[55] Die Funktionsweise von ELKEY 2E ist wie folgt zu beschreiben:
Ein "SUPER USER" kann bis zu 99 Benutzerprofile einrichten. Jedem Benutzer kann dabei eine Priorität zugewiesen werden. Zudem kann der SUPER USER für die Anwender eine Zeit vorgeben, während der sie sich im System anmelden können. Den Benutzern wird von ELKEY ein 5-stelliges Codewort für das LOGIN zugewiesen, das monatlich vom System automatisch verändert wird. Die Speicherung der Paßworte erfolgt verschlüsselt. Eine dreimalige Falscheingabe oder eine Verzögerung der Codewort-Eingabe um ca. 15 Sekunden (z.B. beim Systemstart von Diskette) führen zur Blockierung des Rechners. Weiterhin verwaltet ELKEY die Systemzeit und das Datum unabhängig vom Rechner mit einer Hardware-Uhr; nur der SUPER USER kann die Werte verändern. Zusätzlich bietet die ELKEY 2E-Karte neben ihrer Funktion als Zugriffschutz die Möglichkeit der Datenver- und -entschlüsselung. Zum einen kann ein Benutzer seine Programme und Daten "PRIVATE", d.h. nur für eigene Zwecke, verschlüsseln[56], zum anderen kann er die Chiffrierung mit einem von 8 "Kanälen" vornehmen, bei denen das Verschlüsselungspaßwort vorgegeben werden kann, so daß bei bekanntem Paßwort die Daten auch auf einem anderen, mit ELKEY-Karte ausgestatteten Rechner zu entschlüsseln sind ("TRANSFER").[57]
Die mit der ELKEY 2E-Karte durchgeführten Untersuchungen zeigten ein einwandfreies Arbeiten der einzelnen Funktionen, deckten aber gleichzeitig einige verbesserungswürdige Schwachstellen des Systems auf.

---
[55] Dieser Zugriffsschutz wurde seitens der Firma Computer Elektronik Infosys GmbH, Bodenheim bei Mainz, für die Tests zur Verfügung gestellt.
[56] Bei einem Codewort-Verlust sind die Daten, da sie nur vom Anwender selbst wieder entschlüsselt werden können, unwiderruflich verloren. Vgl. zu dieser Problematik die Ausführungen in Kapitel 7.4.1.
[57] Diese Funktion steht erst seit Version 2.0 der ELKEY-Karte zur Verfügung.

Die automatisch vom System vorgegebenen Benutzer-Paßworte, z.B. BDOMW, OC2AG oder PFOOO, sind von den Benutzern nur schwer im Gedächtnis zu behalten. Es besteht daher die Gefahr, daß der Anwender sein Paßwort irgendwo aufschreibt und es somit Unbefugten bekannt wird.[58] Noch problematischer ist der Fall, daß der SUPER USER sein Paßwort vergißt.
Bei der Benutzeridentifikation wird der Begriff "Personalnummer" verwendet, obwohl dabei auch Buchstaben eingegeben werden können. Falls sich ein berechtigter Benutzer zu einer falschen Zeit anmelden will, erscheint keine Meldung, warum sein Paßwort abgelehnt wird.
Das Menü "Alle Benutzer abmelden" führt ohne weitere Abfragen zum Löschen sämtlicher Benutzer. Eine versehentliche Ausführung dieser Funktion hat den Verlust aller "PRIVATE"-verschlüsselter Dateien zur Folge.
Die LOGIN-Zeit von 15 Sekunden ist zu kurz, zumal man das Menü nicht verlassen kann. Bei einem versuchten Systemstart per DOS-Diskette wartete die ELKEY-Karte ebenfalls 15 Sekunden auf ein Paßwort. Ein Test, bei dem direkt beim Diskettenstart der Befehl "FORMAT A:" abgesetzt wurde, zerstörte allerdings noch vor der nach 15 Sekunden eintretenden Systemblockade das Diskettendirectory. Das gleiche würde vermutlich auch bei einem Absetzen des Befehls "FORMAT C:" passieren.
Zusammenfassend bleibt festzustellen, daß die Installation der hardwaremäßigen Sicherheitskomponente ELKEY 2E in einen PC seitens des Systemadministrators einer sehr sorgfältigen Planung bedarf. Auch während ihres Einsatzes ist mit der ELKEY-Karte vorsichtig umzugehen.

7.3.3.3 WATCHDOG

Das Programmpaket WATCHDOG, eine aus den USA stammende Zugriffssicherung für PC's, konnte in der Version 4.1 in vollem Umfang getestet werden.[59] WATCHDOG wird auf drei Disket-

---
[58] Vgl. auch die Ausführungen in Kapitel 6.4.2.
[59] WATCHDOG wurde von der FISCHER INNIS Systems Corporation entwickelt und vom Distributor für die Bundesrepublik, der Firma K-SOFTWARE INT., Bremen zur Verfügung gestellt.

ten, der Installations-, der Systemadministrator- und der
Audit Trail-Diskette, dies ist ein System-Logbuch, geliefert. Die Software umfaßt folgende Sicherungseigenschaften:
Der Systemzugang erfolgt über eine User-ID, ein verdeckt
einzugebendes Paßwort und ggf. eine Projekt-ID, über die
jede Arbeit am Rechner einem Aufgabengebiet zugeordnet, protokolliert und abgerechnet werden kann.
Jeder Arbeitsschritt des Benutzers wird durch eine Maskenführung gesteuert. Pfade und Unterpfade können durch Paßwort
geschützt und dadurch nur bestimmten Benutzern zugänglich
gemacht werden.[60]
WATCHDOG teilt die Festplatte in verschlüsselte und unverschlüsselte Bereiche ein. Zum Arbeiten in letzterem benötigt
der Anwender lediglich die Zugangsberechtigung zum PC. Mittels Zugriffsberechtigungstabellen werden für verschlüsselte
Bereiche die Rechte des Benutzers erweitert bzw. eingeschränkt. Dadurch ist auch eine Steuerung der Zugriffe auf
Daten anderer berechtigter Benutzer möglich.
Die schutzwürdigen Daten werden darüber hinaus nach dem DES-Algorithmus mit Hilfe eines Bedienerschlüssels und dem jeweiligen Paßwort des Benutzers chiffriert bzw. dechiffriert.
Ein Systemstart über Diskette kann unterbunden werden.
WATCHDOG kontrolliert und protokolliert jede Benutzeraktivität und jeden Arbeitsschritt in einer Audit Trail Datei, für
deren Auswertung ein umfangreiches Report-System zur Verfügung steht.
Eine Backup-Funktion verschlüsselt die Ausgabe auf Disketten; die Sicherungsdisketten sind nur unter WATCHDOG zu lesen.
WATCHDOG's Electronic Mail-Funktion ermöglicht ein Versenden
und Empfangen von Benutzernachrichten.
In den durchgeführten Tests erwies sich WATCHDOG als eine
ausgereifte Sicherheitssoftware, deren Funktionsumfang dem
Systemadministrator eines kleinen oder mittleren Betriebes
viele Möglichkeiten bietet, den Umgang mit dem PC sicher zu
gestalten. Die Eingabe von falschen Paßworten wurde abgewiesen und ein Eintrag im LOG-Protokoll vorgenommen; auch ein
Systemstart mit einer DOS-Diskette war nicht möglich.

---

[60] Beispielsweise können Betriebssystem-Befehle wie FORMAT,
COPY oder DELETE in einem geschützten Pfad abgelegt sein.

Als ein Nachteil von WATCHDOG ist anzuführen, daß die Software und auch die umfangreichen Handbücher[61] bislang nur in englischer Sprache zur Verfügung stehen.

7.3.3.4 CRYPTO

Das Haus TargoSoft in Hamburg stellte eine Diskette mit einer Demo-Version des "Datenschutzprogramms" CRYPTO zur Verfügung. CRYPTO ist, entgegen den mit dem Namen verbundenen Erwartungen, eine Benutzeroberfläche, die Verwaltungsaktivitäten wie Anzeigen, Suchen, Sortieren, Kopieren oder Löschen von Dateien unterstützt. Das System soll bis zu fünf verschiedene Benutzergruppen berücksichtigen können. Es ermöglicht darüber hinaus ein Verändern der Dateiattribute und bietet die Möglichkeit der Verschlüsselung beliebiger Dateien unter Verwendung benutzeridentifizierender Schlüsseldisketten.[62] Die Ver- und Entschlüsselung der Dateien kann auch automatisch über ein Stapelverarbeitungsprogramm erfolgen.

Bis auf die Erstellung von Schlüsseldisketten mit CRYPTO waren alle Funktionen auf der Demo-Diskette verfügbar und arbeiteten einwandfrei. In einzelnen Menüs wiesen einige Funktionsbeschriftungen jedoch unglückliche Bezeichnungen auf, deren Bedeutung einem ungeübten Benutzer nicht verständlich wäre. Das Arbeiten mit CRYPTO erfolgt im wesentlichen über die Funktionstasten. CRYPTO ist nach dem Laden speicherresident und kann von beliebigen Anwendungsprogrammen über die Tastenkombination "<Shift>(rechts), <Shift>(links), <ALT>" aufgerufen werden.

---

[61] Die Dokumentation von WATCHDOG besteht aus einem Administrator-Guide und einem User-Guide.
[62] Eine unvorsichtige Behandlung der Schlüsseldisketten, z.B. ihr Liegenlassen nach Feierabend oder ähnliches, macht sie zu einem nicht zu unterschätzenden Sicherheitsrisiko.

7.4 Sicherheitsprodukte zur Datenverschlüsselung

Die in Kapitel 7.3 vorgestellten Sicherheitsprodukte haben sich trotz einiger Schwachstellen als relativ wirksam erwiesen. Einem Benutzer mit eingeschränkten Rechten, der Zugang zum System besitzt und auf irgendeine Weise das Paßwort eines Kollegen erfahren hat, ist es dennoch möglich, sich damit zu maskieren und in dessen Arbeitsbereich einzudringen.[63] Gegen derartige Vorgänge bieten Benutzeroberflächen mit Paßwortvereinbarung ergo nur einen unvollkommenen Schutz.[64] Zur Realisierung eines wirkungsvollen Sicherungskonzeptes für Personal Computer sollte daher der Einsatz eines Verschlüsselungsprogramms in Betracht gezogen werden. Im Rahmen dieser Arbeit konnte das freundlicherweise von der Firma MicroPhase zur Verfügung gestellte Verschlüsselungsprogramm mPROTECT getestet werden. Die Testinstallation des Verschlüsselungsprogramms erfolgte auf dem bereits erwähnten Micro-IT von UNISYS. Unter Zuhilfenahme unterschiedlich großer Dateien wurden die in mPROTECT vorhandenen Funktionen einzeln überprüft.

7.4.1 Testergebnisse mit mPROTECT

Sowohl die Installation als auch die Bedienung von mPROTECT haben sich als sehr benutzerfreundlich und einfach handhabbar erwiesen. Die Bedienung erfolgt über Funktionstasten menügesteuert in Fenstertechnik.
Zur Installation wird mPROTECT auf die Festplatte oder eine Diskette kopiert, und die Installationsroutine wird aufgerufen. Im ersten Installationsschritt hat der Anwender sich für eine Sprache seiner Wahl zu entscheiden.[65] Anschließend

---
[63] Zudem besteht die Möglichkeit, daß es einem Unbefugten gelingt, das zumeist auf der Festplatte abgelegte Paßwort zu entschlüsseln.
[64] Vgl. o.V.: Keine Chance für Codebrecher, in: **PC Magazin**: Nr. 27 vom 24.6.1987, S. 64-68, hier S. 64.
[65] mProtect kann in Deutsch, Englisch, Französisch, Italienisch oder Spanisch eingerichtet werden. Die ausführli-

muß er einmalig ein achtstelliges, nicht veränderbares, im verschlossenen Umschlag mitgeliefertes Master-Paßwort eingeben[66], welches nach Herstellerangaben "zufällig und automatisch bei der Diskettenproduktion vergeben"[67] wird. Danach kann mPROTECT konfiguriert werden. Folgende Auswahlmöglichkeiten stehen dafür zur Verfügung:

- Veränderung der Farben
- Verändern des maximal 8-stelligen User-Paßwortes[68]
- Anzeigen der mPROTECT-Maske
- Eingabe einer Tastenkombination für den Aufruf des Programms

In Untermenüs können anschließend die gewünschten Werte festgelegt werden.
Hervorzuheben ist der Menüpunkt "Tastenkombination für Aufruf". Mit dieser Tastenfolge kann mPROTECT, nachdem es speicherresident gemacht wurde, aus jedem beliebigen Programm direkt zur Online-Verschlüsselung der Daten aufgerufen werden. Alle Versuche mit den an der Abteilung Wirtschaftsinformatik der Universität Göttingen vorhandenen Softwareprodukten zeigten das einwandfreie Funktionieren dieser Option,[69] sofern bei der Auswahl der Tastenkombination[70] mögliche Konfliktsituationen mit Tastenfolgen der anderen Programme vorab überprüft wurden.
Zur Ver- und Entschlüsselung von Programmen und Daten[71] wird seitens des Benutzers eine maximal 24 Zeichen lange, individuelle Zeichenfolge als Benutzerschlüssel verlangt. Dieser bildet zusammen mit dem Master-Paßwort einen maximal 32 Zei-

---

che, gut verständliche Programmbeschreibung im Handbuch ist ebenfalls in allen fünf Sprachen abgefaßt.
[66] Jedes Master-Paßwort soll ein Unikat sein. Eine Installation bzw. eine Neugenerierung des Programms ohne dieses Master-Paßwort ist nicht möglich.
[67] **MicroPhase:** mPROTECT-Handbuch, München 1986, S. 8.
[68] Der Anwender kann mittels eines verschlüsselt abgelegten, individuellen Paßwortes den Aufruf von mPROTECT durch Unbefugte verhindern.
[69] Selbst aus dem ebenfalls speicherresidenten Editor SIDE-KICK heraus konnte mPROTECT aufgerufen werden.
[70] Vgl. zur Auswahl der Tastenfolgen **MicroPhase:** a.a.O., S. 44.
[71] Da die Verschlüsselung mit mPROTECT zeichenweise erfolgt, können damit Dateien jeglichen Formats codiert werden.

chen umfassenden Gesamtschlüssel, der unter der Steuerung
eines Zufallszahlengenerators die Grundlage für die Chiffrier- und Dechiffrierungsroutine darstellt. Der Verschlüsselungsvorgang ist darüber hinaus über einen Feedback-Generator durch das Verschlüsselungsergebnis der vorherigen Bytes
rückgekoppelt.[72]
Ein Vorteil von mPROTECT ist, daß für die Chiffrierung der
Daten kein zusätzlicher Speicherplatz benötigt wird.
Ohne den richtigen Benutzerschlüssel kann jedoch der Datenbestand nicht mehr dechiffriert werden - ein falscher birgt
die Gefahr des unbeabsichtigten Mehrfachverschlüsselns. Vergißt der Anwender seinen Schlüssel, so sind die Daten ebenfalls nicht mehr zu rekonstruieren. Eine Kopie der unverschlüsselten Daten sollte daher immer an einem sicheren Ort
aufbewahrt werden.
mPROTECT bietet dem Anwender zwei weitere Funktionen, die im
Zusammenhang mit den genannten Gefahren als äußerst positiv
zu werten und für den Einsatz von mPROTECT in kleinen und
mittleren Betrieben von Vorteil sind. Die Funktion "Attribute ändern" bietet die Möglichkeit, Dateien auf "read only"
zu setzen und sie zu verstecken. Der Anwender kann zudem
eine Aktionsdatei zu definieren, in die er diese Funktion
integrieren und desweiteren die Ver- und Entschlüsselung von
Dateien und Unterverzeichnissen automatisieren kann. Wahlweise kann die Aktionsdatei unter Regie von mPROTECT oder
MS-DOS ablaufen.
MicroPhase bietet neben mPROTECT das Menü- und Programmverwaltungssystem mpSTART an. Bei einer Einbindung von mPROTECT
in die Menüs dieses Softwarepaketes kann das Verschlüsselungsprogramm auch von den Menüs aus gestartet werden.

7.4.2 Sonstige Produkte zur Datenverschlüsselung

mPROTECT ist allerdings nicht das einzige Kryptographieprodukt auf dem Markt für Personal Computer unter PC-/MS-DOS.
Vollständigkeitshalber werden in diesem Abschnitt noch einige andere Produkte kurz erwähnt.

---
[72] Vgl. MicroPhase: a.a.O., S. 9.

Der österreichische Konzern Voest-Alpine in Linz bietet das Softwarepaket ULTRA-LOCK an, welches etwa 10 KB Arbeitsspeicher benötigt. ULTRA-LOCK ver- und entschlüsselt die Daten durch ein allen Schreib- und Leseroutinen vorgeschaltetes V-Modul. Der Benutzer steuert den Prozeß mittels eines vereinbarten Schlüsselwortes.[73]

Eine dateiweise Verschlüsselung, aber auch das Chiffrieren ganzer Speichermedien wie Disketten und Festplatten ermöglicht ABATON von der Firma IBD GmbH, Frankfurt. ABATON ist netzwerkfähig und bietet zudem einen Programmschutz durch Verschlüsselung und den Zusatz, daß das Programm erst nach Eingabe eines zusätzlichen Schlüssels gestartet werden kann. Außerdem beinhaltet ABATON eine Routine zum Überschreiben logisch gelöschter Dateien.[74]

KRYPTO-STAR, ein Softwarepaket, chiffriert Daten byte-weise mit dem Blockverschlüsselungsalgorithmus DEA 1 und einem 8-Bit-cipher-feedback.[75] Die Daten sind erst durch Kenntnis eines 64-Bit Schlüssels und eines ebenso langen Initialisierungswertes wieder zu dechiffrieren.[76]

IBM bietet das Software-Paket "Data-Encoder" zur Datenverschlüsselung für PC's an. Die Verschlüsselungsroutine basiert auf dem DES-Algorithmus und soll mit Schlüsseln einer Länge von bis zu 80 Zeichen einen Datenbestand von 1 KB in einer Sekunde chiffrieren. Zusätzlich beinhaltet das Programmpaket ein Hilfsprogramm zum physischen Löschen von Dateien auf Festplatte durch Überschreiben.[77]

7.5 BACK UP-Möglichkeiten für Personal Computer

Vor der Gefahr eines Datenverlustes ist im allgemeinen kein noch so erfahrener PC-Benutzer geschützt. Datenverluste ent-

---

[73] Vgl. ABEL, H., SCHMÖLZ, W.: a.a.O., S. 198.
[74] Vgl. ABEL, H., SCHMÖLZ, W.: a.a.O., S. 199 und o.V.: Sicherheits-Maßnahmen, a.a.O., S. 20
[75] Vgl. dazu Abbildung 22 in Kapitel 6.5.2.1.
[76] **Krypto-Soft GmbH:** Produktinformation KRYPTO-STAR, Bergisch Gladbach, Mai 1987.
[77] Bislang ist dieses Softwareprodukt allerdings nur in den USA erhältlich. Für den bundesdeutschen Markt wird eine Exportlizenz benötigt. Vgl. **BERTRAM, G.:** a.a.O., S. 15.

stehen benutzerbedingt durch unbeabsichtigtes Löschen bzw.
Überschreiben von Dateien oder durch unkontrolliertes Abschalten des Rechners, aber auch ein plötzlicher Gerätedefekt wie bspw. ein Head-Crash oder ein Stromausfall kann die Ursache dafür sein.[78]
Nicht immer ist ohne die Existenz von BACK UP-Exemplaren der verlorengegangenen Daten ihre vollständige Rekonstruktion möglich. Überdies kostet das Rekonstruieren der Daten Zeit und Geld. Kleinen und mittleren Betrieben können durch derartige Pannen u.U. Aufträge entgehen, die zu erheblichen Umsatzeinbußen führen.

Dieser Abschnitt befaßt sich mit den diversen Möglichkeiten, Sicherungen der auf Personal Computern vorhandenen Datenbestände vorzunehmen. Im Betriebssystem PC-/MS-DOS gibt es zwar den Befehl BACKUP, eine vollständige Sicherung einer 10 MB Festplatte auf etwa 30 Disketten dauert allerdings ca. 1,5 Stunden.[79] Spezielle Datensicherungsprogramme sind dagegen auf Geschwindigkeit und ggf. auf Komprimierung der Datenbestände ausgerichtet. Ein weiterer Datensicherungsaspekt ist die Wahl eines geeigneten BACK UP-Mediums. Die Auswahl eines externen Speichermediums ist wiederum von der Menge und der Schutzwürdigkeit der zu sichernden Daten abhängig.[80] Im folgenden wird zunächst der Leistungsumfang eines Datensicherungsprogramms beschrieben. Anschließend folgt die Vorstellung weiterer BACK UP-Systeme für Personal Computer mit ihren Besonderheiten, Vor- und Nachteilen.

7.5.1 Datensicherung durch SAFE-GUARD mit Option BACKUP

uti-maco bietet zur Datensicherung das Softwarepaket FAST-BACK an, welches in modifizierter Form auch als zusätzliche Option in dem Sicherheitsprodukt SAFE-GUARD enthalten ist. Die Installation von SAFE-GUARD BACKUP setzt das Vorhanden-

---

[78] Vgl. zu den Gefahren, die zu Datenverlusten führen können, auch die Ausführungen in Kapitel 4.
[79] Vgl. WOLF, K.: Vorbeugen mit Backup-Systemen, in: CHIP: 10/1987, S. 290-298, hier S. 290.
[80] In kleinen und mittleren Betrieben mag sicherlich auch die Kostenfrage für die Datensicherung und die dazu nötigen Speichermedien eine Rolle spielen.

sein von mindestens einem Diskettenlaufwerk ab 360 KB voraus und läßt maximal 255 Unterverzeichnisse auf der Festplatte mit 2048 bis 5000 Dateien zu.[81] Das Programm unterstützt die wechselweise Verwendung zweier Diskettenlaufwerke mit gleicher Kapazität. Zur Sicherung werden zwei Kanäle des DMA-Controllers benutzt, "der die für die Schnelligkeit wichtige Gleichzeitigkeit zwischen Lesen und Schreiben ermöglicht".[82] Vor der ersten Sicherung muß das Programm konfiguriert werden. Über die Festlegung hinaus, welche Laufwerke für die Sicherung eingesetzt werden sollen, kann eine zusätzliche automatische Fehlerkorrektur[83] eingeschaltet werden. SAFE-GUARD BACKUP benutzt nicht das MS-DOS Diskettenformat, sondern schreibt die Daten in Blöcken von 128 Byte auf die Diskette. Durch das eigene Format werden statt 362.496 KB unter MS-DOS nun 409.600 KB gespeichert. Die Bedienung des Programms erfolgt menügesteuert über Funktionstasten. Der Anwender hat folgende Sicherungsmöglichkeiten zur Auswahl:

- eine Vollsicherung der gesamten Festplatte
- eine automatische, selektive Sicherung von Verzeichnissen oder Dateigruppen[84]
- eine selektive Sicherung durch Menüauswahl
- Ergänzungssicherungen von Bewegungsdateien und Einfügen dieser in die Sicherungsserie
- Sicherungen außerhalb der Serie, z.B. zum Zweck der Datenübertragung auf einen anderen PC

Im Vorfeld der Datensicherung sollten die nötigen Disketten mit SAFE-GUARD BACKUP formatiert werden; ansonsten erkennt

---

[81] Die Anzahl der Dateien ist abhängig vom freien Hauptspeicher. uti-maco Software GmbH: a.a.O., S. 49.
[82] uti-maco Software GmbH: ebenda, S. 50.
[83] Durch die Wahl dieser Option trifft SAFE-GUARD BACKUP in jeder Diskettenspur Vorkehrungen für die Rekonstruktion der Daten, falls sich die Diskettenspur im nachhinein als fehlerhaft erweist.
[84] Die Steuerung dieser Sicherung erfolgt über eine Kommando- oder Stapeldatei, in der die Reihenfolge der zu sichernden Dateien festgelegt wird. Die Optionen der Sicherung werden SAFE-GUARD BACKUP über Parameter vorgegeben.

das Programm während der Sicherung die fehlende Formatierung und ermöglicht diese mit der Taste <F10>.[85] Die gesicherten Dateien verwaltet SAFE-GUARD BACKUP abschnittweise in einer druckfähigen Protokolldatei. Ergänzungssicherungen werden im entsprechenden Abschnitt eingefügt.
Bezüglich der Restaurierung bietet SAFE-GUARD BACKUP drei Möglichkeiten. Neben einem Zurückschreiben aller Dateien einer Sicherungsserie auf die Festplatte kann der Anwender auch einzelne Dateien wiederherstellen. Die dritte Alternative ermöglicht ein Restaurieren von Dateien, "deren Erstellungsdatum jünger ist als das der auf der Festplatte gespeicherten Dateien gleichen Namens".[86]
SAFE-GUARD BACKUP beinhaltet auch eine Funktion, die es ermöglicht, die auf Diskette gespeicherten Daten mit denen auf der Festplatte zu vergleichen. Diese Funktion ist für eine Überprüfung der korrekten Sicherung der Dateien von Vorteil.
Eigene Tests mit diesem Datensicherungsprogramm bestätigten die von Wolf genannten Zeiten für die Sicherung einer 10 MB Festplatte.[87]

7.5.2 Sonstige BACK UP-Methoden für Personal Computer

Für größere Datenmengen sind die bisher aufgeführten Methoden der Datensicherung auf Diskette, das Sichern mit dem DOS-Befehl BACKUP bzw. der Einsatz von speziellen Datensicherungsprogrammen nur bedingt geeignet. Man denke dabei lediglich an das häufige Wechseln der Sicherungsdisketten und an die zur Sicherung benötigte Zeit.
Abhilfe kann in solchen Fällen der Einsatz schneller Massenspeicher als BACK UP-System schaffen.

---
[85] SAFE-GUARD BACKUP erkennt auch Disketten im DOS-Format; ein versehentliches Überschreiben kann dadurch verhindert werden. Die Disketten einer Sicherungsserie werden automatisch numeriert. Jede Vollsicherung beginnt mit einer neuen Serie.
[86] uti-maco Software GmbH: a.a.O., S. 72.
[87] Für die Sicherung einer 10 MB Festplatte soll das Programm einschließlich des Formatierens der Disketten knapp 15 Minuten benötigt haben. Vgl. WOLF, K.: a.a.O., S. 291.

Zum Standard-BACK UP-System für PC's sind in den letzten
Jahren Streamer geworden, die mit 1/4-Zoll-Magnetbandcartridges arbeiten. Verfügbar sind heute Datenkassetten mit einer Speicherkapazität bis zu 150 MB.[88] Die Kapazität der
Magnetbandcartridges ist bekanntlich von der Anzahl der
Bandspuren, der Aufzeichnungsdichte in bpi und der Bandlänge
abhängig. Um Kompatibilitätsprobleme bei den Streamern abzubauen und eine Austauschbarkeit der 1/4-Zoll-Cartridges zu
erzielen, schlossen sich mittlerweile einige Laufwerkhersteller zum QIC-Komitee zusammen, welches Empfehlungen über
bestimmte Aufzeichnungsformate ausspricht.[89] Entsprechend
der mitgelieferten Software arbeiten die Systeme im File by
File- oder Image-Modus; in letzterem wird die gesamte Festplatte auf das Magnetband übertragen. Bei der Anschaffung
eines Streamers sollte auf die Erfüllung der nachfolgenden
Anforderungen Wert gelegt werden:

- das System sollte ein automatisches BACK UP durch zeitgesteuerte Stapeldateien ermöglichen
- ist eine Kassette voll beschrieben, sollte das BACK UP-System eine neue Kassette anfordern
- bei besonders schutzwürdigen Daten sollte das Data-Cartridge mit einem Kennwort versehen werden können
- automatische Fehlererkennungs- und Korrekturverfahren
  sollten auch vor Datenverlusten beim BACK UP-System
  schützen[90]

Ein weiteres Grundprinzip der Datensicherungsmethoden ist
die Bereithaltung der gesicherten Dateien auf einem wechselbaren Festplattenspeicher wie einer Bernoulli-Box[91] oder einer Winchester-Wechselplatte. Anwender in kleinen und mitt-

---

[88] Handelsüblich sind allerdings Data Cartridges mit 20, 40, 60 und 134 MB. Vgl. WOLF, K.: a.a.O., S. 291.
[89] Vgl. zur Beschreibung einiger QIC-Empfehlungen ANTONUCCIO, A.: Tape Backup Systems, in: BYTE: Vol. 11, 5/1986, S. 227-232, hier S. 229ff.
[90] Zur Beschreibung einiger üblicher Fehlererkennungs- und Korrekturverfahren, z.B. der Read after Write-, der Read while Write-Methode, dem ECC- und dem Autotracking-Verfahren vgl. WOLF, K.: a.a.O., S. 294-297.
[91] Beispielsweise bietet die Firma BORSU Computer GmbH in Düsseldorf Bernoulli-Laufwerke für IBM- und -kompatible PC's an. Einsetzbar sind diese Massenspeicher ab DOS-Version 2.11.

leren Betrieben, die solche Massenspeicher verwenden, benötigen i.d.R. keine zusätzlichen BACK UP-Möglichkeiten.

Seit Ende 1985 bietet die SINUS-Computer-GmbH in München ein Datensicherungssystem mit Video-Recordern (VDS) an. VDS besteht aus einer Einsteck-Karte mit selbstentwickeltem Korrekturprozessor[92], einem Übertragungskabel zum Videorecorder und einer menügeführten Steuerungssoftware, die mittels einer Installationsprozedur auf die Festplatte übertragen werden kann.[93] Das Datensicherungssystem ist einfach zu handhaben; nach der Wahl einer Position im Hauptmenü durch eine Funktionstaste zeigt VDS an, welche Taste am ggf. per Fernbedienung geschalteten Videorecorder zu betätigen ist. Die Speicherung der Daten auf den schräg liegenden Spuren des Videobandes erfolgt in Blöcken definierter Länge. Pro Spur stehen 1024 Byte zur Verfügung, von denen die Hälfte für den Code der Fehlerkorrektur genutzt wird. Zudem werden die Nutzdaten nicht in der Blocklänge wie sie von der Platte kommen, sondern in kleineren Blöcken über einen größeren Bereich auf dem Videoband verteilt, gespeichert.[94] Dieses Speicherungsverfahren erleichtert die Korrektur von größeren, zusammenhängenden Fehlern.[95]
Nach Herstellerangaben können mit einer Übertragungsrate von 2,7 MB pro Minute auf einer VHS-Kassette mit 4 Stunden Spieldauer ca. 360 MB gespeichert werden.[96]
Verfügbar ist VDS in der Version 4.0 für alle IBM-XT, -AT, und kompatiblen PC's.

---

[92] Dieser kann pro Sekunde 50 Fehler, die bis zu 120 Byte umfassen dürfen, korrigieren. Es handelt sich dabei um Fehler, die durch die auf magnetischen Bändern üblichen drop-outs erzeugt werden. Vgl. SINUS Computer GmbH: VDS-Argumentationsliste, München 1986, S. 2.
[93] Vgl. KRÖGER, S.: Schrägspur-Streamer, in: CHIP: 10/1986, S. 45-47, hier S. 47 (im folgenden zitiert als KRÖGER, S.: Schrägspur-Streamer).
[94] Vgl. o.V.: Preiswertes Backup mit militärischer Sicherheit: Video Data System, in: Computer persönlich: Nr. 19 vom 4.9.1985, Sonderdruck ohne Seitenangabe.
[95] Vgl. KRÖGER, S.: Schrägspur-Streamer, a.a.O., S. 46.
[96] Bei einem Preis pro Videokassette von DM 10,- ergibt sich gegenüber handelsüblichen Data Cartridges ein Preisvorteil von etwa DM 100,-.

Für kleine und mittlere Betriebe stellt dieses BACK UP-System eine kostengünstige und nach Testberichten[97] auch eine sichere Alternative zu den vorab beschriebenen Sicherungsmethoden dar.

7.6 Sonstige Sicherheitsprodukte für Personal Computer

In diesem Abschnitt werden Sicherheitsprodukte vorgestellt, die im Rahmen eines PC-Sicherungssystems sinnvolle Ergänzungen zu den bisher beschriebenen darstellen. Diese Produkte sollten in kleinen und mittleren Betrieben allerdings nicht allen Anwendern zugänglich sein. Der Person, die für den PC verantwortlich ist, also dem Systemadministrator, können diese Produkte aber eine wertvolle Hilfe bei der Arbeit sein.
In Kapitel 7.6.1 wird die Möglichkeit der Dateirettung im Falle eines unbeabsichtigten Löschens aufgezeigt. Nicht immer kann ein PC-Anwender auf eine u.U. noch gar nicht angefertigte Sicherungskopie zurückgreifen. Nach einer kurzen Darstellung des Dateilöschens mit dem DOS-Befehl DEL wird die Arbeitsweise des Programms SECOND CHANCE erläutert.
Einigen Klein- und Mittelbetrieben, besonders denjenigen, die Programme und Daten auf Disketten über größere Entfernungen austauschen bzw. transportieren müssen, können Produkte zum Kopierschutz dazu verhelfen, die Disketten und damit die Daten vor unbefugten Einsichtnahmen und Manipulationen zu schützen. Spezielle Sicherheitsprodukte zum Kopierschutz werden in Kapitel 7.6.2 näher beschrieben.

7.6.1 Datenrettung mit SECOND CHANCE

Nicht alle Klein- und Mittelbetriebe werden ihren PC mit einem umfassenden Sicherheitssystem wie beispielsweise SAFEGUARD oder WATCHDOG ausstatten, das unter anderem auch das

---
[97] Vgl. o.V.: Preiswertes Backup ..., a.a.O. und WOLF, K.: a.a.O., S. 297.

Löschen von Dateien und Unterverzeichnissen durch den Benutzer unterbinden kann.
Sehr ärgerlich sind Datenverluste durch unbeabsichtigte Löschoperationen beim "Aufräumen" einer Festplatte. Verwendet der Benutzer beim Löschen auch noch Wild Cards, z.B. *.exe, *.* usw., so können ganze Subdirectories auf einmal gelöscht sein.[98]
Zum besseren Verständnis der Funktionsweise eines Dateirettungsprogramms zur Wiederherstellung gelöschter Dateien wird zunächst die Wirkung des DOS-Befehls DEL erläutert. Beim Ausführen von DEL wird nicht die Datei auf der Festplatte, sondern lediglich das erste Zeichen ihres Eintrages im Inhaltsverzeichnis durch Überschreiben mit dem Hexadezimalwert E5, dieser entspricht dem griechischen Buchstaben Sigma, gelöscht.[99] Aus der File Allocation Table (FAT) entfernt DOS durch Schreiben von Nullen zudem den Belegungsvermerk der Datei.[100] Ersetzt man nun im Inhaltsverzeichnis den Buchstaben Sigma wieder durch das erste Zeichen des Dateinamens, kann auch der Inhalt der Datei wieder rekonstruiert werden. Dieses Prinzip nutzt das Dateirettungsprogramm UnErase, ein Dienstprogramm, welches in den NORTON-UTILITIES enthalten ist.[101] Am wahrscheinlichsten ist eine derartige Dateirettung, wenn nach dem Löschen keine weiteren Informationen mehr auf den Datenträger geschrieben wurden, und die Datei zusammenhängend auf der Platte gespeichert ist. Bei nicht zusammenhängend gespeicherten Dateien besteht die Möglichkeit des Scheiterns von UnErase. Gelingt die Rettung einer unzusammenhängenden Datei, so kann der Fall eintreten, daß trotz der Meldung "UnErase was successful" die Teile der geretteten Datei zusammengewürfelt werden.[102] Dieser Effekt

---

[98] Vgl. NORTON, P.: MS-DOS und PC-DOS, München/Wien 1985, S. 97/98.
[99] Dieser Vorgang wird allgemein als logisches Löschen bezeichnet.
[100] Der Verwaltungsteil jeder Festplatte oder Diskette besteht aus einem Boot Record, der FAT und dem Inhaltsverzeichnis. NORTON, P.: MS-DOS und PC-DOS, München/Wien 1985, S. 92.
[101] Vgl. NORTON, P.: The NORTON UTILITIES Manual, Version 4.0, Santa Monica, California 1987, S. 116ff.
[102] Ein typisches Beispiel dafür zeigt Rotermund anhand zweier BASIC-Dateien. Die eine Datei besteht nur aus Einsen, die andere nur aus Zweien. Vgl. ROTERMUND, H.: Sichere Datenrettung, in: CHIP: 5/1987, S. 178-183, hier S. 179.

kann seitens kleiner und mittlerer Betriebe kaum gewünscht sein.
Eine andere Methode verwendet das Programm SECOND CHANCE[103]. Es merkt sich in einer hidden-gestetzten LOG-Datei alle Einträge der FAT, indem es bei Löschvorgängen Kopien dieser Eintragungen anlegt. Der Benutzer kann vorgeben, wieviele Tage sich SECOND CHANCE diese Einträge merken soll.[104] Zu beachten ist weiterhin, daß das Programm immer das aktuelle Tagesdatum bei einem Systemstart mitgeteilt bekommt.
SECOND CHANCE besteht neben dem Installationsprogramm aus einem speicherresidenten Schutz-Modul SCHANCE.COM zum "Merken" der Löschvorgänge und dem eigentlichen Rettungsprogramm RECOVER.EXE.
Die Regenerierung der Dateien erfolgt menügesteuert; alle möglichen Befehle werden in einer Befehlszeile angezeigt. Der Benutzer wählt zunächst das Laufwerk und das Unterverzeichnis, welches die gelöschten Files enthält. Danach selektiert er im nächsten Menü die zu rettenden Dateien. Er kann sich weitere Informationen bezüglich der Plazierung dieser Dateien, der Anzahl der von ihnen belegten Speicherblöcke und ihrer Wiederherstellbarkeit ansehen. Mit der Funktionstaste <F10> wird zum Abschluß die Datenrettung veranlaßt.
Alle Rettungsversuche, auch die von für Testzwecke vorbereiteten gelöschten Unterverzeichnissen, erwiesen sich beim Arbeiten mit SECOND CHANCE als erfolgreich. Hervorzuheben ist bei diesem Programm die Idee der versteckten LOG-Datei, mit deren Hilfe es möglich ist, Dateien noch nach Tagen zu regenerieren. Nicht mehr wiederherzustellende Dateien werden im Menü durch Unterstreichen dargestellt.

---

[103] SECOND CHANCE wurde zu Testzwecken von der Bremer Firma SOFTWARE DYNAMICS GmbH zur Verfügung gestellt.
[104] Die Informationen über gelöschte Dateien können zwischen 1 bis 7 Tage von SECOND CHANCE gemerkt werden. Dies bedeutet allerdings nicht, daß damit ein absoluter Dateischutz erzielt wird. Im Falle eines Überschreibens des Speicherplatzes auf der Festplatte mit einer neuen Datei sind die Altdaten verloren. Der Hersteller empfiehlt daher, bei häufigen Löschoperationen einen kleinen Wert vorzugeben. Vgl. **SOFTWARE DYNAMICS GmbH:** SECOND CHANCE Bedienerhandbuch, Bremen 1987, S. 6 und S. 10.

7.6.2 Hardwaremäßiger Kopierschutz

Ausschließlich durch Software realisierte Schutzmaßnahmen erweisen sich selten als hinreichender Schutz vor unerlaubtem Kopieren.[105] Zum Schutz vor Software-Piraten, welche die Programmhersteller durch unerlaubtes Kopieren von Programmen in Milliardenhöhe schädigen[106], sind daher neben Schutz-Manipulationen an Disketten und softwaremäßigen Sicherungen[107] auch Hardware-Kopierschutz-Module entwickelt worden. Kleine und mittlere Betriebe, die Untersuchungsgegenstand dieser Arbeit sind, dürften von den Aktivitäten der Software-Piraten jedoch kaum betroffen sein. Dennoch können auch sie hardwaremäßige Kopierschutz-Module zum Schutz ihrer Programme und Daten einsetzen. Sinnvoll wäre ein solcher Kopierschutz beispielsweise für Filialbetriebe, die untereinander Programme über größere Entfernungen per Transport auf Disketten austauschen.

Als ein Beispiel für die Funktionsweise eines Kopierschutzes auf Hardwarebasis wird im folgenden das von der Firma FAST Electronics GmbH in München hergestellte "parallele HARDLOCK", ein Modul, das in die CENTRONICS-Schnittstelle des PC's gesteckt wird, beschrieben.

HARDLOCK besteht aus individuell vom Hersteller codierten Bausteinen[108], die einen vom geschützten Programm gesendeten Datenstrom, der sich aus beliebigen, nicht vorhersehbaren Zufallszahlen zusammensetzt, umrechnen und als verschlüsseltes Resultat zurücksenden. Das Programm berechnet dieses Ergebnis ebenfalls und vergleicht die errechnete Zahl mit der von HARDLOCK. Nur wenn beide Zahlen gleich sind, läuft das Programm normal ab. Nach Herstellerangaben bedeutet dies,

---
[105] Ausnahmen bilden chiffrierte Programme und Daten, die nur unter Verwendung des zugehörigen Schlüssels wieder dechiffriert werden können.
[106] Vgl. o.V.: Software-Piraten sollen es schwerer haben, in: ORGADATA: 2/1985, S. 34-36, hier S. 34.
[107] Vgl. PILLER, E., WEIßENBRUNNER, P.: Software-Schutz, Wien/New York 1986, S. 93-103 und S. 105-113.
[108] Es handelt sich dabei um analysegeschützte PAL-(programmable array logic-) und GAL-(generic array logic-)Bausteine. Vgl. FAST Electronics GmbH: Produktinformation Paralleles HARDLOCK, München 1987.

daß nie vorhersagbar ist, mit welchen Daten diese flexible
Verifizierung vorgenommen wird.
Ein vom Anwender derart geschütztes Programm läuft nur in
Verbindung mit einem entsprechenden Schutzmodul.

7.7 Bewertung der Untersuchung von Sicherheitsprodukten

Die in diesem Kapitel beschriebenen Sicherheitsprodukte für
Personal Computer stellen nur einen Ausschnitt aller auf dem
Markt verfügbaren "Datenschutz"-Programme und Hardware-Sicherungen dar.[109] Die durchgeführte Untersuchung erhebt jedoch auch keinen Anspruch auf Vollständigkeit bzw. soll keine Marktübersicht geben. Vielmehr wird anhand ausgewählter
und verfügbarer Produkte das Ziel verfolgt, Möglichkeiten
für den Einsatz von Hard- und Software-Sicherheitseinrichtungen in kleinen und mittleren Betrieben auf der Basis definierter Anforderungen aufzuzeigen.
Zum Abschluß der Untersuchungen stellen sich die folgenden
beiden Fragen:

1. Für welche Art der Sicherung, z.B. ein Zugangs- und Zugriffsschutzsystem oder ein Verschlüsselungssystem,
   sollte man sich entscheiden?
2. Bietet eine Hard- oder eine Software-Sicherung den besseren Schutz?

Die Beantwortung beider Fragen kann keinesfalls durch allgemeingültige Aussagen erfolgen. So haben die durchgeführten
Tests teilweise gezeigt, daß die Sicherungen in einigen Fäl-

---

[109] Weitere Produktvorstellungen und -tests findet man bspw.
in: ABEL, H., SCHMÖLZ, W.: a.a.O., S. 197ff., (HETROLOCK-HS210, C.P., ELKEY Nr. 1); MENNE, B.: Passwort-Sicherung,
Teil 2, S. 30-32, (OCULIS und CLAVIS); MENNE, B.:
Passwort-Sicherung, Teil 3, S. 28/29, (ENIGMA, HETROLOCK); o.V.: Auf Nummer sicher, in: PC Magazin: Nr. 26
vom 16.6.1987, S. 16, (BOOKMARK); HOPPENRATH, D.: Abgeschlossen - Test: IBD-Datensicherheit-Paket, in: PC Magazin: Nr. 27 vom 24.6.1987, S. 52-58, (CLAVIS plus, OCULIS
plus, KEYLOCK, PASSWORD, TIMELOCK) und o.V.: Fast zu sicher, in: PC Magazin: Nr. 27 vom 24.6.1987, S. 61-64,
(PC-LOCK IV).

len mit geeigneten Mitteln umgangen bzw. ausgeschaltet werden können. Sehr große Bedeutung für ihr Funktionieren kommt auch der Gestaltung der Systeme durch den Systemadministrator zu. Mit der Anschaffung eines oder mehrerer Sicherheitsprodukte ist ergo die Datensicherheit im Betrieb noch nicht gewährleistet. Es kann und sollte daher nur ein Baustein des gesamten Schutz- und Sicherungssystems der Unternehmung sein.[110] Unabhängig von der Art des Einsatzes des zu sichernden PC-Systems sollten sensitive, personenbezogene Daten und wichtige, u.U. geheimzuhaltende Unternehmensdaten nur verschlüsselt auf der Festplatte und den Disketten gespeichert sein.
Bezüglich der Beantwortung der zweiten Frage ist nur anhand einer Gefahren- und Risikoanalyse zu entscheiden, ob beispielsweise ein hohes Diebstahlrisiko des Rechners existiert, welches den Einbau einer Karte für den Zugangs- und Zugriffsschutz unsinnig erscheinen läßt. In einem solchen Fall wäre eine Verschlüsselung der Daten auf der Festplatte und das Verschließen der Sicherungsdisketten mit den nicht chiffrierten Ursprungsdaten sicherlich die bessere Lösung.

---

[110] Vgl. auch die Ausführungen in Kapitel 6.

8. Konzepte zur Datensicherheit in der Datenkommunikation

In diesem Kapitel wird die bereits behandelte Thematik der Datenkommunikationsmöglichkeiten kleiner und mittlerer Betriebe[1] unter dem Gesichtspunkt des Datenschutzes und der Datensicherheit erneut aufgegriffen.
Zur Vermeidung von Wiederholungen bereits behandelter Themenkomplexe werden an dieser Stelle zunächst einige Eingrenzungen vorgenommen:
Datensicherheitsprobleme und ihre Lösungen für PC - Mainframe - Verbindungen bei individueller und integrierter individueller Datenverarbeitung werden in diesem Kapitel nicht behandelt, da die PC-seitig notwendigen sicherungstechnischen Aspekte wie der Systemzugang und -zugriff bereits in Kapitel 7 ausführlich dargestellt wurden. Desweiteren können die auf der Mainframe-Seite vorhandenen technischen und organisatorischen Sicherungseinrichtungen für die Datenhaltung und -verarbeitung personenbezogener und sonstiger sensitiver Unternehmensdaten genutzt werden.
Im Bereich der externen Datenkommunikationsmöglichkeiten kleiner und mittlerer Betriebe wird auf die Beschreibung sicherungstechnischer Maßnahmen beim Anschluß an das Btx-System der Bundespost verzichtet.[2]
Auch die Problematik der Verhinderung der Datenverfälschung im Rahmen der Datenübertragung durch systemseitige Fehlererkennung und -korrektur ist bereits hinreichend in der Literatur diskutiert worden, so daß auch diese Thematik nicht weiter behandelt wird.[3]

---

[1] Vgl. die Ausführungen in Kapitel 3.4.
[2] Die Realisierung der Zugangs- und Zugriffskontrolle bei Btx obliegt dem Betreiber, also der Post. Der Anwender braucht, sofern er nur als Nachfrager des Btx-Dienstes auftritt, keine besonderen Schutz- und Sicherungsmaßnahmen ergreifen. Tritt ein kleiner oder mittlerer Betrieb als Anbieter auf, so muß er sicherstellen, daß bei Weitergabe seiner persönlichen Identifikationsnummer (PIN) und der Transaktionsnummer (TAN) an den Kunden dieser die nötige Sorgfalt im Umgang mit beiden wahrt. PIN und TAN sollten getrennt aufbewahrt werden.
Vgl. ABEL, H., SCHMÖLZ, W.: a.a.O., S. 252.
[3] Vgl. bspw. FRANCK, R.: a.a.O., S. 65-82 und SCHNUPP, P.: a.a.O., S. 174-178.

Die diversen Netzwerkstrukturen sowie die Typenvielfalt der
von den Herstellern angebotenen Netze erschweren eine vollständige Diskussion der Sicherungsvorkehrungen an konkreten
Beispielen. Daher wird in diesem Kapitel folgende Vorgehensweise gewählt:

Der erste Teil (Kapitel 8.1) befaßt sich mit den Schwachstellen der Informationssicherheit in Rechnernetzen.[4] Es
werden zudem Schwerpunkte festgelegt, die in den nachfolgenden Abschnitten einer ausführlichen Betrachtung unterzogen
werden.
In Kapitel 8.2 folgt die Behandlung von Sicherungsmaßnahmen
gegen die aufgezeigten Schwachstellen und Gefährdungen der
physischen Netzwerkkomponenten. Im Anschluß daran bildet in
Kapitel 8.3 die Diskussion über die Einsatzmöglichkeiten
kryptographischer Verfahren zur Authentikation und zur Verschlüsselung von Daten während ihrer Übertragung einen weiteren Schwerpunkt.
Letztlich schließt das Aufzeigen geeigneter Sicherungen für
Bürokommunikationssysteme in Abschnitt 8.4 dieses Kapitel
ab.

8.1 Schwachstellen der Informationssicherheit in Rechnernetzen

Betrachtet man die in Kapitel 4 dieser Arbeit aufgezeigten
Gefahren für die Datenverarbeitung kleiner und mittlerer Betriebe, so haben alle diese Gefährdungen ohne weiteres auch
Einfluß auf die Problematik der Informationssicherheit in
Rechnernetzen.[5] Zusammengefaßt lassen sich daraus drei Gefahrenschwerpunkte herleiten, die die Sicherheit in einem
Rechnernetz gefährden können:

---
[4] Unterstellt wird, daß es sich dabei um ein Inhouse-Netz, also ein lokales Netzwerk, in kleinen oder mittleren Betrieben handelt.
[5] Vgl. die Ausführungen in Kapitel 4.

- technische Einflüsse können zu internen Störungen oder zum Ausfall der Systemkomponenten führen[6]
- bewußte, zielgerichtete mißbräuchliche Aktivitäten externer und interner Täter an den Systemkomponenten stören die Zuverlässigkeit des Netzes[7]
- Manipulationen berechtigter und unberechtigter Personen an den Systemkomponenten werden aus verschiedensten Motiven, z.B. aus reiner Bereicherungsabsicht und ggf. mit dem Ziel der Ausspähung von Informationen für Dritte durchgeführt.[8]

Eine systematische Analyse der Schwachstellen eines Rechnernetzes und die Ergreifung geeigneter Sicherungsmaßnahmen gegen die daraus resultierenden Gefährdungen führt Kauffels anhand des ISO-Referenzmodells durch.[9] Im Gegensatz zu seinen Ausführungen werden im folgenden zwei Schwerpunkte gebildet. In Kapitel 8.2 werden zunächst die Übertragungsmedien und andere physische Netzwerkkomponenten bezüglich möglicher Gefährdungen untersucht.
Desweiteren lassen sich alle sonstigen Gefahren für Rechnernetze im wesentlichen auf die Problemstellung des unberechtigten Zugangs zum Rechnernetz und die der sicheren Datenübertragung[10] zusammenfassen.[11] Diesbezüglich können viele der bereits in den beiden vorangehenden Kapiteln erläuterten Sicherungsmaßnahmen eingesetzt werden. Untersucht werden aus diesem Grunde in Kapitel 8.3 die bislang noch nicht behandelten Einsatzmöglichkeiten kryptographischer Verfahren

---

[6] Durch den Ausfall und interne Störungen von Systemkomponenten wird die Informationssicherheit ohne Fremdeinwirkung vom System selbst bzw. durch technische Einflüsse der Umgebung gefährdet. Vgl. dazu Kapitel 4.3.
[7] Diese Störungen, die auch einen Ausfall des Rechnernetzes zur Folge haben können, lassen sich mit dem Begriff der Sabotage zusammenfassen. Vgl. dazu Kapitel 4.2.1 und Kapitel 4.2.3.
[8] Zu Spionagezwecken kann auch die kompromittierende Abstrahlung ohne das Vornehmen direkter Manipulationen an den Systemkomponenten genutzt werden. Vgl. dazu Kapitel 4.2.3.4.
[9] Um Schwachstellen und dagegen wirkende Maßnahmen bezüglich der Übertragungsmedien zu behandeln, führt er eine zusätzliche Schicht 0 in das ISO-Schichtenmodell ein. Vgl. KAUFFELS, F.-J.: PC's und LAN's, a.a.O., S. 220-230.
[10] Die zu übertragenden Daten sind vor mißbräuchlichem Abhören sowie vor Veränderungen zu schützen.
[11] Vgl. KELLERMAYR, K. H.: a.a.O., S. 197.

für die Authentikation von Benutzern, Instanzen und Nachrichten sowie für die Datenübertragung.

8.2 Maßnahmen zum Schutz der physischen Netzwerk-Komponenten

Ein Schutz- und Sicherungskonzept für Netzwerke muß zunächst Maßnahmen zum Erreichen der technischen Sicherheit beinhalten. Zu sichern sind nicht nur die Übertragungsmedien, sondern auch die Komponenten im Netz, die durch die Übertragungsleitungen miteinander verbunden sind.
Verdrillte Kupfer- oder Koaxialkabel als Übertragungsmedien für übliche LAN's bergen die Gefahr, daß sie durch auftretende magnetische Wechselfelder während einer Nachrichtenübertragung abgehört werden können. Gleichermaßen können u.U. durch äußere Einflüsse Störungen oder gar Nachrichten in die Medien induziert werden.[12] Als Maßnahmen zur Verhinderung dieser Effekte kommen die Installation entsprechender Abschirmeinrichtungen oder die Verwendung von Glasfaserkabeln, die gegen das Abhören durch einen standardmäßig im Kabel eingebauten Abhörschutz immun sind, in Frage.[13] Koaxialkabel sind durch Anbohren und das Anbringen von Kontakten am Innen- und Außenleiter auch vor aktiven Lauschangriffen mit Hilfe eines TAP-Gerätes nicht sicher. Derartig hergestellte Verbindungen führen zu keinen Störungen im Netz, und das Anzapfen bleibt daher unbemerkt.[14] Lichtwellenleiter hingegen sind vor einem unautorisiertem Zugriff auf die optisch übertragenen Informationen relativ sicher. Nur mit großem Aufwand - man muß sich direkten Zugang zum Lichtfluß innerhalb der Glasfaser verschaffen -

---

[12] Vgl. dazu die Ausführungen über die kompromittierende Abstrahlung (Kapitel 4.2.3.4) sowie über Störeinstrahlungen in Kapitel 4.3.
[13] Vgl. dazu die Ausführungen in Kapitel 6.3.2 und 6.3.3 sowie DITTRICH, I.: Problemkreis Verträglichkeit, in: MARKT&TECHNIK: Nr. 47 vom 21.11.1986, S. 68/69 und EDERVEEN, H.: Vorsicht, Feind hört mit!, in: MARKT&TECHNIK: Nr. 33 vom 14.8.1987, S. 32-34, hier S. 32.
[14] Vgl. ABEL, H., SCMÖLZ, W.: a.a.O., S. 172 und KAUFFELS, F.-J.: PC's und LAN's, a.a.O., S. 221.

können Glasfaserkabel angezapft werden.[15] Der Aufwand für das Anzapfen würde sich nur bei Anwendungen lohnen, in denen hochsensible Informationen übertragen werden. Sollte dies in einem kleinen oder mittleren Betrieb der Fall sein, so könnte das Glasfaserkabel durch mit Druckluft gefüllte Rohre oder Kanäle, deren Anbohren durch das Entweichen der Druckluft entdeckt würde, verlegt werden.[16] Generell ist daher die Verwendung von Glasfaserkabeln als Übertragungsmedium in Netzwerken zu empfehlen.

Die Sicherheit der anderen physischen Komponenten (Schicht 1 des ISO-Referenzmodells) ist von der Topologie des Netzes abhängig.[17] Bei LAN's mit Sternstruktur ist beispielsweise die Zentrale die Schwachstelle in Bezug auf die Gefahr eines unbefugten Eindringens in das Netz. Gegen Spionage sind alle Topologien jedoch "nur so geschützt, wie ihre Medien es zulassen"[18].
Zur Verhinderung von Sabotageakten gegen die Hardware der Netze kann der Betreiber nur geeignete Zugangssicherungsmaßnahmen ergreifen.[19] Gegen gewaltlose Sabotageakte bieten installierte Zugriffssicherungen einen gewissen Schutz[20], und vor einer "Verseuchung" mittels Computer-Viren können In-house-Netze nur durch das Ergreifen organisatorischer Siche-

---

[15] Beim Anzapfen darf keine zu hohe Dämpfung erzeugt werden, da ansonsten der Kommunikationsfluß unterbrochen und das Anzapfen dadurch bemerkt würde. Nach Ederveen setzt das Anzapfen von Lichtwellenleitern in der Praxis drei kaum realisierbare Bedingungen voraus:
- der Lauscher benötigt hochempfindliche optische Sensoren als Empfänger, die derzeit nicht frei verfügbar sind
- das Anzapfen müßte unter Laborbedingungen erfolgen, d.h., Staubpartikel würden die Anzapfung beeinflussen
- das Aufspüren der richtigen Faser sowie der richtigen Stelle erfordert einen sehr hohen Zeitbedarf
Vgl. EDERVEEN, H.: a.a.O., S. 32.
[16] Vgl. EDERVEEN, H.: ebenda, S. 34.
[17] Vgl. zur Ausfallsicherheit der auf unterschiedlichen Topologien basierenden Netze die Ausführungen in Kapitel 3.4.2.1.
[18] KAUFFELS, F.-J.: PC's und LAN's, a.a.O., S. 225.
[19] Vgl. dazu die diesbezüglichen Ausführungen in Kapitel 6.
[20] Einige der in Kapitel 7 dargestellten Sicherheitsprodukte für PC's sind auch für den Einsatz in lokalen Netzwerken geeignet. Beispielhaft sind an dieser Stelle OCULIS (IBD GmbH), SAFE-GUARD plus (uti-maco) und pc+softlock (PCPLUS GmbH) zu nennen.

rungsmaßnahmen und die ausschließliche Verwendung gekaufter
Softwaresysteme geschützt werden. Der Einsatz privater, von
Mitarbeitern mitgebrachter Software sowie der von unerlaubt
kopierten Programmen kann in kürzester Zeit das Netz verseuchen.

8.3 Einsatzformen kryptographischer Verfahren in Rechnernetzen

Um Daten auf ihrem Übertragungsweg in Netzen gegen Mißbrauch
durch Anzapfen oder Abhören der Übertragungsleitungen zu
schützen, bietet es sich an, diese mittels kryptographischer
Verfahren zu verschlüsseln. Die Möglichkeiten der Verschlüsselung von Übertragungsdaten werden in Kapitel 8.3.1 dargestellt und in Kapitel 8.3.2 unter Datenschutz- und -sicherungsaspekten miteinander verglichen.
In Kapitel 8.3.3 wird darauf basierend eine Einordnung der
Kryptographie in das ISO-Schichtenmodell vorgenommen.
Neben der Unkenntlichmachung sensitiver Daten durch deren
Verschlüsselung ist eine sichere Zugriffskontrolle ein weiterer wesentlicher Bestandteil eines Datensicherungssystems.
Der Zugriffsschutz kann durch eine zuverlässige Identifizierung der Kommunikationsteilnehmer eines DV-Systems wirksam
ergänzt werden, indem neben der Identifikation eine Authentifikation[21] mit Hilfe kryptographischer Verfahren vorgenommen wird.[22] In Kapitel 8.3.4 wird über die Authentikationsmöglichkeiten im Rahmen des Zugriffsschutzes hinaus die Authentifizierung von Nachrichten, die in einem Kommunikationssystem übertragen werden, behandelt.

---

[21] Vgl. zur Bedeutung des Begriffs **RIHACZEK, K.**: Authentifizieren, Authentisieren/-zieren, Authentikator, in: **DuD**: 4/1987, S. 192.
[22] Vgl. **VOR DER BRÜCK, H.**: Verschlüsselung als Hilfsmittel für die Benutzer- und Zugriffskontrolle, in: **Datenschutz-Berater**: 6/1980, S. 1-4, hier S. 1.

8.3.1 Verschlüsselung von Übertragungsdaten

Die Verschlüsselung der Übertragungsdaten kann an unterschiedlichen Positionen im Netz vorgenommen werden.
Bei der **End-to-End Verschlüsselung** erfolgt die Ver-/Entschlüsselung von Übertragungsdaten ausschließlich an den Endpunkten eines Kommunikationsweges.[23] Dabei werden die Daten nur im sendenden Endknoten chiffriert und erst im empfangenden Endknoten (Terminal) wieder dechiffriert, so daß ein durchgängiger Schutz gewährleistet wird. Die Informationen müssen zur Übertragungssteuerung allerdings im Klartext vorliegen und sind damit der Kenntnisnahme Unbefugter in verstärktem Maße ausgesetzt. Das Schlüsselmanagement[24] einer End-to-End Verschlüsselung ist relativ einfach[25], und die

---

[23] Vgl. **BOSCH, W.**: Bildschirmtext braucht Datensicherheit, in: **Nachrichtentechnische Zeitschrift**: 36. Jg., 8/1983, S. 500-504, hier S. 503.

[24] Im Rahmen des Schlüsselmanagements in Netzwerken ergeben sich für die Schlüsselverteilung spezielle Ausprägungen. Unterschieden wird, unabhängig davon, welche Einsatzform für das Kryptoverfahren vorgesehen ist, die dynamische und die statische Schlüsselverteilung. Bei der statischen Schlüsselverteilung werden jedem Knoten paarweise verschiedene Schlüssel zugeordnet. Die Wechselintervalle der Schlüssel sind - wenn überhaupt ein Wechsel erfolgt - relativ groß. Diese Verteilungsmethode genügt nur geringeren Sicherheitsanforderungen, da die Schlüssel der Gefahr eines Mißbrauchs über einen verhältnismäßig langen Zeitraum ausgesetzt sind. Vgl. **RYSKA, N., HERDA, S.**: a.a.O., S. 260. Im Rahmen der dynamischen Schlüsselverteilung wird für jeden Kommunikationsprozeß von einem unabhängigen, eigens dafür installierten Netzknoten ein primärer Leitungsschlüssel ("Session Key") generiert und den Kommunikationspartnern - mit einem sekundären Leitungsschlüssel ("Cross-Domain Key") verschlüsselt - übermittelt. Vgl. **CELLER, W.**: a.a.O., S. 33. Analog kann dieser Prozeß für die Knotenverschlüsselung durchgeführt werden. Welche dieser Alternativen letztlich eingesetzt wird, ergibt sich aus der spezifischen Übertragungsstruktur im Netz. Vgl. **MEYER, C. H., MATYAS, S. M.**: Cryptography, a.a.O., S. 315ff.

[25] Es genügt in diesem Fall eine statische Schlüsselverteilung.

Installation der Verschlüsselungseinheiten beschränkt sich auf die Endknoten.[26]
Im Rahmen einer **Knotenverschlüsselung** wird auf dem Übertragungsweg zwischen zwei nicht benachbarten Endknoten in allen dazwischenliegenden Netzknoten jeweils eine Ent-/Verschlüsselung der Daten vorgenommen.[27] In diesem Fall ist der Schutz der Daten nicht mehr ununterbrochen gewährleistet, da diese in der Zwischenzeit im Klartext vorliegen. Auch die transportspezifischen Daten können zusammen mit der eigentlichen Nachricht verschlüsselt werden. Sie liegen in den Netzknoten, in denen auch die Transportsteuerung erfolgt, ebenso wie die Nachrichten im Klartext vor.
Das Schlüsselmanagement erfolgt aufgrund der zusätzlichen Ent-/Verschlüsselung netzwerkgesteuert in den Netzknoten, die keine Endknoten sind. Es ist komplexer als das Schlüsselmanagement bei einer End-to-End Verschlüsselung, denn für jedes Paar benachbarter Knoten muß ein Schlüssel bereitgestellt werden. In jedem Knoten - nicht nur in den Endknoten - ist zudem ein V-Modul zu installieren.[28]
Das V-Modul wird wird bei einer **Link Verschlüsselung** soft- und hardwareunabhängig zwischen den Modems der Kommunikationspartner installiert. Die Anzahl der notwendigen V-Module ist jedoch von der Betriebsart der Übertragung abhän-

---

[26] Die softwaremäßige Implementierung erfolgt durch die Aufnahme der Verschlüsselungsroutinen in die Systembibliothek des DV-Systems. Bei einer hardwaremäßigen Implementierung hingegen kann ein V-Modul zur Verschlüsselung von Übertragungsdaten
(a) als "stand alone" Gerät zwischen Terminal und Modem,
(b) in ein Terminal oder
(c) in ein Modem
installiert werden. Die "stand alone"-Version ist von der Systemumgebung verhältnismäßig unabhängig und leicht anzupassen; allerdings ist das V-Modul aufgrund der Ungeschütztheit des Gerätes eher einem physischen Mißbrauch ausgesetzt als bei einer der integrierten Versionen. Zur Integration des Moduls in den Fällen (b) und (c) ist eine Anpassung an die Systemumgebung unumgänglich. Das V-Modul wird aber durch den Einbau in das Terminal bzw. Modem eher geschützt als bei einer isolierten Installation.
Vgl. RYSKA, N., HERDA, S.: a.a.O., S. 195 und 251ff.
[27] Vgl. PFITZMANN, A., PfITZMANN, B., WAIDNER, M.: Technischer Datenschutz in dienstintegrierenden Digitalnetzen - Warum und wie?, in: DuD: 3/1986, S. 178-191.
[28] Vgl. RYSKA, N., HERDA, S.: a.a.O., S. 254f.

gig.[29] Da systemseitig sämtliche Übertragungsdaten ver-/entschlüsselt werden, kann der Benutzer nicht selbst festlegen, welche Daten chiffriert übertragen werden sollen. Dies hat zur Folge, daß alles, was den Übertragungsweg passiert, verschlüsselt wird. Somit ist es für einen Unbefugten unmöglich, zwischen Impulsen, die chiffrierte Nachrichten darstellen, und denen, die keine Information beinhalten, zu unterscheiden.[30]
Die Gewichtung der Vor- und Nachteile der vorgestellten Methoden ist vom Einzelfall und der damit verbundenen speziellen Anwendung abhängig. Eine generelle Bewertung wird daher nicht vorgenommen.

8.3.2 Vergleich der Verschlüsselung bei Datenübertragung und Datenspeicherung

Da Übertragungsdaten in der Regel anderen Sicherheitsrisiken unterliegen als gespeicherte Daten, sind andere Forderungen an die Verschlüsselung zu stellen.
Dies bedeutet beispielsweise, daß der Aufbewahrungszeitraum der Schlüssel für Übertragungsdaten von dem gespeicherter Daten wesentlich abweicht. Schlüssel für Übertragungsdaten - die in der Regel nicht gespeichert werden - brauchen nach der Übertragung und der Entschlüsselung nicht aufbewahrt zu werden; Schlüssel gespeicherter Daten hingegen müssen, solange die chiffrierten Daten gespeichert sind, erhalten bleiben.[31]
Aufgrund der charakteristischen Aufbewahrungszeiträume der Schlüssel ergeben sich wesentliche Unterschiede in der Durchführung des Schlüsselwechsels. Bei der Verschlüsselung von Übertragungsdaten erfolgt ein Wechsel lediglich durch das Ersetzen des alten Schlüssels durch einen neuen. Dieser Vorgang gestaltet sich bei gespeicherten Daten aufwendiger, da zusätzlich eine Umschlüsselung der zugehörigen Daten erforderlich ist. Damit ergibt sich ein Sicherheitsrisiko,

---
[29] Im Duplexbetrieb müssen V-Module auf der Sender- und Empfängerseite angebracht werden.
[30] Vgl. RYSKA, N., HERDA, S.: a.a.O., S. 255f.
[31] Vgl. RIHACZEK, K.: Datenschutz, a.a.O., S. 124.

ähnlich wie bei der Verwendung des gleichen Schlüssels über
einen längeren Zeitraum. Mit der Häufigkeit der Umschlüsselung steigt zudem das Sicherheitsrisiko, denn die Daten liegen während eines Umschlüsselungsvorgangs im Klartext vor.
Unter diesem Aspekt ist die Verschlüsselung zur Sicherung
von Übertragungsdaten besser geeignet als für die gespeicherter Daten.[32]
Generell ist die Aufrechterhaltung der Datensicherheit während jeder Verarbeitung problematisch. Die mit herkömmlichen
Kryptoverfahren verschlüsselten Daten müssen im Klartext
verarbeitet werden und sind dann den Angriffen Unbefugter
besonders ausgesetzt.[33] Lösungsansätze für diese Problematik
werden aber bereits im Rahmen von "operationsinvarianten"
Chiffren in der Literatur diskutiert.[34]
Das Problem der Datenintegrität[35], wie z.B. bei den in einer
Datenbank gespeicherten Daten, besteht für die Übertragungsdaten nicht, da diese bei der Übertragung nicht bearbeitet
und verändert werden.

8.3.3 Logische Einordnung der Kryptographie in das ISO-Schichtenmodell

Da Kommunikationssysteme auf vielfältige Art und Weise organisiert sein können, bietet es sich an, Aussagen hinsichtlich der logischen Einordnung der Kryptographie anhand des
ISO-Schichten-Modells zu treffen.
Das ISO-Schichten-Modell, das im Rahmen der Standardisie-
rungsbemühungen der bisher weitgehend inkompatiblen Kommunikationssysteme entwickelt wurde, spezifiziert eine univer-
sell anwendbare, logische Struktur, die alle Anforderungen
an die Datenkommunikation zwischen DV-Systemen umfaßt.[36]
Dazu wurde eine Einteilung des komplexen Datenübertragungs-

---

[32] Vgl. RIHACZEK, K.: Datenschutz, a.a.O., S. 124.
[33] Vgl. WIESNER, B.: a.a.O, S. 265.
[34] Vgl. RYSKA, N., HERDA, S.: a.a.O., S. 284ff.
[35] Vgl. STEINBAUER, D., WEDEKIND, H.: Integritätsaspekte in Datenbanksystemen, in: INFORMATIK SPEKTRUM: 8/1985, S. 60-68, hier S. 61ff.
[36] SCHICKER, P.: Datenübertragung und Rechnernetze, Stuttgart 1983, S. 187.

prozesses in sieben aufeinander aufbauende Teilprozesse (Schichten, Ebenen)[37] vorgenommen und das Zusammenwirken der einzelnen Ebenen anhand standardisierter Kommunikationsprotokolle geregelt.[38]
Die logische Einordnung der Verschlüsselung ist im wesentlichen davon abhängig, wie tief die Sicherheit reichen soll, d.h., ob nicht nur die Nachricht selbst, sondern auch Kontroll- und Protokollinformationen verschlüsselt werden sollen.[39]
Da das ISO-Schichtenmodell einen Gestaltungsspielraum hinsichtlich der Einbettung der Verschlüsselung in seine logische Struktur zuläßt, werden nur die Extremfälle[40], zum einen die Systemnähe in der Bitübertragungsschicht und zum anderen die Benutzernähe in der Anwendungsschicht, erläutert.[41]
Die systemnahe Verschlüsselung auf der untersten Ebene, der Bitübertragungsebene, erfolgt systemseitig durch eine Linkoder Knotenverschlüsselung. Dabei hat der Benutzer keinen Einfluß auf die Chiffrierung - er bemerkt diesen Vorgang nicht einmal.[42]
Im anderen Fall übernimmt der Benutzer das Schlüsselmanagement und kann seine Daten nur durch eine End-to-End Verschlüsselung chiffrieren.
Bedenkt man, daß, je höher die Integrationsschicht einzuordnen ist, die Protokollinformationen auch in immer geringerem Umfang verschlüsselt vorliegen werden, so wird deutlich, daß weitgehend uneinheitliche Aussagen hinsichtlich der Einordnung der Kryptographie in das logische Konzept des ISO-Schichtenmodells existieren. Um die Basis für einen breiten Einsatz kryptographischer Verfahren in Kommunikationssyste-

---

[37] Das ISO-Schichtenmodell besteht aufsteigend von der untersten zur obersten Schicht aus der Bitübertragungs-, Sicherungs-, Vermittlungs-, Transport-, Kommunikations-, Datenerstellungs- und Anwendungsschicht. Vgl. FRANCK, R.: a.a.O., S. 8ff.
[38] Vgl. SCHNUPP, P.: a.a.O., S. 153ff.
[39] RYSKA, N., HERDA, S.: a.a.O., S. 256.
[40] Eine Bewertung der Integration in den unterschiedlichen Ebenen wird vorgenommen in RIHACZEK, K.: Datenverschlüsselung, a.a.O., S. 226.
[41] Vgl. RIHACZEK, K.: Datenverschlüsselung, a.a.O., S. 197f.
[42] Vgl. DAVIES, D. W., PRICE, W. L.: a.a.O., S. 354ff.

men zu schaffen, sind daher noch weitreichende Vereinheitlichungen erforderlich.

8.3.4 Authentikation in DV-Systemen

Über die Authentikation von Instanzen - es kann sich dabei um Benutzer oder Programme handeln - hinaus können auch Nachrichten[43], die in einem Kommunikationssystem übertragen werden, authentiziert werden.[44] Nachrichten mit Dokumentencharakter kann durch die Erzeugung "digitaler" Unterschriften eine mit sonst üblichen Dokumenten (mit Papier und Feder) vergleichbare Beweisbarkeit verliehen werden.[45] Dazu muß der zur Authentizierung verwendete Verschlüsselungsalgorithmus allerdings besondere Anforderungen erfüllen.
Die beiden folgenden Abschnitte beschreiben die kryptographischen Möglichkeiten der Instanz- und Nachrichtenauthentikation.

8.3.4.1 Instanz-Authentikation

In Kommunikationssystemen, zu denen viele Anwender Zugang haben, sowie in DV-Systemen, die nicht entsprechend durch bauliche und organisatorische Maßnahmen gegen unbefugten Zugang geschützt werden können, ist eine wirksame Zugriffskontrolle der Benutzer durch das Betriebssystem von wesentlicher Bedeutung. Zunächst muß eine ordnungsmäßige Vergabe der Zugriffsrechte (z.B. durch Definition einer Zugriffsmatrix) für jeden Benutzer erfolgen. Diese Vergabe ist aber nur dann wirksam, wenn die Identität der Benutzer durch eine eindeutige Identifizierung sichergestellt werden kann.

---

[43] Darüber hinaus können auch Beziehungen zwischen Instanzen und Nachrichten authentiziert werden. Vgl. RIHACZEK, K.: Datenverschlüsselung, a.a.O., S. 26ff.
[44] Vgl. RIHACZEK, K.: Authentikation in Kommunikationssystemen mit Hilfe der Verschlüsselung, in: DuD: 2/1982, S. 94-103, hier S. 96, (im folgenden zitiert als RIHACZEK, K.: Authentikation).
[45] Vgl. RYSKA, N., HERDA, S.: a.a.O., S. 360.

Die Identifizierung umfaßt die Identifikation und die Authentikation des Benutzers durch das Betriebssystem. Zur Identifikation teilt der Benutzer dem Betriebssystem mit, wer er ist, indem er seine Benutzerkennung angibt. Daraufhin wird überprüft, ob dieser eingegebene Identifikator mit einem zuvor vereinbarten Vergleichsidentifikator übereinstimmt.

Durch die Identifikation allein ist aber noch nicht gesichert, daß der Benutzer auch der ist, der er zu sein vorgibt; diesen Beweis erbringt erst die Authentikation.[46] Zur Authentikation übergibt der Benutzer seinen zuvor vereinbarten Authentikator. Dieses den Benutzer kennzeichnende Merkmal wird systemseitig auf Echtheit, Identität und Integrität geprüft.[47]

Damit eine zuverlässige Identifizierung erfolgen kann, muß der Identifikator/Authentikator eindeutig, fälschungssicher und nicht übertragbar sein. Die Authentikationsverfahren müssen den Authentikator während des Prüfungsvorgangs schützen.[48] Um eine hohe Sicherheit bei der Auswahl des Benutzerauthentikators zu erreichen, sollten daher Merkmale, die der Benutzer weiß (Erinnerungswerte), objektiv besitzt (Sachmittel) oder als physiologisches Merkmal aufweist, kombiniert werden.[49]

Die Vereinbarung eines Authentikators (primäre Authentikation) kann individuell zwischen den Instanzen erfolgen. Dies führt allerdings in DV-Systemen, in denen sehr viele Instanzen sicher miteinander kommunizieren wollen, zu aufwendigen Austauschvorgängen[50]. Eine systemseitige primäre Authentikation ist einer individuellen vorzuziehen, da die Austausch-

---

[46] Vgl. dazu die Ausführungen in Kapitel 6.2.2.3 sowie MURRAY, W. H.: Security considerations for personal computers, in: IBM Systems Journal: Vol. 23, 3/1984, S. 297-304, hier S. 301.
[47] Vgl. VOR DER BRÜCK, H.: a.a.O., S. 1/2 und RYSKA, N., HERDA, S.: a.a.O., S. 336.
[48] Für die Sicherheit der Aufbewahrung des Authentikators ist der Benutzer verantwortlich. Vgl. RYSKA, N., HERDA, S.: ebenda, S. 336.
[49] Vgl. dazu Abbildung 22 in Kapitel 6.2.2.3 und RYSKA, N., HERDA, S.: a.a.O., S. 337.
[50] Bei n Teilnehmern müssen n(n 1)/2 Austauschvorgänge stattfinden, wenn jeder mit jedem verschlüsselt Informationen austauschen möchte.

vorgänge durch den Einsatz einer Schlüsselverteilungszentrale erheblich vermindert werden können[51].
Der eigentliche Kommunikationsprozeß wird bei der Aufnahme der Kommunikationsbeziehungen durch den Austausch der Authentikatoren (Initial-Sekundär-Authentikation) eingeleitet. Um sicherzustellen, daß die Authentizität während der Kommunikation gewahrt bleibt, kann eine fortgesetzte Sekundär-Authentikation erfolgen. Häufig wird jedoch aus Kostengründen darauf verzichtet und von einer unveränderten Authentizität ausgegangen, wenn auf verschlüsselte Nachrichten plausible Antworten folgen. Bei nur geringen Sicherheitsanforderungen ist es sogar denkbar, aufgrund eines plausiblen Kommunikationsverhaltens auch auf eine Initial-Sekundär-Authentikation zu verzichten.
Welche dieser Varianten im spezifischen Anwendungsfall realisiert werden, ist letztlich von der Schutzwürdigkeit der Daten abhängig.[52]
Im Rahmen der **Benutzerauthentikation** durch das Betriebssystem besteht eine wesentliche Schwachstelle in der Notwendigkeit der Speicherung der Vergleichsauthentikatoren und -identifikatoren. Um Mißbrauch entgegenzuwirken, werden diese Kennworte nicht im Klartext, sondern mit einer Einwegfunktion verschlüsselt in einer "Tabelle" gespeichert. Beim LOGIN eines Benutzers wird das eingegebene Kennwort ebenfalls mit der Einwegfunktion verschlüsselt, und ein Vergleich beider Chiffrate erfolgt.
Diese einseitige Benutzerauthentikation (One-Way-Authentikation) findet sehr häufig Verwendung. Allerdings wird die Authentizität des Betriebsystems dabei nicht gewährleistet, d.h., ein Unbefugter könnte eine Übertragungsleitung angezapft haben und ein berechtigtes System simulieren, um Nachrichten abzufangen oder zu manipulieren.
Dieser Gefahr des "Huckepack-Eindringes" begegnet eine **zweiseitige Authentikation**, bei der sich auch das berechtigte Betriebssystem dem Benutzer gegenüber authentiziert.[53]
Im Rahmen der Instanzauthentikation kommen verstärkt Einwegfunktionen und Public-Key Verfahren zum Einsatz, da keine

---
[51] Bei n Teilnehmern sind nur (n-1) Austauschvorgänge notwendig.
[52] Vgl. RIHACZEK, K.: Datenverschlüsselung, a.a.O., S. 50ff.
[53] Vgl. RYSKA, N., HERDA, S.: a.a.O., S. 339f.

besondere Sicherung der öffentlichen Schlüssel (Authentikatoren), mit denen die Authentizität der Benutzer überprüft wird, erforderlich ist.[54] Werden symmetrische Verschlüsselungsverfahren eingesetzt, kann sich das System mit dem geheimen Schlüssel authentizieren. Durch die Speicherung der zugehörigen geheimen Schlüssel entsteht andererseits ein zusätzliches Sicherheitsrisiko. Bei der Verwendung asymmetrischer Verfahren hingegen ist die Systemauthentikation nicht möglich, da die öffentlichen Schlüssel allgemein - also auch Unbefugten, die ein berechtigtes System simulieren - zugänglich sind.[55]

8.3.4.2 Nachrichten-Authentikation

Um die Echtheit von Nachrichten zu bestimmen, d.h., den Nachweis der Übereinstimmung der Nachrichten bei Sender und Empfänger zu erbringen, müssen bestimmte Kriterien erfüllt werden. Durch die Übermittlung von Zusatzinformationen zusammen mit der zu authentizierenden Nachricht kann die Überprüfung der folgenden Kriterien ermöglicht werden:[56]

(1) Um die Zeitechtheit (Zeitgerechtheit) einer Nachricht überprüfbar zu machen, wird ein Zeitfeld, das z.B. die Systemuhr zur Verfügung stellt, der Nachricht hinzugefügt.
(2) Zur Prüfung der Folgeechtheit wird eine Folgenummer mit übertragen.
(3) Die Inhaltsechtheit kann durch die Bildung einer charakteristischen Prüfsumme[57] über die gesamte Nachricht beurteilt werden, indem die Prüfsummen vor und nach der Übertragung miteinander verglichen werden.

---

[54] Zum Ablauf einer solchen Authentikation vgl. SCHOPPE, A.: Einsatzmöglichkeiten der Kryptographie als Methode des Datenschutzes für kleine und mittlere Betriebe, Diplomarbeit, Göttingen 1986, S. 19f.
[55] Vgl. RIHACZEK, K.: Datenverschlüsselung, a.a.O., S. 61f.
[56] Eine ausführliche Darstellung dieser Problematik ist zu finden in MEYER, C. H., MATYAS, S. M.: Cryptography, a.a.O., S. 345ff.
[57] Vgl. DAVIES, D. W., PRICE, W. L.: a.a.O., S. 134ff.

(4) Zusätzlich muß eine Sender- und Empfängerauthentikation erfolgen.

(5) Um die Ursprungsechtheit überprüfen zu können, wird neben der Folgenummer ein Identifikationsbit an die Nachricht angefügt.[58]

Die genannten Forderungen an eine Nachrichten-Authentikation sind lediglich für den Fall der individuellen Verifikation von Nachrichten zwischen zwei Kommunikationspartnern ausreichend; eine objektive Beweisbarkeit ist damit noch nicht gewährleistet. Erst wenn der Nachweis auch einer neutralen Instanz gegenüber erbracht wird, kann von einer Beweisbarkeit gesprochen werden.[59]
Es ist sicherzustellen, daß der Empfänger eine empfangene Nachricht nicht unbemerkt verändert und zudem eine nicht empfangene als eine empfangene Nachricht ausgibt.[60] Um diese (Quasi-)Dokumentenechtheit zu gewährleisten, ist eine neutrale Instanz, bei der beide Authentikatoren "hinterlegt" werden, heranzuziehen, damit die Authentikation objektiv überprüft und nachvollzogen werden kann. Auch unter diesem Gesichtspunkt ist es sinnvoll, daß die Primär-Authentikation nicht individuell, sondern von dieser - oder einer anderen - zentralen, neutralen Stelle durchgeführt wird.[61]
Als Grundlage für eine eindeutige Nachrichten-Authentikation müssen zunächst Authentikatoren bereit gestellt werden, die die Nachricht eindeutig repräsentieren. Dies bedeutet für die kryptographischen Verfahren, daß durch die Verschlüsselung eine Abhängigkeit aller Zeichen der Nachricht und deren Abfolge von dem benutzten Schlüssel (Authentikator) geschaffen wird.[62]
Die in Kapitel 6.5.2 vorgestellten kryptographischen Verfahren erfüllen die o.g. Bedingungen recht unterschiedlich. Beispielsweise kann das DES-Verfahren, bzw. dessen Anwen-

---
[58] Vgl. RYSKA, N, HERDA, S.: a.a.O., S. 358f.
[59] Anforderungen an eine dokumentierte Authentikation wurden formuliert in RIHACZEK, K.: Authentikation, a.a.O., S. 8.
[60] Vgl. RYSKA, N., HERDA, S.: a.a.O., S. 360.
[61] Vgl. RYSKA, N., HERDA, S.: ebenda, S. 361 und LAGGER, H., MÜLLER-SCHLOER, D., UNTERBERGER, H.: Sicherheitsaspekte in rechnergesteuerten Kommunikationssystemen, in: Elektronische Rechenanlagen: 6/1980, S. 276-280, hier S. 279f.
[62] Vgl. RYSKA, N, HERDA, S.: ebenda, S. 362.

dungsmodi[63] mit Schlüsselrückverkettung CFB und CBC, zur Bildung eines Nachrichten-Authentikators herangezogen werden.[64]
Besser geeignet sind Einwegfunktionen, da die Authentikatoren - im Gegensatz zu den symmetrischen Verfahren - nicht in den Klartext überführt werden müssen. Die dabei erzeugte "digitale" Unterschrift ist allerdings nur von Kommunikationspartnern überprüfbar, die den entsprechenden Einweg-Schlüssel kennen. Somit ist ein Schlüsseltausch zur Authentikation unumgänglich.
Eine wesentlich elegantere Lösung bieten die Public-Key Verfahren, die ebenfalls die Erzeugung einer "digitalen" Unterschrift ermöglichen. Dieser Authentikator erlaubt die gleichzeitige Authentikation von Nachricht und Sender.[65]
Soll durch die Authentikation eine allgemeine Nachweisbarkeit in DV-Systemen geschaffen werden, sind einheitliche Authentikationsprotokolle notwendig, die den genauen Ablauf und das Zusammenwirken der Kommunikationsteilnehmer mit der zentralen Schlüsselverteilungsstelle festlegen.[66]

---

[63] Vgl. zu den Anwendungsmodi des DES-Verfahrens DAVIES, D. W., PRICE, W. L.: a.a.O., S. 134ff.
[64] Mit dem DES-Verfahren ist es nicht möglich, "digitale" Unterschriften zu erzeugen; deshalb wurden asymmetrisierte DES-Verfahren wie das DEA 1-Verfahren entwickelt, die allerdings immer noch die Speicherung des (geheimen) Schlüssels voraussetzen. Vgl. RIHACZEK, K.: Authentikation, a.a.O., S. 100 und DAVIES, D. W., PRICE, W. L.: ebenda, S. 273.
[65] Vgl. RYSKA, N, HERDA, S.: a.a.O., S. 362ff.
[66] Bisher werden in der Literatur allerdings nur Protokolle zur Instanz- und Nachrichten-Authentikation diskutiert. Sie erheben auch keinen Anspruch auf Allgemeingültigkeit, so daß in dieser Arbeit von einer weiteren Ausführung abgesehen wird. Vgl. RYSKA, N., HERDA, S.: ebenda, S. 348ff.

8.4 DuD-Maßnahmen für Büroinformations- und Kommunikationssysteme

Der Einsatz von Bürosystemen bedingt erhöhte Anforderungen hinsichtlich des Datenschutzes[67] und der Sicherung gegen mißbräuchliche Handlungen. Ein Sicherheitskonzept muß Maßnahmen gegen Gefährdungen wie

- das Abhören und Anzapfen von Leitungen
- die Aufzeichnung der kompromittierenden Abstrahlung
- ein unbefugtes und unbemerktes Mithören durch Aufschalten auf ein Gespräch[68] bzw. eine Datenübertragung
- den unkontrollierten Anschluß von Endgeräten
- Verletzungen des Zugriffs auf Informationen und Dienste[69]

beinhalten[70], d.h., einzubeziehen in die Datensicherung sind Nebenstellenanlagen, multifunktionale Terminals der Bürosysteme sowie, im Falle der Verbindung mit der Datenverarbeitung, lokale Netze und die Anschlüsse zum Hostrechner.[71] Nebenstellenanlagen sind durch standardmäßige Funktionen zur Überprüfung der Benutzerberechtigung zu sichern. Moderne Fernsprechterminals beispielsweise ermöglichen bereits eine Benutzeridentifikation per Chip-Karte. Auch beim Kommunikationssystem HICOM, einem Produkt der Siemens AG, ist der Zugriffsschutz der digitalen Teilnehmerendgeräte durch den Einsatz von Chip-Karten realisiert.[72] Gegen den unkontrollierten Anschluß von Endgeräten und das Einschalten von Abhörterminals muß ein zentrales, in einem abschließbaren Raum untergebrachtes Betriebsterminal, mit welchem eine physische

---
[67] Gespeichert werden in derartigen Systemen Ruf- und Nutzungsdaten, Texte und Sprache. Vgl. ABEL, H.: HICOM und seine Sicherungsmaßnahmen, in: DuD: 9/1987, S. 445-447, hier S. 446, (im folgenden zitiert als ABEL, H.: HICOM).
[68] Ein solches Mithören würde eine Verletzung des Fernmeldegeheimnisses bedeuten.
[69] Jeder Benutzer darf in einem Bürosystem nur auf die Dienste und Informationen zugreifen, zu deren Kenntnisnahme, Bearbeitung und Benutzung er autorisiert ist. ABEL, H., SCHMÖLZ, W.: a.a.O., S. 215.
[70] Vgl. ABEL, H.: HICOM, a.a.O., S. 446/447 sowie die Ausführungen in Kapitel 4.
[71] Vgl. ABEL, H., SCHMÖLZ, W.: a.a.O., S. 215-217.
[72] ABEL, H.: HICOM, a.a.O., S. 447.

und logische Gerätezuordnung vorgenommen werden kann, vorhanden sein.[73]

Die zu ergreifenden Maßnahmen gegen die anderen genannten Gefährdungen entsprechen denen, die bereits in den vorangestellten Kapiteln beschrieben wurden.[74]

---

[73] Vgl. ABEL, H., SCHMÖLZ, W.: a.a.O., S. 216.
[74] Vgl. zur Abwehr der Gefahr des Abhörens und Anzapfens von Leitungen Kapitel 8.2; zur Verhinderung der kompromittierenden Abstrahlung Kapitel 6.3.3 und zur Zugriffskontrolle Kapitel 7.

9 Zusammenfassung

In der vorliegenden Arbeit wurden auf ihren jeweiligen Einsatzbereich bezogene DuD-Maßnahmen und -konzepte in kleinen und mittleren Betrieben dargestellt. Es hat sich gezeigt, daß die Betriebe durch das breite Spektrum an Realisierungsmöglichkeiten ihrer Informationsverarbeitung mit neuen Problemen konfrontiert werden, denen sie mit geeigneten Mitteln begegnen müssen.
Basierend auf der Tatsache, daß viele kleine und mittlere Betriebe keine Erfahrung im Umgang mit der EDV haben, erfolgt bereits die Auswahl der Hard- und Software relativ unsystematisch. Auch die Eignung des DV-Systems zur Lösung betrieblicher Aufgabenstellungen kann oft nicht ausreichend beurteilt werden.[1]
Der Zuverlässigkeit der Daten kommt bei einer automatisierten Verarbeitung eine noch größere Bedeutung als bei manueller Verarbeitung zu, da der Sachbearbeiter sich auf die Korrektheit der gespeicherten Daten verläßt. Fahrlässigkeiten im Umgang mit den zu verarbeitenden Daten ziehen weitreichende Konsequenzen nach sich; u.U. ist sogar die Existenz des Betriebes bedroht.
Die Notwendigkeit einer auf die betrieblichen Interessen ausgerichteten Datensicherung wird zwar erkannt, vielfach unbeachtet bleibt aber die Verpflichtung zum Schutz des Bürgers vor unangemessenem Umgang mit seinen Daten.[2] Die in der Anlage zu § 6 BDSG vom Gesetzgeber geforderten technischen und organisatorischen Maßnahmen zur Verhinderung unzulässiger Verarbeitung unterstützen den Betrieb gleichzeitig bei der Wahrung seines Interesses an Datensicherheit.
Der wohl größte Risikofaktor für die Datenverarbeitung der kleinen und mittleren Betriebe ist der Mensch. Sein Handeln, ob bewußt oder unbewußt, ist nicht vorhersehbar. Thomas formuliert dies so: "Computers are unreliable, but humans are even more unreliable. In data processing, the only thing we

---

[1] Vgl. HOFF, H.: a.a.O., S. 1.
[2] Vgl. WEYER, H., PÜTTER, P. S.: a.a.O., S. 11.

can rely on is unreliability."³ Die Folge dieser Unzuverlässigkeit sind zum einen Verstöße gegen das BDSG und andere Gesetze, zum anderen Schäden, die dem DV-Betreiber durch Fahrlässigkeiten oder Delikte entstehen, die der Computerkriminalität zuzuordnen sind.
Nur durch ein systematisches, wohl durchdachtes Schutz- und Sicherungskonzept kann sich ein kleiner oder mittlerer Betrieb gegen die von Menschen ausgehenden und die übrigen, in Kapitel 4 beschriebenen, Gefahren absichern. Grundlage dafür ist eine umfassende Risikobeurteilung anhand einer Analyse und Bewertung der Auswirkungen. Eine darauf aufbauende Formulierung von Schutzzielen sollte dann die Entscheidungsgrundlage zur Realisierung konkreter Schutz- und Sicherungsmaßnahmen bilden.⁴
Diese systematische und methodische Vorgehensweise hat sich in der Praxis bislang kaum durchgesetzt. Nach Droux liegt dies daran, daß der Sicherheit als Bestandteil einer EDV-Gesamtkonzeption nur eine untergeordnete Priorität zuerkannt wird.⁵
Weitere Probleme für die Betriebe stellen die möglicherweise auftretenden Konflikte zwischen der Sicherheit und einem reibungslos funktionierenden Betriebsablauf sowie die Akzeptanz eines Sicherheitssystems durch die Mitarbeiter dar. Ein rechtzeitiges Einbeziehen in die Entscheidungsfindung für ein Sicherheitssystem baut gegebenenfalls diesbezüglich vorhandene Ängste der Mitarbeiter ab.⁶ So darf beispielsweise ein installiertes Benutzer- und Paßwortverwaltungssystem für Personal Computer keinesfalls Eigenschaften, die sich positiv auf die Akzeptanz des Rechners auswirken⁷, abschwächen.

---

³ THOMAS, G.: Laws of Unreliability, zitiert nach FISCHER, T.: a.a.O., S. 3.
⁴ Vgl. DROUX, R.: a.a.O., S. 200.
⁵ Vgl. DROUX, R.: ebenda, S. 200.
⁶ Nach Aleanakian und Kühnau handelt es sich dabei um Schwellenängste, die weniger auf einer Ablehnung als auf Respekt vor einem System beruhen, dessen Funktionsweise die Mitarbeiter nicht verstehen. Vgl. ALEANAKIAN, G., KÜHNAU, W.: a.a.O., S. 103.
⁷ Für die Akzeptanz eines Personal Computers ist nicht nur ein einwandfreies Funktionieren, die Ergonomie der Hardware sowie die Benutzerfreundlichkeit der Software maßgebend, sondern auch seine Verfügbarkeit und die Flexibilität bezüglich seiner Nutzung. Vgl. ALEANAKIAN, G., KÜHNAU, W.: a.a.O., S. 105.

Durch eine Schulung hinsichtlich der gesetzlichen Verpflichtung zum Datenschutz und der Erfordernis zur Datensicherung kann den Mitarbeitern die Notwendigkeit der Beachtung und Einhaltung der Sicherungsmaßnahmen verdeutlicht werden. Es liegt in der menschlichen Natur, vorhandene Maßnahmen nach einiger Zeit nicht mehr zu beachten bzw. sie zu umgehen. Vorgenommene Kontrollen des bDSB oder einer anderen für das Sicherheitssystem verantwortlichen Person verhindern die Nichtbeachtung und Umgehung einzelner Maßnahmen. Ohne diese Kontrollen sowie eine von Zeit zu Zeit durchgeführte Überprüfung auf Schwachstellen und eine nachfolgende Anpassung des Sicherungssystems lassen dieses schnell unwirksam werden.
Eine Aussage, welche der in den vorangestellten drei Kapiteln dargestellten Sicherungsmaßnahmen im Einzelfall zu ergreifen sind, ist nicht möglich. Nur die Synthese unterschiedlichster Maßnahmen zu einem umfassenden Sicherungssystem bietet Schutz vor auftretenden Gefährdungen. Absolute Sicherheit kann durch kein Datenschutz- und -sicherungskonzept erzielt werden.

LITERATUR

ABEL, H.: Datensicherung bei der Verarbeitung von Personaldaten, in: DuD: 4/1987, S. 185-188.

ABEL, H.: HICOM und seine Sicherungsmaßnahmen, in: DuD: 9/1987, S. 445-447.

ABEL, H., SCHMÖLZ, W.: Datensicherung für Betriebe und Verwaltung, München 1986.

AENGENENDT-PAPESCH, R.: Die Funktionen der Klein- und Mittelbetriebe in der wettbewerblichen Marktwirtschaft, Köln/Opladen 1962.

ALBACH, H., SCHWARTING, O.: Bildschirmtext und Mittelstand, Vortragsmanuskript für eine Rede im "Beirat für Fragen der gewerblichen Wirtschaft und der freien Berufe" im Bundeswirtschaftsministerium, Bonn, 22.7.1982.

ALBERS, F.: Datensicherheit beim Einsatz von Personal Computern, in: **WEBER, H., OPPERMANN, H. H., (Hrsg.):** PC - Betriebliche Anwendung und Praxis, Braunschweig/Wiesbaden 1985, S. 273-304.

ALBERS, F.: Datensicherheit beim Einsatz von Kleincomputern, in: **HEILMANN, W., REUSCH, G., (Hrsg.):** Datensicherheit und Datenschutz, Wiesbaden 1984, S. 43-68.

ALBERS, F.: Risiken beim Einsatz von Personalcomputern (PC) in: DuD: 4/1985, S. 201-207.

ALEANAKIAN, G., KÜHNAU, W.: Datensicherung bei Personalcomputern, Würzburg 1986.

AMELUNXEN, C.: Spionage und Sabotage im Betrieb, Heidelberg/Hamburg 1977.

ANTONUCCIO, A.: Tape Backup Systems, in: BYTE: Vol. 11, 5/1986, S. 227-232.

ARBEITSGEMEINSCHAFT des ARBEITSKREISES DATENSCHUTZ UND DATENSICHERUNG im G.U.I.D.E.: Datenschutz und Datensicherung bei individueller Datenverarbeitung (IDV), in: DuD: 4/1986, S. 238-247.

ARBEITSGEMEINSCHAFT FÜR KOMMERZIELLE SOFTWARE (ag-ks): Softwarereport 2, Integrierte Systeme im Vergleich, München 1985

ARBEITSGEMEINSCHAFT LOHN- UND GEHALTSABRECHNUNG (ALGA): Fragenkatalog zur Markterhebung 1985.

ARBEITSGEMEINSCHAFT FÜR WIRTSCHAFTLICHE VERWALTUNG e.V. (AWV): Risiken und Chancen beim Einsatz von IDV-Technologien, in: DuD: 3/1985, S. 151-156.

ARBEITSKREIS "DATENSCHUTZ" im SAVE: Datensicherungsmaßnahmen bei Einsatz von Personal Computern, in: DuD: 6/1986, S. 349-352.

BASTIAN, M.: Datenbanksysteme, Königstein 1982.

BAYER, R., ELLHARDT, K., KIEßLING, W., KILLAR, D.: Verteilte Datenbanken, in: INFORMATIK SPEKTRUM: 7/1984, S. 1-19.

BECKER, E. E.: Die Einflüsse der neueren technologischen Entwicklungen auf das Datenschutzrecht, in: DuD: 5/1987, S. 214-217.

BECKER, H., HORN, W.: Der Schutz von Computersoftware in der Rechtspraxis, in: DB: Nr. 24 vom 14.6.1985, S. 1274-1278.

BERTRAM, G.: Auch Mikrocomputerdaten sind schützenswert, in: COMPUTERWOCHE: 12. Jg., Nr. 24 vom 14.6.1985 S. 14/15.

BETH, T.: Kryptographie als Instrument des Datenschutzes, in: INFORMATIK SPEKTRUM: 5/1982, S. 82-96.

BETH, T., HEß, P., WIRL, K.: Kryptographie, Stuttgart 1983.

BfD: Achter Tätigkeitsbericht des Bundesbeauftragten für den Datenschutz, vorgelegt zum 1.1.1986, Bonn.

BfD: Neunter Tätigkeitsbericht des Bundesbeauftragten für den Datenschutz, vorgelegt zum 1.1.1987, Bonn.

BIETHAHN, J.: Die Bewältigung der Qualitätsansprüche im Bereich der EDV, in: BIETHAHN, J., STAUDT, E., (Hrsg.): Der Betrieb im Qualitätswettbewerb, Berlin 1982, S. 101-114.

BIETHAHN, J.: Entwicklung der Datenverarbeitung - Perspektiven der Datenverarbeitung, in: BIETHAHN, J., STAUDT, E., (Hrsg.): Datenverarbeitung in der praktischen Bewährung in privaten und öffentlichen Betrieben, München/ Wien 1984, S. 1-17.

BIETHAHN, J.: Datenverarbeitung für kleine und mittlere Unternehmen, unveröffentlichtes Vortragsmanuskript, Göttingen 1985.

BIETHAHN, J.: Lösungsansätze für die Anforderungen von kleinen und mittleren Unternehmen an die technische Entwicklung (im Bereich der Datenverarbeitung), unveröffentlichtes Vortragsmanuskript, Göttingen 1985.

BLOECH, J.: "Betriebs- und Unternehmensgröße", in: ALBERS, W., et al., (Hrsg.): Handwörterbuch der Wirtschaftswissenschaften, Stuttgart/New York 1977.

BOELL, H.-P.: Kopplung lokaler Netzwerke, in: DATACOM: 1/1984, S. 42-49.

BOSCH, W.: Bildschirmtext braucht Datensicherheit, in: Nachrichtentechnische Zeitschrift: 36. Jg., 8/1983, S. 500-504.

BRAUNISCH, L.: Lauschangriff auf unbekannte Schwachstelle, in: COMPUTERWOCHE: 13. Jg., Nr. 34 vom 22.8.1986, S. 27.

BREUER, R.: Computer-Schutz durch Sicherung und Versicherung, 2. Aufl., München 1984.

BREUER, R.: RZ-Sicherung durch Versicherung, in: Online: 12/1986, S. 30-33.

BÜLLESBACH, A.: Informationstechnologie und Datenschutz, München 1985.

BUNDESMINISTER DER FINANZEN: BMF-Schreiben vom 5.7.1978, - IV A7 - S 0316 - 7/78 (GoS): Grundsätze ordnungsmäßiger Speicherbuchführung, in: Bundessteuerblatt 1978, Teil I, S. 250-254.

BUSSE VON COLBE, W.: "Betriebsgröße und Unternehmensgröße", in: Handwörterbuch der Betriebswirtschaft, Bd. 1, 4. Aufl., Stuttgart 1974, Sp. 566-579.

CELLER, W.: Mehr Datensicherheit durch Kryptographie, in: IBM Nachrichten: 34. Jg., Nr. 270/1984, S. 31-35.

COHEN, F.: Computer Viruses - Thoery and Experiments, University of Southern California, 31.8.1984.

COMER, M. J.: Betrug im Unternehmen, Hamburg/New York 1987.

COMPUTER PRODUCT NEWS: Computer and professionals in Europe, Part 2, Strategies in the European Microcomputer Industry, Brüssel/New York 1986.

CORDROCH, C.: Wenn Kollege Computer zum Komplizen wird, in: Online: 3/1986, S. 65-67.

CORDROCH, C.: PC-Mainframe-Link ist das fehlende Glied in der DV-Welt, in: Online: 7/1987, S. 46-48.

CULLUM, P. G.: The transmission subsystem in Systems Network Architecture, in: IBM Systems Journal: Vol. 15, 1/1976, S. 24-38.

CZAP, H.: Einführung in die EDV, Würzburg/Wien 1976.

DAHMEN, H.: Sicherheit für das Rechenzentrum, in: ÖVD/Online: 5/1985, S. 46-50.

DAVIES, D. W., PRICE, W. L.: Security for Computer Networks. An introduction to Data Security in Teleprocessing and Electronic Funds Transfer, Chichester/New York/Brisbane/Toronto/Singapore 1984.

DER SPIEGEL: Märkte im Wandel, Bd. 12, Mikrocomputer für kommerzielle Anwendungen, Hamburg 1984.

DESMEDT, Y. G., VANDEWALLE, J. P., GOVAERTS, R. J. M.: A Critical Analysis of the Security of Knapsack Public-Key Algorithms, in: IEEE Transactions on Information Theory: Vol. 30, 4/1984, S. 601-611.

Die Deutsche Bundespost: Gebühren für den Bildschirmtext-Dienst, Stand: 1.2.1985.

DIERSTEIN, R.: Computer - Viren, Teil 1, in: KES: 3/1985, S. 77-86.

DIERSTEIN, R.: Sichere Paßwortverfahren, in KES: 3/1986, S. 115-118.

DIFFIE, W., HELLMAN, M. E.: New Directions in Cryptography, in: IEEE Transactions on Information Theory: Vol. 22, 6/1976, S. 644-654.

DIFFIE, W., HELLMAN, M. E.: Exhaustive Cryptanalysis of the NBS Data Encryption Standard, in: COMPUTER: 6/1977, S. 74-84.

DIFFIE, W., HELLMAN, M. E.: Privacy and Authentication: An Introduction to Cryptography, in: Proceedings of the IEEE: Vol. 67, 3/1979, S. 397-427.

DITTRICH, I.: Problemkreis Verträglichkeit, in: MARKT&TECHNIK: Nr. 47 vom 21.11.1986, S. 68/69.

DITTRICH, K. R., LOCKEMANN, P. C.: Datenbanken und Datenschutz, in: DuD: 2/1983, S. 90-95.

DIXON, R. C., STROLE, N. C., MARKOV, J. D.: A token-ring network for local data communication, in: IBM Systems Journal: Vol. 22/1,2 1983, S. 47-62.

DOMSCH, M.: Systemgestützte Personalarbeit, Wiesbaden 1980.

DRACK, G., GRÜNING, C.: Neuer Dienst mit alten Sorgen, in: Online: 6/1986, S. 54.

DREWS, H. L., KASSEL, H., STRNAD, P.: Lexikon Datenschutz und Datensicherung, 3. Aufl., Berlin/München 1986.

DROUX, R.: Physische EDV-Sicherheit, in: ZIMMELI, E., LIEBL, K., (Hrsg.): Computermißbrauch - Computersicherheit, Ingelheim 1984, S. 195-306.

DuD Checklist: Sicherung durch bauliche Maßnahmen, in: DuD: 3/1981, S. 215-222.

DWORATSCHEK, S., BÜLLESBACH, A., KOCH, H. R.: Personalcomputer und Datenschutz, Köln 1985.

EDERVEEN, H.: Vorsicht, Feind hört mit!, in: MARKT&TECHNIK: Nr. 33 vom 14.8.1987, S. 32-34.

EFFELSBERG, W., FLEISCHMANN, A.: Das ISO-Referenzmodell für offene Systeme und seine sieben Schichten, in: INFORMATIK SPEKTRUM: 9/1986, S. 280-299.

EISFELD, C.: Betrieb, Firma, Unternehmung. Die drei Einheiten. in: FETTEL, H., LINDHARDT, H., (Hrsg.): Der Betrieb in der Unternehmung, Stuttgart 1963, S. 1ff.

ESCHEN, H.-J.: Möglichkeiten der Prüfung von EDV-Buchführungssystemen im Rahmen der Abschlußprüfung, Schwarzenbeck 1983.

FAST Electronics GmbH: Produktinformation Paralleles HARD-LOCK, München 1987.

FEHLHABER, R. F. G.: Datenschutzbeauftragte - extern oder intern?, in: DuD: 5/1987, S. 238-240.

FEISTEL, H.: Chiffriermethoden und Datenschutz, Teile 1 u. 2 in: IBM Nachrichten: Jg. 24/1974, Nrn. 219/220, S. 21-26 und S. 99-102.

FIEDLER, H.: Datenschutz und Gesellschaft, in: STEINMÜLLER, W., (Hrsg.): Informationsrecht und Informationspolitik, Bd. 1, München 1976, S. 179-195.

FILIPSKI, A., HANKO, J.: Making UNIX Secure, in: BYTE: Vol. 11, 4/1986, S. 113-128.

FINKE, W. F.: Individuelle Datenverarbeitung und zentrale Datenbanken - Anwendungsdesign mit integrierten PC-Softwaresystemen, zentralen Datenbanken und Standardkommunikationsprogrammen, in: AI: 3/1986, S. 101-109.

FISCHER, T.: Computer-Kriminalität, Bern 1979.

FRANCK, R.: Rechnernetze und Datenkommunikation, Berlin/Heidelberg/New York/Tokyo 1986.

FUTH, H.: Rationalisierung der Datenverarbeitung, Bd. 2: Planung und Einrichtung von EDV-Abteilungen, München/Wien 1976.

GAITANIDES, M.: Personal Computer Einsatz - Entwicklungsstand und -perspektiven. Ergebnisse einer empirischen Untersuchung, in: AI: 8/1985, S. 319-327.

GANTZEL, K.-J.: Wesen und Begriff der mittelständischen Unternehmung, Köln/Opladen 1962.

GARBERS, N.: Programme in Host und PC wechseln wie Schloß und Schlüssel, in: COMPUTERWOCHE: 13. Jg., Nr. 37 vom 12.9.1986, S. 39-42.

GDD: Dok. 10, Bonn 1979.

GI-ARBEITSKREIS "Anwendungen im Bereich Marketing-Informationssysteme für den EDV-Vertrieb": Würzburger Hardware Katalog, Stand: 8.Juli 1986.

GILLNER, R.: Datenbanken auf Arbeitsplatzrechnern, München/Wien 1984.

GOTHEIN, G.: Mittelstand und Fleischnot, öffentlich gehaltener Vortrag im Greifswald am 20.10.1905, Berlin 1906, zitiert nach GANTZEL, K.-J.: Wesen und Begriff der mittelständischen Unternehmung, Köln/Opladen 1962.

GRAF LAMBSDORFF, O.: Aufgaben für die Betriebswirtschaftslehre kleiner und mittlerer Betriebe, in: ALBACH, H., HELD, T., (Hrsg.): Betriebswirtschaftslehre mittelständischer Unternehmen, Stuttgart 1984, S. 5-16.

GRAEF, M., GREILLER, R.:: Organisation und Betrieb eines Rechenzentrums, 2. Aufl., Stuttgart 1982.

GREEN, P. E.: An introduction to network architectures and protocols, in: IBM Systems Journal: Vol. 18, 2/1979, S. 202-220.

GRIESE, J., KURPICZ, R.: Ausgewählte Ergebnisse einer empirischen Untersuchung zum DV-Einsatz in kleinen und mittleren Unternehmen, Arbeitsbericht Nr. 1 des Instituts für Wirtschaftsinformatik, Universität Bern, Oktober 1984.

GROCHLA, E.: Organisation und Organisationsstruktur, in: Handwörterbuch der Betriebswirtschaft, Bd. 2, 4. Aufl., Stuttgart 1975, Sp. 2846-2868.

GROCHLA, E.: Grundlagen der organisatorischen Gestaltung, Stuttgart 1982.

GROCHLA, E.: Dezentralisierungs-Tendenzen im Betrieb durch Einsatz moderner Datenverarbeitung, in: AI: 12/1976, S. 511-521.

GROCHLA, E.: Betriebliche Konsequenzen der informationstechnologischen Entwicklung, in: AI: 2/1982, S. 62-71.

GROCHLA, E., ALBERS, F., RÜSCHENBAUM, F.: Entwicklung eines Datenschutz- und Datensicherungskonzeptes für den Einsatz von Personal Computern und MDT-Anlagen, Forschungsbericht, München 1984.

GROCHLA, E., SCHACKERT, H. R.: Datenschutz im Betrieb, Braunschweig/Wiesbaden 1982.

GROCHLA, E., WEBER, H., WERHAHN, T.: Betrieblicher Datenschutz für Mitarbeiter, Köln 1983.

GROCHLA, E., WEBER, H., WERHAHN, T.: Kosten des Datenschutzes in der Unternehmung, Braunschweig/Wiesbaden 1985.

GROLLMANN, J.: Anwendungen und Verfahren der Kryptographie, in: Online: 5/1983, S. 54-58.

GROOVER, M. P., ZIMMERS, E. W.: CAD/CAM: Computer-Aided Design and Manufacturing, Englewood Cliffs, New Jersey 1984.

GRUHLER, W.: Wirtschaftsfaktor Mittelstand, Köln 1984.

HAHNE, B., KASSEL, H.: Datensicherung, Berlin/München 1983.

HANSEN, H. R.: Wirtschaftsinformatik I, 5. Aufl., Stuttgart 1986.

HEIDER, F.-P.: Asymmetrische Verschlüsselung in Datennetzen, in: COMPUTERWOCHE: 12. Jg., Nr. 25 vom 21.6.1985, S. 34-36.

HEIDER, F.-P.: Viren können als abstrakte Kanäle angesehen werden, in: COMPUTERWOCHE: 12. Jg., Nr. 38 vom 20.9.1985, S. 78/79.

HEIDER, F.-P., KRAUS, D., WELSCHENBACH, M.: Mathematische Methoden der Kryptoanalyse, Braunschweig/Wiesbaden 1985.

HEIDINGER, J. L.: Computer-Kriminalität, in: GELDINSTITUTE: 5/1984, S. 51/52.

HEIDINGER, J. L.: EDV-Versicherungen, in: KES: 6/1986, S. 310-317.

HEIDINGER, J. L., ANDRICH, R.: Datensicherung im Unternehmen, Landsberg/Lech 1987.

HEIL, B.: Anforderungen an ein integriertes LuG-Programmpaket - eine kritische Analyse eines bestehenden Programmsystems, Diplomarbeit, Göttingen 1986.

HEINEN, E., (Hrsg.): Industriebetriebslehre, 8.Aufl., Wiesbaden 1985.

HELLMAN, M. E.: An Extension of the Shannon Approach to Cryptography, in: IEEE Transactions on Information Theory: Vol. 23, 3/1977, S. 289-294.

HELLMAN, M. E.: The Mathematics of Public-Key Cryptography, in: SCIENTIFIC AMERICAN: Vol. 241, 2/1979, S. 130-149.

HELLMAN, M. E.: A Cryptographic Time-Memory Trade off, in: IEEE Transactions on Information Theory: Vol. 26, 4/1980, S. 401-406.

HENTSCHEL, B., GLISS, H., WRONKA, G.: Vorrangige Rechtsvorschriften bei Personalinformations- und -abrechnungssystemen, Köln 1984.

HENTSCHEL, B., KOLZTER, H.-J.: Lohn- und Gehaltsabrechnung - heute, in: HENTSCHEL, B., (Hrsg.): 1. Jahrbuch Lohn- und Gehaltsabrechnung, Köln 1984, S. 9-14.

HENZE, E.: Kryptographie und Nachrichtenübertragung, in: ENDRES, A., SCHÜNEMANN, C., (Hrsg.): Informationsverarbeitung und Kommunikation, Bad Neuenahr 1979, S. 73-91.

HERB, A.: Verweisungsfehler im Datenschutzstrafrecht, Braunschweig/Wiesbaden 1986.

HERRMANN, G., LINDEMANN, P., NAGEL, K.: Datenschutz und Datensicherung, Teile 1, 2, in: IBM Nachrichten: Jg. 23/1973, Nrn. 217, 218, S. 760-764 und S. 836-840.

HOBGOOD, W. S.: The role of the Network Control Program in Systems Network Architecture, in: IBM Systems Journal: Vol. 15, 1/1976, S. 39-52.

HÖFER, H.: Erfordernisse der Personaldatenverarbeitung im Unternehmen, Braunschweig/Wiesbaden 1983.

HOFF, H.: Personal Computer für Kleinbetriebe, Köln 1985.

HOPPENRATH, D.: Abgeschlossen - Test: IBD-Datensicherheit-Paket, in: PC Magazin: Nr. 27 vom 24.6.1987, S. 52-58.

HORSTER, P.: Kryptologie, Mannheim/Wien/Zürich 1985.

HORVATH, P., PETSCH, M., WEIHE, M.: Standardanwendungs-Software für das Rechnungswesen, 2. Aufl., München 1986.

IBM: Betriebssystem DOS-Handbuch, Version 2.1, Glasgow 1984.

INMAC-KATALOG: Raunheim/Düsseldorf/München, Oktober 1987.

KAFKA, G.: Grundlagen der Datenkommunikation, Teil 1, in: DATACOM: 1/1984, S. 53-55.

KALSCHEUER, H. D.: Die Netze stehen - gefordert sind motivierte Manager, in: DuD: 5/1987, S. 230-238.

KAUFFELS, F.-J.: Lokale Netze - Status quo und Progress, in: AI: 11/1983, S. 465-475.

KAUFFELS, F.-J.: Lokale Netze, Köln-Braunsfeld 1984.

KAUFFELS, F.-J.: Verbund von PC's mittels lokaler Netze, in: DATACOM: 2/1984, S. 39-44.

KAUFFELS, F.-J.: Personal Computer und lokale Netzwerke, Haar b. München 1986.

KAUFFELS, F.-J.: PC-Vernetzung gewinnt an Bedeutung, in: Markt & Technik: Nr. 44 vom 31.10.1986, S. 279-281.

KELLERMAYR, K. H.: Lokale Computernetze - LAN, Wien/New York 1986.

KELLERWESSEL, P.: Führungsinformationen in Klein- und Mittelbetrieben, Frankfurt/Bern/New York/Nancy 1984.

KELLERWESSEL, P.: Grundlegende Probleme des EDV-Einsatzes, in: PFOHL, H.-C., (Hrsg.): Betriebswirtschaftslehre der Mittel- und Kleinbetriebe, Berlin 1982, S. 225-246.

KERNIGHAN, B. W., RITCHIE, D. M.: Programmieren in C, München 1983.

KETELSEN, C., MÜLLERT, N. R.: Datenschutz: Unterrichtseinheit zum VHS-Zertifikat Informatik, Frankfurt/Main 1981.

KITTEL, T.: Produktionsplanung und -steuerung im Klein- und Mittelbetrieb, Grafenau 1982.

KÖMPEL J., SCHÄFER, H.: Der PC aus der Sicht kommunaler Revision, in: Online: 11/1986, S. 78-81.

KOENEN, H.: Gefahr: Abstrahlung, in: KES: 2/1985, S. 60/61.

KONHEIM, A. G.: Cryptography: A Primer, New York/Chichester/Brisbane/Toronto 1981.

KRABEL, E.: Die Viren kommen, in: c't: 4/1987, S. 108-117.

KRETZSCHMAR, M., MERTENS, P.: Verfahren zur Vorbereitung der Zentralisierungs-/Dezentralisierungsentscheidung in der betrieblichen Datenverarbeitung, in: **INFORMATIK SPEKTRUM**: 5/1982, S. 237-251.

KRÖGER, S.: Elektroschock im Mikrochip, in: **CHIP**: 3/1986, S. 66-68.

KRÖGER, S.: Schrägspur-Streamer, in: **CHIP**: 10/1986, S. 45-47.

KRYPTO-SOFT GmbH: Produktinformation KRYPTO-STAR, Bergisch Gladbach, Mai 1987.

KULLING, F.: DV-Chefs spielen zu oft "russisches Roulett", in: **COMPUTERWOCHE**: 11. Jg., Nr. 32 vom 10.8.1984, S. 19.

LACHNIT, L.: EDV-unterstütztes Controlling in mittelständischen Unternehmen, in: **Controlling**: (1) 3/1984, S. 91-102.

LAGGER, H., MÜLLER-SCHLOER, D., UNTERBERGER, H.: Sicherheitsaspekte in rechnergesteuerten Kommunikationssystemen, in: **Elektronische Rechenanlagen**: 6/1980, S. 276-280.

LAICHER, E.: Ist der Datenschutz durch PC's gefährdet?, in: RDV: 2/1987, S. 53-58.

LANG, F.-J.: Wie sicher sind Daten im PC?, in: **PERSONAL COMPUTER**: 3/1987, S. 112-114.

LEFKON, D.: A LAN Primer, in: **BYTE**: 7/1987, S. 147-154.

LEHMANN, H.: "Aufbauorganisation", in: Handwörterbuch der Betriebswirtschaft, Bd. 1, 4. Aufl., Stuttgart 1974, Sp. 290-298.

LEIBROCK, D., GUTMANN, W.: Datenschutz und Datensicherung, Teil 4, in: **IBM Nachrichten**: Jg. 24/1974, Nr. 220, S. 103-107.

LEICHT, A.: Computerspionage - Die "besondere Sicherung gegen unberechtigten Zugang" (§ 202a StGB), in: iur: 2/1987, S. 45-53.

LEICHTMANN, H.: Zarte Ansätze zum Netzwerkmanagement, in: Online: 8/1986, S. 18-22.

LEUE, G.: Electronic- Mailbox-System, in: **DATACOM**: 3/1984, S. 38-39.

LIEBL, K.: Erscheinungsformen und beispielhafte Fälle, in: ZIMMERLI, E., LIEBL, K., (Hrsg.): Computermißbrauch - Computerkriminalität, Ingelheim 1984, S. 25-81.

LINDEMANN, P.: Datenschutz und Datensicherheit, in: HÜLCK, K., MRACHACZ, H.-P., SOLF, H., (Hrsg.): EDV-Leiter-Handbuch, München 1976, S. 649-675.

LINDEMANN, P.: Der betriebliche Datenschutzbeauftragte (bDSB) im Spannungsfeld der Interessen, in: DuD: 1/1977, S. 1ff.

LINDEMANN, P., NAGEL, K., HERRMANN, G.: Datenschutzausbildungspaket, München/Wien 1977.

LÜCKE, W.: Betriebs- und Unternehmensgröße, Stuttgart 1967.

LUTZ, T.: Der Personal Computer - heute und morgen, in: WEBER, H., OPPERMANN, H.H., (Hrsg.): PC - Betriebliche Anwendung und Praxis, Braunschweig/Wiesbaden 1985, S. 16-34.

MARTIN, G.: Benutzerinterface überfordert ungeübte User, in: COMPUTERWOCHE: 13. Jg., Nr. 45 vom 7.11.1986, S. 40.

MARTIN, J.: Einführung in die Datenbanktechnik, München/Wien 1981.

MARTIN, J.: Design and strategy for distributed data processing, Englewood Cliffs/New Jersey 1981.

McFADYEN, J. H.: Systems Network Architecture: An overview, in: IBM Systems Journal: Vol. 15, 1/1976, S. 4-23.

MEIßNER, K.: Arbeitsplatzrechner im Verbund, München/Wien 1985.

MELLER, F.: Die Gliederung der Datenverarbeitungsstelle und ihre Einordnung in die Organisation der Unternehmung, Wiesbaden 1967.

MENNE, B.: Passwort-Sicherung gegen PC-Spione, Teil 1, in: COMPUTERWOCHE: 14. Jg., Nr. 8 vom 20.2.1987, S. 64.

MENNE, B.: Passwort-Sicherung gegen PC-Spione, Teil 2, in: COMPUTERWOCHE: 14. Jg., Nr. 9 vom 27.2.1987, S. 30-32.

MENNE, B.: Passwort-Sicherung gegen PC-Spione, Teil 3, in: COMPUTERWOCHE: 14. Jg., Nr. 10 vom 6.3.1987, S. 28/29.

MERKLE, R. C., HELLMAN, M. E.: On the Security of Multiple Encryption, in: CACM: Vol. 24, 7/1981, S. 465-467.

MERTENS, P.: Aufbauorganisation der Datenverarbeitung, Wiesbaden 1985.

MERTENS, P.: Zwischenbetriebliche Integration der EDV, in: INFORMATIK SPEKTRUM: 8/1985, S. 81-90.

MEYER, C. H.: Criteria for Designing a Cryptographic Algorithm, in: DuD: 2/1982, S. 104-108.

MEYER, C. H.: Block Cipher and Stream Cipher - Two different Encryption Concepts, in: DuD: 3/1982, S. 181-188.

MEYER, C. H., MATYAS S. M.: The Role of Cryptography in electronic Data Processing, in: DuD: 3/1981, S. 174-180.

MEYER, C. H., MATYAS S. M.: Cryptography: A New Dimension in Computer Data Security, New York/Chichester/Brisbane/Toronto/Singapore 1982.

MEYER, W.: Auch UNIX ist nicht gegen Hacker gefeit, in: COMPUTERWOCHE: 14. Jg., Nr. 40 vom 2.10.1987, S. 11-14.

MicroPhase: mPROTECT-Handbuch, München 1986.

MISCO-KATALOG: Mörfelden-Walldorf, Oktober/November 1987.

MÜLLER-BÖLING, D., MÜLLER, M.: Akzeptanz und Wirtschaftlichkeit integrierter Bürosysteme, München/Wien 1986.

MÜLLER-ZANTOP, S.: Das große Umdenken, Neue IBM-PC-Generation, in: PC-MAGAZIN: Nr. 22 vom 20.5.1987, S. 84-92.

MURRAY, W. H.: Security considerations for personal computers, in: IBM Systems Journal: Vol. 23, 3/1984, S. 297-304.

NACHTMANN, L.: Abhören von Computern, in: CHIP: 11/1986, S. 252-254.

NACHTMANN, L.: Gegen den Datenklau, in: CHIP: 12/1986, S. 84-87.

National Bureau of Standards U.S. Department of Commerce: Federal Information Processing Standard (FIPS), Publication 46, Wachington D.C., Januar 1977.

NIEDEREICHHOLZ, J.: Datenbanksysteme - Aufbau und Einsatz, 2. Aufl., Würzburg/Wien 1981.

NORTON, P.: MS-DOS und PC-DOS, München/Wien 1985.

NORTON, P.: The NORTON UTILITIES Manual, Version 4.0, Santa Monica, California 1987.

OBELODE, G.: "Datenverarbeitungsorganisation II", in: Handwörterbuch der Organisation, Sp. 526-535.

OBELODE, G., WINDFUHR, M.: Datenschutz und Datensicherung, Teil 5, in: IBM Nachrichten: Jg. 24/1974, Nr. 221, S. 232-236.

ODLYZKO, A. M.: Cryptanalytic Attacks on the Multiplicative Knapsack Cryptosystem and on Shamir's Fast Signature Scheme, in: IEEE Transactions on Informations Theory: Vol. 30, 4/1984, S. 594-600.

o.V.: Bit-Napper & Co., Den Software-Klauern an den Kragen, in: CHIP: 2/1984, S. 16-21.

o.V.: Gefährlicher Funkenschlag, in: CHIP: 9/1984, S. 200-202.

o.V.: Rechner zwischen heiß und kalt, in: CHIP: 10/1984, S. 272-274.

o.V.: Hilfe für den Ernstfall, in: CHIP: 11/1984, S. 304-309.

o.V.: Viren greifen an, in: CHIP: 2/1986, S. 26-28.

o.V.: Preiswertes Backup mit militärischer Sicherheit: Video Data System, in: Computer persönlich: Nr. 19 vom 4.9.1985, Sonderdruck ohne Seitenangabe.

o.V.: Der Softwaremarkt für Mikrocomputer, Auszüge aus der PC-Studie 1984, in: COMPUTERWOCHE: 11. Jg., Nr. 48 vom 30.11.1984, S. 34.

o.V.: Der Computer modifiziert alle klassischen Tatbestände, in: COMPUTERWOCHE: 12. Jg., Nr. 25 vom 21.6.1985, S. 24-27.

o.V.: Versicherungen: Risikopuffer der Computerkriminalität, in: COMPUTERWOCHE: 12. Jg., Nr. 43 vom 25.10.1985, S. 31/32.

o.V.: Die Dateneingabemanipulation bereitet die größten Probleme, in: COMPUTERWOCHE: 12. Jg., Nr. 43 vom 25.10.1985, S. 33-36.

o.V.: LAN-Marktübersicht, in: COMPUTERWOCHE: 13. Jg., Nr. 22 vom 30.5.1986, S. 54-57.

o.V.: ICLs neues Bürosystem sprengt PC-Rahmen, in: COMPUTERWOCHE: 13. Jg., Nr. 26 vom 27.6.1986, S. 16.

o.V.: Bei Minis herrschen Nixdorf, IBM und DEC, in: COMPUTERWOCHE: 13. Jg., Nr. 27 vom 4.7.1986, S. 1.

o.V.: DEC baut Verbindung zur IBM-Welt aus, in: DATACOM: 5/1985, S. 25.

o.V.: Der DES-Algorithmus, in: Datenschutz-Berater: 6/1985, S. 1-8.

o.V.: Methode Aschenputtel, in: DER SPIEGEL: Nr. 25/1984, S. 56/57.

o.V.: Synopse zur Novelle des Bundesdatenschutzgesetzes, in: DuD: 2/1986, S. 75-99.

o.V.: Wie sicher ist Btx?, in: KES: 1/1985, S. 6-11.

o.V.: Hacker = Mafia?, in: KES: 5/1986, S. 232-234.

o.V.: Das Problem ist nicht der Hacker, in: ÖVD/Online, 10/1985, S. 36-38.

o.V.: Bürosysteme auf dem Vormarsch, in: Online: 7/1986, S. 14.

o.V.: Software-Piraten sollen es schwerer haben, in: ORGADATA: 2/1985, S. 34-36.

o.V.: Auf Nummer sicher, in: PC Magazin: Nr. 26 vom 16.6.1987, S. 16.

o.V.: Fast zu sicher, in: PC Magazin: Nr. 27 vom 24.6.1987, S. 61-64.

o.V.: Keine Chance für Codebrecher, in: PC Magazin: Nr. 27 vom 24.6.1987, S. 64-68.

o.V.: Personalcomputer bilden ein großes Risikopotential für schutzwürdige Daten, Interview mit B. Hentschel, in: PC WELT: 1/1987, S. 39.

o.V.: Sicherheits-Maßnahmen, in: PC WELT: 3/1987, S. 18-30.

o.V.: Datenschutz und Datensicherung bei PC's, in: RDV: 1/1986, S. 50-52.

o.V.: Neue Straftatbestände bei mißbräuchlicher Datenverarbeitung, (2. WiKG), in: RDV: 3/1986, S. 159/160.

o.V.: Datenschützer: Mit Argusaugen, in: WIRTSCHAFTSWOCHE: Nr. 37 vom 5.9.1986, S. 70-75.

PAWLIKOWSKY, G. J.: Punktuation von Grundsätzen zur Datensicherung, in: DuD: 2/1985, S. 105-112.

PCPLUS GmbH: pc+master Handbuch, München 1986.

PCPLUS GmbH: pc+softlock Handbuch, München 1986.

PEEZ, L.: Wie man den Datenschutzbeauftragten richtig einsetzt, Wiesbaden 1978.

PEISL, A.: Dienstleistung und'Verwaltung als Einsatzgebiet von Automationstechnologie, in: BIETHAHN, J., STAUDT, E., (Hrsg.): Automation in Industrie und Verwaltung, Berlin 1981, S. 55-77.

PFITZMANN, A.: Die Infrastruktur der Informationsgesellschaft, in: DuD: 6/1986, S. 353-359.

PFITZMANN, A., PfITZMANN, B., WAIDNER, M.: Technischer Datenschutz in dienstintegrierenden Digitalnetzen - Warum und wie?, in: DuD: 3/1986, S. 178-191.

PFOHL, H.-C., KELLERWESSEL, P.: Abgrenzung der Klein- und Mittelbetriebe von Großbetrieben, in: PFOHL, H.-C., (Hrsg.): Betriebswirtschaftslehre der Mittel- und Kleinbetriebe, Berlin 1982, S. 9-34.

PILLER, E., WEIßENBRUNNER, A.: Software-Schutz, Wien/New York 1986.

PLEITNER, H. J.: Die Arbeitszufriedenheit von Unternehmern und Mitarbeitern in gewerblichen Betrieben, Berlin/München/ St. Gallen 1981.

POHL, H.: Krimineller Mißbrauch von Mikrocomputern, in: DuD: 2/1987, S. 80-85.

POHLE, E.: Praktikable Datensicherung bei Kleincomputern, Köln 1985.

PURDY, G. B.: A High Security Log-in Procedure, in: **CACM**: Vol. 17, 8/1974, S. 442-445.

RASEK, W.: Datenschutz: Spione unerwünscht, in: **COMPUTER MAGAZIN**: 10/1983, S. 61-62.

RAUCH, W.: Datensicherung in der Datenfernübertragung durch Verschlüsselung, in: DuD: 4/1979, S. 242-247.

REFA: Methodenlehre der Organisation, Bd. 2: Aufbauorganisation, München 1985.

RENNER, G.: Entwicklungsstand und Einsatzmöglichkeiten mikrocomputergestützter Datenverwaltungssysteme, in: WEBER, H., OPPERMANN, H. H., (Hrsg.): PC - betriebliche Anwendung und Praxis, Braunschweig/Wiesbaden 1985, S. 123-157.

RIHACZEK, K.: Der Data-Encryption-Standard, in: DuD: 3/1979, S. 196-201.

RIHACZEK, K.: Die Verwendung kryptographischer Verfahren, in: DuD: 2/1980, S. 99-102.

RIHACZEK, K.: Datenschutz und Kommunikationssysteme, Braunschweig/Wiesbaden 1981.

RIHACZEK, K.: Verschlüsselung ohne Vorurteile, in: DuD: 3/1981, S. 169-173.

RIHACZEK, K.: Authentikation in Kommunikationssystemen mit Hilfe der Verschlüsselung, in: DuD: 2/1982, S. 94-103.

RIHACZEK, K.: Datenverschlüsselung in Kommunikationsystemen, Braunschweig/Wiesbaden 1984.

RIHACZEK, K.: Authentifizieren, Authentisieren/-zieren, Authentikator, in: DuD: 4/1987, S. 192.

RIVEST, R. L.: Critical Remarks on "Critical Remarks on Some Public-Key Cryptosystems" by Herlestam, in: **BIT**: Vol. 19, 4/1979, S. 274-275.

RIVEST, R. L., SHAMIR, A., ADLEMAN, L.: A Method for Obtaining Digital Signatures and Public-Key Cryptosystems, in: **CACM**: Vol. 21, 2/1978, S. 120-126.

RÖSSLE, K.: Allgemeine Betriebswirtschaftslehre, 5. Aufl., Stuttgart 1956.

ROTERMUND, H.: Sichere Datenrettung, in: **CHIP**: 5/1987, S. 178-183.

RYSKA, N., HERDA, S.: Kryptographische Verfahren in der Datenverarbeitung, Berlin/Heidelberg/New York 1980.

SATTLER, J., SCHNORR, C. P.: Ein Effizienzvergleich der Faktorisierungsverfahren von Morrison-Billhardt und Schroeppel, in: **COMPUTING**: Vol. 30, 6/1983, S. 91-110.

SCHADENSSPIEGEL DER MÜNCHNER RÜCKVERSICHERUNGSGESELLSCHAFT:
Heft 2, München 1978.

SCHÄFER, G.: Speicherung und Retrieval persönlicher Datenbestände mit Personalcomputern, in: WEBER, H., OPPERMANN, H. H., (Hrsg.): PC - Betriebliche Anwendung und Praxis, Braunschweig/ Wiesbaden 1985, S. 158-175.

SCHEUERNSTUHL, G.: Data Dictionary, in: SCHNEIDER, H.-J., (Hrsg.): Lexikon der Informatik und Datenverarbeitung, München 1983, S. 117-118.

SCHICKER, P.: Datenübertragung und Rechnernetze, Stuttgart 1983, S. 187.

SCHLAGETER, G., STUCKY, W.: Datenbanksysteme: Konzepte und Modelle, 2. Aufl., Stuttgart 1983.

SCHLENZ, H.: UNIX - quo vadis?, in: MARKT&TECHNIK: Nr. 39 vom 25.9.1987, S. 88.

SCHMELTER, H.: Organisatorische Auswirkungen des EDV-Einsatzes in Klein- und Mittelbetrieben, Zürich/Frankfurt/Thun 1977.

SCHMIDT, R.: Selbstbestimmung in der mittleren Unternehmung, Frankfurt/Bern/Cirencester 1980.

SCHMIDT, W.: Kompromittierende Abstrahlung, in: DuD: 6/1987, S. 276-279.

SCHNEIDER, J.: Datenschutz - Datensicherung, Beiträge zur integrierten Datenverarbeitung in der öffentlichen Verwaltung, Heft 5, Siemens AG, München 1971.

SCHNUPP, P.: Rechnernetze, 2. Aufl., Berlin/New York 1982.

SCHOLL, G.: Hardware-Schutz für EDV-Systeme, in: Markt&Technik: Nr. 35 vom 28.8.1987, S. 22-26.

SCHOPPE, A.: Einsatzmöglichkeiten der Kryptographie als Methode des Datenschutzes für kleine und mittlere Betriebe, Diplomarbeit, Göttingen 1986.

SCHULZE, H. H.: Datenverarbeitung in kleinen und mittleren Unternehmen, München/Wien 1983.

SCHULZE, J. H.: Datenschutz in der Datenverarbeitung, in: IBM Nachrichten: Jg. 21/1971, Nr. 205, S. 640-645.

SCHWARZ, H.: Betriebsorganisation als Führungsaufgabe, 6. Aufl., München 1973.

SEIBT, D.: "Datenverarbeitungsorganisation I", in: Handwörterbuch der Organisation, Sp. 513-526.

SEYFFERT, R.: Über Begriff, Aufgaben und Entwicklung der Betriebswirtschaftslehre, 4. Aufl., Stuttgart 1957.

SIEBER, U.: Computerkriminalität und Strafrecht, 2. Aufl., Köln 1980.

SIEBER, U.: Gefahr und Abwehr der Computerkriminalität, in: Betriebs-Berater: Heft 24 vom 30.8.1982, S. 1433-1442.

SIMITIS, S., et al.: Kommentar zum Bundesdatenschutzgesetz, 3. Aufl., Baden-Baden 1981.

SIEMENS AG: SINIX, Buch 1, V1.0C, München 1986.

SINUS Computer GmbH: VDS-Argumentationsliste, München 1986.

SOFTWARE DYNAMICS GmbH: SECOND CHANCE Bedienerhandbuch, Bremen 1987.

SORG, S., MATHEJA, E.: Akzeptanz und Wirtschaftlichkeit integrierter Bürosysteme, in: KRALLMANN, H., (Hrsg.): Informationsmanagement auf der Basis integrierter Bürosysteme, Berlin 1986, S. 61-90.

SORKIN, A.: Lucifer, A Cryptographic Algorithm, in: CRYPTOLOGIA: Vol. 8, 1/1984, S. 22-35.

SPANIOL, O.: Lokale Netze: Architektur, Standards, Internetting, in: HANSEN, H. R., (Hrsg.): Büroinformations- und -kommunikationssysteme, Berlin/Heidelberg/New York 1982, S. 1-17.

SPANIOL, O.: Konzepte und Bewertungsmethoden für lokale Rechnernetze, in INFORMATIK SPEKTRUM: 5/1982, S. 152-170.

STADLER, N.: Datensicherung durch Organisation, Freiburg 1975.

STADLER, N.: Datensicherung durch Organisation: Voraussetzung des Datenschutzes, 2. Aufl., Freiburg 1980.

STAHLKNECHT, P.: Merkmale des Einsatzes von Online-Systemen im Finanz- und Rechnungswesen, in: STAHLKNECHT, P., (Hrsg.): Online-Systeme im Finanz- und Rechnungswesen, Berlin/Heidelberg/New York 1980, S. 32-42.

STAHLKNECHT, P.: Einführung in die Wirtschftsinformatik, 3. Aufl., Berlin/Heidelberg/New York/Tokyo 1987.

STEDING, P.: Kommerzielle Anwendungen dominieren die Szene, in: COMPUTERWOCHE: 13. Jg., Nr. 45 vom 7.11.1986, S. 35/36.

STEIERT, W.: Trends bei der Integration von Daten, Text, Sprache und Festbild, in: KRALLMANN, H., (Hrsg.): Informationsmanagement auf der Basis integrierter Bürosysteme, Berlin 1986, S. 11-21.

STEINBAUER, D., WEDEKIND, H.: Integritätsaspekte in Datenbanksystemen, in: INFORMATIK SPEKTRUM: 8/1985, S. 60-68.

STEINBUCH, P. A.: Organisation, 6. Aufl., Ludwigshafen 1987.

STEINER, J.: Die personelle Führungsstruktur in mittelständischen Betrieben, Göttingen 1980.

STEUER, D.: Verschiedene Sicherheitsstufen im Fernzugriff, in: COMPUTERWOCHE: 12. Jg., Nr. 25 vom 21.6.1985, S. 29/30.

SULLIVAN, T. P.: Communications Network Management for SNA networks: An overview; in: IBM Systems Journal: Vol. 22, 1,2/1983, S. 129-142.

THOMAS, G.: Laws of Unreliability, zitiert nach FISCHER, T.: Computer-Kriminalität, Bern 1979, S. 3.

THORMANN, P.: Konzepte zur Wahrung der Ordnungsmäßigkeit in Informationssystemen, Thun/Frankfurt 1984.

THÜRBACH, R.-P., MENZENWERTH, H.-H.: Die Entwicklung der Unternehmensgrößen in der Bundesrepublik Deutschland von 1962 bis 1972, Göttingen 1975.

TSCHAMMER-OSTEN, B., MÜHLBACH, M., BÖHNKE, J.: BTX mit Mikrocomputern, Düsseldorf/Berkeley/Paris 1985.

uti-maco Software GmbH: SAFE-GUARD Handbuch, Frankfurt 1987.

VOR DER BRÜCK, H.: Verschlüsselung als Hilfsmittel für die Benutzer- und Zugriffskontrolle, in: Datenschutz-Berater: 6/1980, S. 1-4.

VON ZUR MÜHLEN, R. A. H.: Computer-Kriminalität, Gefahren und Abwehrmaßnahmen, Neuwied 1973.

WECK, G.: Datensicherheit, Stuttgart 1984.

WEDEKIND, H.: Datenbanksysteme I, 2. Aufl., Mannheim/Wien/Zürich 1981.

WENINGER, L.: Produktübersicht: Typen, Merkmale und Prinzipien unterschiedlicher Konzepte für lokale Netzwerke, in: HANSEN, H. R., (Hrsg.): Büroinformations- und -kommunikationssysteme, Berlin/Heidelberg/New York 1982, S. 18-32.

WENG, G.: Raubkopierer auf Beutezug, in: CHIP: 7/1984, S. 24-28.

WEYER, H., PÜTTER, P. S.: Organisation und Technik der Datensicherung: Empfehlungen aus der Kontrollpraxis, Köln 1983.

WICKERTSHEIM, P.: Technische Realisierung von Btx für die Deutsche Bundespost, in: KRÜCKEBERG, F., SCHINDLER, S., SPANIOL, O., (Hrsg.): Offene multifunktionale Büroarbeitsplätze und Bildschirmtext, Berlin/Heidelberg/New York/Tokyo 1985, S. 20-35.

WIESNER, B.: Der Schutz von Daten in Computersystemen ist durch Kryptographie allein nicht gewährleistet, in: DuD: 4/1981, S. 265-268.

WOLF, K.: Vorbeugen mit Backup-Systemen, in: **CHIP:** 10/1987, S. 290-298.

WONG, K.: The Hackers and Computer Crime, in: **DuD:** 3/1986, S. 192-195.

WÜBBENHORST, K. L.: Personalwesen, in: **PFOHL, H.-C., (Hrsg.):** Betriebswirtschaftslehre der Mittel- und Kleinbetriebe, Berlin 1982, S. 246-279.

ZAHRNT, C.: Rechtsschutz an Programmen und an Programmunterlagen, in: **INFORMATIK SPEKTRUM:** 8/1985, S. 250-259.

ZIMMERLI, E., ANGST, E.: Die Aufdeckung von Computerdelikten, in: **ZIMMERLI, E., LIEBL, K., (Hrsg.):** Computermißbrauch - Computersicherheit, Ingelheim 1984, S. 333-386.

ZIMMERLI, E., LIEBL, K., (Hrsg.): Computermißbrauch - Computersicherheit, Ingelheim 1984.

ZIMMERMAN, J. S.: PC SECURITY: So what's new?, in: **Datamation:** 21/1985, S. 86-92.

LEBENSLAUF

Name:	Harry Mucksch
Geburtsort:	Lohfelden, Landkreis Kassel
Geburtstag:	24. Oktober 1955
Eltern:	Georg und Walburga Mucksch, geb. Morbitzer
Schulausbildung:	April 1962 bis März 1966 Volksschule in Lohfelden, April 1966 bis Mai 1974 Goetheschule, Gymnasium in Kassel 22. Mai 1974 Abitur
Wehrdienst:	1. Oktober 1974 bis 30. September 1976 als Soldat auf Zeit
Hochschulausbildung:	Oktober 1976 bis März 1977 Studium der Betriebswirtschaftslehre an der Westfälischen Wilhelms Universität in Münster, April 1977 bis Mai 1982 an der Georg-August-Universität in Göttingen, 5. Mai 1982 Examen zum Diplom-Kaufmann.
Weiterer Werdegang:	1. Februar 1979 bis zum 15. Mai 1982 Beschäftigung als wissenschaftliche Hilfskraft ohne Examen am Lehrstuhl für mathematische Verfahrensforschung und Datenverarbeitung der Universität Göttingen, 1. September 1982 bis 31. März 1983 wissenschaftliche Hilfskraft mit Examen am Institut für Unternehmensführung, Besteuerung und Wirtschaftsinformatik an der Abt. Wirtschaftsinformatik. Seit 1. April 1983 Beschäftigung als wissenschaftlicher Mitarbeiter an der Abt. Wirtschaftsinformatik und Erstellung der Dissertation.

MIX
Papier aus verantwortungsvollen Quellen
Paper from responsible sources
FSC® C105338

If you have any concerns about our products,
you can contact us on
ProductSafety@springernature.com

In case Publisher is established outside the EU,
the EU authorized representative is:
**Springer Nature Customer Service Center GmbH
Europaplatz 3, 69115 Heidelberg, Germany**

Printed by Libri Plureos GmbH
in Hamburg, Germany